新闻采访

第二版

陈红梅 著

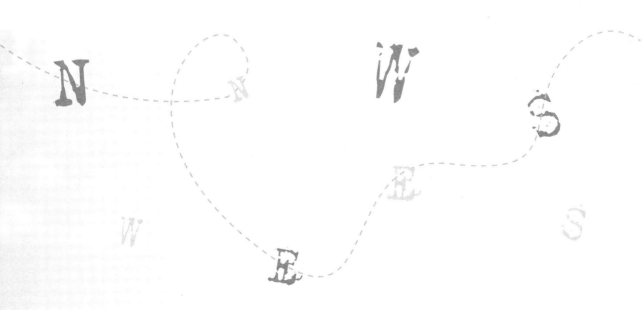

华东师范大学出版社
·上海·

图书在版编目(CIP)数据

新闻采访/陈红梅著.—2版.—上海:华东师范大学出版社,2022
 华东师范大学教材出版基金
 ISBN 978-7-5760-3468-4

Ⅰ.①新… Ⅱ.①陈… Ⅲ.①新闻采访-高等学校-教材 Ⅳ.①G212.1

中国版本图书馆CIP数据核字(2022)第226874号

华东师范大学教材出版基金资助出版
华东师范大学精品教材建设专项基金资助写作

新闻采访(第二版)

著　　者	陈红梅
责任编辑	皮瑞光
特约审读	陈成江
责任校对	江小华
版式设计	卢晓红
封面设计	俞　越

出版发行	华东师范大学出版社
社　　址	上海市中山北路3663号　邮编 200062
网　　址	www.ecnupress.com.cn
电　　话	021-60821666　行政传真 021-62572105
客服电话	021-62865537　门市(邮购)电话 021-62869887
地　　址	上海市中山北路3663号华东师范大学校内先锋路口
网　　店	http://hdsdcbs.tmall.com

印 刷 者	常熟市文化印刷有限公司
开　　本	787毫米×1092毫米　1/16
印　　张	16
字　　数	311千字
版　　次	2023年3月第1版
印　　次	2024年1月第2次
书　　号	ISBN 978-7-5760-3468-4
定　　价	48.00元

出 版 人　王　焰

(如发现本版图书有印订质量问题,请寄回本社客服中心调换或电话021-62865537联系)

目 录

第一章 变化中的新闻业 / 1
- 一、客观的新闻故事 / 2
- 二、沟通对话的平台 / 5
- 三、作为知识的新闻 / 7
- 四、传播新技术的挑战 / 10
- 五、记者的角色定位 / 12

第二章 新闻价值 / 16
- 一、新闻价值是相对的 / 16
- 二、重要 / 19
- 三、显著 / 20
- 四、进步和灾难 / 22
- 五、民生利益 / 24
- 六、时宜 / 26
- 七、及时和接近 / 28
- 八、人情味 / 29
- 九、新鲜和趣味 / 31

第三章 新闻来源 / 33
- 一、理解社会环境 / 33
- 二、常见的新闻来源 / 39
- 三、处理新闻线索的一些建议 / 47

第四章 采访准备 / 50
- 一、理清采访思路 / 50
- 二、明确需要采访的场景和人物 / 52
- 三、选择采访对象，列出采访提纲 / 55
- 四、做外围采访 / 58

五、充分运用资料 / 60
　　六、其他准备 / 62

第五章　访谈 / 64
　　一、提问的方式和技巧 / 64
　　二、几种类型的采访 / 73
　　三、一般礼仪和其他细节 / 76

第六章　观察 / 79
　　一、细节的力量 / 79
　　二、观察现场 / 83
　　三、观察人物 / 89
　　四、培养观察的习惯 / 92

第七章　记录 / 95
　　一、做笔记 / 95
　　二、录音 / 102
　　三、心记 / 104
　　四、记录作为证据 / 106

第八章　核实 / 108
　　一、核实是记者的基本职责 / 108
　　二、多重消息源交叉核实 / 113
　　三、专业核实 / 116
　　四、反思反转新闻 / 119

第九章　突发事件采访 / 124
　　一、快速反应是关键 / 124
　　二、打有准备之仗 / 128
　　三、突发事件的现场 / 130
　　四、气象事件和火灾车祸 / 134
　　五、细节和伦理 / 138

第十章　现象新闻采访 / 141
　　一、捕捉新事物、新流行 / 144
　　二、发现新问题、新矛盾 / 146
　　三、从综合中发现倾向 / 149
　　四、由点带面，寻找典型故事 / 152

第十一章　会议新闻采访 / 156
　　一、寻找会议"新闻眼" / 156
　　二、拓展会议纵深度 / 160
　　三、利用好会议资源 / 162
　　四、演讲和学术会议采访 / 165
　　五、值得注意的细节 / 167

第十二章　人物专访 / 172
　　一、人物专访的类型 / 172
　　二、争取专访的机会 / 176
　　三、展示人物的个性 / 179
　　四、让谈话生动起来 / 184

第十三章　隐性采访 / 189
　　一、什么是隐性采访 / 189
　　二、隐性采访的发展和争议 / 192
　　三、隐性采访的基本原则 / 195
　　四、隐性采访的新进展 / 199

第十四章　体验式采访 / 203
　　一、体验式采访的选题 / 204
　　二、体验要进得去出得来 / 209
　　三、值得注意的问题 / 214

第十五章　报道深度的开掘 / 218
　　一、采访深浅影响报道成败 / 218
　　二、获取关键性事实 / 220
　　三、寻找有特色的报道角度 / 223

四、质疑达成对真相的认知 / 226
　　五、表面的事实和背后的事实 / 227
　　六、反向思维出新意 / 230

第十六章　移动传播环境下的新闻采访 / 233
　　一、时效和深度要求并重 / 235
　　二、增强采访新技能 / 238
　　三、重思新闻报道的公共价值 / 243

后记 / 248

第一章　变化中的新闻业

和这个社会中的许多行业一样，新闻是诸多社会行业中的一种。对于媒介机构和集团来说，新闻是赢得利润的重要工具；对于从业人员来说，新闻是赖以谋生的一种方式。但是，在普遍的职业追求之外，新闻还是有一些与许多行业不一样的特质，吸引着过去和现在许多富有激情和理想的人们投身其中。

在西方国家，新闻被当作社会的"第四种权力"，独立于行政、立法和司法三大权力之外，对其形成制衡和监督，因此，记者常被人们称为"无冕之王"。在我国，新闻媒介则被认为是党、国家和人民的"耳目喉舌"，记者通过及时报道新近发生的重要事实，而发挥着上情下达和下情上达的作用。这些说法都给新闻和新闻从业人员或多或少套上了一圈特殊的光环。"铁肩担道义，妙手著文章"成为社会对于新闻记者的期许。

新闻广泛记录当今社会各个领域的动态和情况，从职业的角度来说，新闻记者的一大优势就是有机会接触和了解不同社会层面的情况，从备受瞩目的精英阶层到容易受到忽视的社会边缘群体，从商界政界风云到社会变迁的暗流涌动，记者是最贴近社会和时代脉搏的群体之一。因此，有国外学者认为，新闻行业是其他众多社会行业的入门①，在新闻行业积累的社会知识和丰富阅历，为人们在其他行业的成功提供了一个良好的基础。

在许多公众人物的成长履历中，我们都可以看到其做记者的经历。美国著名的小说家海明威和诗人惠特曼都曾经是报社记者。从新闻记者转变成政府公职人员的名单也可以列举长长的一串，例如我国著名的外交家王殊，他曾经担任外交部副部长和中国驻奥地利大使，而他在新华社担任驻外记者的16年的经历，为他后来的外交生涯提供了一个很好的基础。也有不少人从记者转型成为商人，跨入到企业经营和管理的领域中。

当然，更多的人还是留在新闻行业中，并以其卓有影响的新闻报道而为我们所知晓。如美国的"水门事件"报道者伍德沃德和伯恩斯坦，我国的名记者范长江、邵飘萍等，这样的案例不胜枚举。

---

① 莱特尔,哈里斯,约翰逊.全能记者必备[M].宋铁军,译.北京:中国人民大学出版社,2005:8.

新闻行业的特殊性还体现在它巨大的社会舆论影响力上。作为从业人员的记者、编辑，他们的个人力量可能是微不足道的，但是通过深入、严谨的新闻调查报道，他们却可能影响很多人的命运，并进而深刻地影响这个社会。《南方周末》曾经发表新年献词《让无力者有力，让悲观者前行》，这是新闻的力量，也是新闻能够吸引许多人投身其中的理由之一。

这方面一个典型的案例是《南方都市报》2003年所做的关于"孙志刚案"的报道。孙志刚是一名大学毕业生，2003年应聘到广州一家企业工作，由于没有办理暂住证，2003年3月17日，他外出遭当地治安人员检查身份证，被错误地当作"三无"人员带往派出所，后又被送到广州市收容遣送中转站，其间，其同事和上司保释均无果，三天后的3月20日孙志刚因遭殴打不治身亡，而死亡证明书称其死因是"心脏病"。此案发生后的一个多月里，孙志刚的家属为了申冤，曾到许多部门上访投诉，无一受理。后来，《南方都市报》记者偶然获知线索，经过详细调查采访，4月25日，《南方都市报》以《被收容者孙志刚之死》为题，首次披露了孙志刚惨死事件，次日，全国各大媒体纷纷转载此文，并开始追踪报道，事实真相被社会公众所了解。此案的报道也间接促成国家"收容"法规的废止，以及相关"救助"规定的出台。

在许多人眼里，新闻记者是个光鲜亮丽的职业：一般行业人士难以进入的场所，记者可以穿行自如；他们拥有广泛的社会关系网络，常常与社会各界名流打交道；他们了解各种各样的内幕消息。其实，记者更多时候是从事着艰苦的工作：他们四处奔波，辗转于一个又一个新闻现场；他们的采访要求常常遭到拒绝；为了了解真相，他们有时要到各种艰苦甚至危险的地方做调查；而在直面那些悲惨的人生和故事时，他们又会深刻地感受到自己的无能为力。

对于大多数新闻从业人员来说，吸引他们投身新闻工作的首要理由在于这个职业的社会价值和社会意义，反映民生状况和揭露社会问题是新闻职业的魅力所在，而从个人的名望和利益上，这个职业所能带来的满足感并不是很高。有研究者曾经在上海调查发现，对于上海的新闻从业者来说，选择新闻工作的首要原因在于新闻能够"表达人民呼声"，以及个人对于写作、编导、与人交往等专业性活动的爱好，而从业者个人能从中获得的名望和收入则是排在最后两位的影响因素。[①]

一、客观的新闻故事

打开电视，翻开报端，我们看到一条条的新闻，很多也是一个个鲜活的故事。能否讲一个好故事，很多时候成为衡量一个题材能否成为好新闻的标准。有人说

---

① 陆晔，俞卫东.社会转型过程中的传媒人职业状况[J].新闻记者，2003(1)：43.

新闻是"匆忙的文学",也有人说新闻记者是我们这个时代的"游吟诗人"。但记者讲故事和诗人讲故事还是有根本的区别。诗人在讲故事时,可以扮演全知全能的上帝,他洞悉故事中的每一个细节和人物心理。记者讲故事,却必须为他提供的细节和人物状况交代可靠的信息来源。今日的新闻是明天的历史,因此,事实是新闻故事的全部依据,也局限着新闻故事的展开空间。

"客观"是新闻报道的基本原则。记者要尽量从他所讲述的故事中抽离出来,以旁观者的眼光对新闻事件保持中立的态度,尽管作为生活中的人,记者面对事实难免有自己的感慨,但是他必须隐藏自己的感慨,并且不能让这种感慨影响自己对于事实的观察和理解。因此,有人说:"也许每个记者所面临的最大挑战是,不在报道中掺杂个人的成见,记者只能是一个不偏不倚的目击者,他所要做的只是报道新闻,并准确地解释事实。"①

尽管从哲学上并无真正的客观报道,但是从实际操作上,使报道保持客观仍然有迹可循。

其一是为所提供信息交待消息来源。例如下面两个句子所陈述内容一致,但是后者给人的感觉要比前者更可靠一些,原因在于前者没有交待消息来源,记者获知信息的渠道是否可靠,读者对此无法把握。

陈述一:他于昨日上午8时44分因消化道出血在医院病逝。

陈述二:医院殓房的卡片标明,他由于消化道出血于昨日上午8时44分不治逝世。

其二是避免主观的"合理"想象和推论。寻找因果关系和进行归因分析是人的很自然的心理冲动,特别是面对明显具有深意可究的事实时,人们很容易对其作出某种判断或认定。这些判断看起来很有道理,却并无可靠的依据,记者必须克制这种冲动,而致力于寻找最可靠的事实,寻找无可辩驳的证据。有时候,建立假设很容易,寻找证据却千难万难。

例如,2001年8月《财经》杂志所作的关于上市公司做假的"银广厦"事件报道。早在该报道发表的5个月前,媒体已有文章对银广厦的利润数据表示质疑,因为银广厦年报标明其利润的主要来源是临界萃取技术,而有人在天津银广厦的工厂里看到的场景是,"尽管萃取设备都有,但是,生产线上一没有人二没有灯光三门是锁着的。"②《财经》杂志的报道之所以能产生那么大的影响力(文章发表不久,中国证监会就对银广厦正式立案稽查,多名涉案当事人被移交司法机关,银广厦股票从每股30多元直落到4元多),与记者的调查翔实、证据确凿是分不开的。为了证明银广厦在过去两年间创造的"巨额利润"的神话完全是一个骗局,《财经》记者最终在

---

① 莱特尔,哈里斯,约翰逊.全能记者必备[M].宋铁军,译.北京:中国人民大学出版社,2005:12.
② 单羽青.造假何止银广厦?![N].中国经济时报,2001-8-9.

天津海关查到了最关键的证据：天津银广厦1999年度出口额仅480万美元，2000年度更是只有3万美元。这表明其所宣称的1999年出口5 610万马克、2000年出口1.8亿马克的说法纯为编造。一个轰动性的报道最终取决于这薄薄的一页纸。

其三是依赖有典型性、代表性的事实。生动的故事常常是靠穿插对话和场景来实现。但是，有趣的话语和生动的场景往往并不能反映事情真实境况，特别是对于结构、关系较为复杂的报道对象。在关键的问题上，枯燥的数据可能是最有逻辑力量和说服能力的。例如下面一段文字，是一篇旨在报道某大型公司让员工超长时间加工，并致员工体质下降的文章的结尾一段。引语虽然诙谐，但是近于社会上流传的顺口溜性质，用来描述特定企业的工作状况是不严谨、不妥当，也是没有说服力的。

▶ 案例1：一位不愿透露姓名的×××员工如此形容他们的生活："干得比驴累，吃得比猪差，起得比鸡早，装得比孙子乖，看上去比谁都好，五年后比谁都老。"

其四是要公正。让涉及事件的方方面面都有一个自我解释和表达的空间。新闻的故事不能只讲一面之辞。即使记者调查的是一个"骗子"，哪怕记者已经掌握到了所有核心的材料，也应该设法联系这个"骗子"，听一听这个"骗子"是如何看待记者所掌握的材料和他的解释意见。下面案例是《南方都市报》有关孙志刚案报道中的一段文字，记录记者采访案件当事方之一"黄村街派出所"的全部过程。尽管采访并未成功，但是，至少记者给对方提供了解释、表达的机会。

▶ 案例2：接到死者家属提供的材料以后，记者走访了孙志刚临死前3天待过的那3个地方。黄村街派出所拒绝接受采访，称必须要有分局秘书科的批准。记者赶到天河分局，在分局门外与秘书科的同志通了电话，秘书科表示，必须要有市公安局宣传处新闻科的批准。记者随后与新闻科的同志取得了联系，被告知必须先传真采访提纲。记者随后传了采访提纲给对方，但截至发稿时为止，尚没有得到答复。

"客观"也是记者在面对新闻官司时保护自己的最好武器。据学者研究，我国有关名誉权的官司大多数以传媒败诉而告终，败诉率为70%—80%，原因之一就是"记者编辑缺乏法律意识和自我保护意识，随意使用带有侮辱诽谤性的词语，结果给自己惹来麻烦"。[①]

[①] 张宸.当代西方新闻报道规范：采编标准与案例精解[M].上海：复旦大学出版社，2008：210.

二、沟通对话的平台

新闻不仅是讲故事,而且提供信息,甚至提供信息是其更主要的一面。那些看起来非常简单的新闻,往往对我们的决策和选择产生极大的影响。例如,国家推出新的劳动法规,中国新生儿性别比严重失调,三峡大坝出现裂缝,等等,这些新闻虽然通常只有寥寥数语,却能在社会上引起巨大反响。在现代社会,绝大多时候,人们是通过新闻报道来判断其所处的环境状况。而对于一个社会来说,如果缺少这种信息的监控,则可能酝酿巨大的风险。所以,美国著名报人普利策的传记中的一段话一直以来被人们广泛引用:"倘若国家是一条航行在大海上的船,新闻记者就是船头的瞭望者。他要在一望无际的海面上观察一切,审视海上的不测风云和浅滩暗礁,及时发出警告。"而美国社会对于记者的另外一个称呼则是"看门狗"(Watchdog),记者的职责就是为社会为国家"看家护院"。

《新京报》2019年5月8日在微信公众号发布的深度报道《铝厂旁的村庄》就是促进社会沟通的很好案例。[①] 该文报道山西吕梁交口县的环境污染和发展困境:铝厂是该县招商引资的一家大型民营企业,为解决当地就业问题带来很大便利,也是地方财政的重要来源,但近年该厂修筑的堤坝出现渗漏现象,既严重污染环境,也构成严重的安全隐患,引起村民多次联名举报。事件涉及铝厂、县政府、村民三方,还有国家政策背景。当事的每一方都有行动的合理性,也有自己的困难。报道深入调查了铝厂项目建设的过程情况,反映了村民面对环境污染的生存现状和艰难处境,也对政府和企业所面临的困难进行了深入分析。通过客观公正地呈现各方事实,报道既反映了问题,也沟通了各方信息。例如,报道中提到记者采访中发现,县政府已就铝厂环境污染问题发布通知,计划将受影响的96户居民搬迁出去,但是受影响的村民和乡干部均表示对县政府搬迁计划不知情,而县政府也反映了县里因没有与高速公路连通而影响交通和经济发展的问题。

记者不仅要能看到表面的现象和问题,还要能发现那些不太被关注但是和社会公众利益密切相关的信息。例如,随着交通便利和社会发展,很多媒体注意到出国旅游成为越来越多国人的选择,相关报道通常落在比较有话题性的消费领域里,比如中国大妈如何在国外疯狂扫货,中国游客在日本大量购买电饭锅和智能马桶盖等。但是,随着出境人数的攀高,中国游客在境外遇险的情况也在增加,海外安全和合法权益保护问题突出。《南方都市报》记者注意到这一问题,联手政府相关部门策划深入采访,在2016年推出4个整版的专题报道,引起广泛的社会关注,也

---

① 刘旻,陈杰.铝厂旁的村庄:习惯了像雪花一样飘的粉尘,孩子们经常感冒起红疹.2019-5-8. https://mp.weixin.qq.com/s/cmIzeQFQ7ttvHj4Q39Ug8g

增强了社会公众在境外的风险防范意识和能力。下面是记者在策划这组报道时的考量因素：

领事保护就是指当中国公民、法人的合法权益在所在国受到侵害时，中国政府和中国驻外外交、领事机构依法向驻在国有关当局反映要求，敦促对方依法公正、妥善处理，从而维护海外中国公民和机构安全及正当权益的工作。

从利益攸关、重要性的角度审视，这显然是比海外消费现象新闻更具有新闻价值。

然而，海外安全新闻长期处于浅层阶段，流于简单、个案的报道形式，难见深度的梳理与分析报道。

从政府部门的角度，回应群众的关切，提供更好的领事保护服务，在我国公民走出国门前进行预防性领事保护服务正是当务之急。

从媒体的角度，深入一线发掘鲜活的海外新闻，呈现最真实最实用的提醒，提供有价值有温度有人文关怀的新闻也是媒体守望职责之所在。[①]

一个优秀的记者不仅告诉人们发生了什么，还会想方设法搞清楚，事情是怎样的以及为什么会这样。例如2009年4月23日《南方周末》的封面报道《新型"瘦肉精"现身黑市》。在此之前，"瘦肉精"在国内曾屡酿祸端，造成数次食品中毒事件，媒体报道一般都是从市场终端着眼，反映受害者的情况以及工商管理部门的查处情况。应该说，这些报道很及时，也很详细，但并不足以解除人们对"瘦肉精"事件一再发生的疑惑，以致有论者质问："几个部门为何管不好一头猪？"《南方周末》的记者通过暗访，以猪场业务员的身份成功购得一种违禁的新型"瘦肉精"。但报道并不止于此，而是从市场上溯到研发和生产这种"瘦肉精"的机构和企业，还调查和比较了中国和国外对该产品的管理情况，从而比较完整地还原了"瘦肉精"生产和使用的利益链条及管理困境。这样，公众就可以对"瘦肉精"问题有一个较为深入的理解。

在有些学者眼里，媒介业对受众不仅意味着提供服务，新闻也不仅于提供信息，记者的新闻报道实际上是为人们提供了公共对话空间。就社会普遍关心的话题，记者通过报道不同领域、不同层面人士的观点，为社会争论和对话提供了平台，在这个过程中，不同的观点被表达和被倾听，也促使人们对社会问题和社会状况进行更为深入的思考和谨慎的判断。哥伦比亚大学新闻学教授詹姆斯·凯里极力主张这种"对话的新闻"，他甚至将新闻形容为"我们的文化的对话"。[②]

这种对话不应仅仅局限于专家学者、政府官员之间，新闻报道更应是不同社会

---

① 薛冰妮.海外领事保护—"买买买"下深藏的新闻富矿[M]//南方传媒研究(61).广州：南方日报出版社，2016：70.
② 吉布斯，瓦霍沃.新闻采写教程：如何挖掘完整的故事[M].姚清江，刘肇熙，译.北京：新华出版社，2004：7.

阶层、社会群体之间互相了解和沟通的管道。美国社会心理学家米德在其代表作《心灵、自我与社会》中曾经谈到对现代大众传媒功用的看法:"新闻业所运用的那些传播媒介的极端重要性一望便知,因为它们报道各种情况,使人们能够理解他人的态度与经验。"① 在分工化的现代社会中,个体作为不同社会群体、社会阶层的成员,与其他社会群体成员之间形成事实上坚固的壁垒,大众媒介的新闻报道使个体超出自身的社会交往范围和生活层面,了解社会其他群体的生活状态和态度。

三、作为知识的新闻

人们关注新闻,不管是出于对某个具体事件的关注,还是对特定有用信息的需求,结果都增加了对世界对自己所处环境的认识。新闻并非某种用过即可丢弃的物品,相反,人们从新闻里看到的各种故事、体会的各种关系、了解的各种技术知识都会沉积下来,凝固在个体的记忆中,成为他们以后处理各种关系和问题的依据。同时,由于新闻是面向大众传播的,对新闻的体验和感受还会被整合进社会共有的记忆中,沉积为社会群体的共享经验。因此,新闻不仅是对当下事件的报道,还是一种社会知识,连接历史和未来,最终会转化为某种历史经验并为未来的行动提供参照。

美国心理学家詹姆斯(William James)曾将知识分成两种:熟悉的知识(knowledge of acquaintance)和学习的知识(knowledge-about),前者是来自第一手经验的难以言传的知识,我们对其非常熟悉却几乎不加分析,比如我们熟悉梨子的甜味,但是对梨子为什么是甜的,什么因素产生这样的甜味却几乎从不查问。后者则是一种更清晰更明确的知识,是关于事物关系的成体系的知识,可以传播交流,因此也可以对其进行思考。② 如果我们将"熟悉的知识"和"学习的知识"看作是知识谱系的两个端点的话,那么,新闻作为一种知识则是介于这两个端点之间。新闻通常是一些具体时空里的特殊故事,彼此不关联,提供的信息不完整不充分。从这个角度,它接近于"熟悉的知识",以直感的方式提供给人们知识的元素,而非以观念的形式给人们清晰的分类和完整的认知。但是,新闻也不是纯粹的个体经验和感知,它面向公众传播,虽然新闻故事是特殊的,但一些特别重要的故事会得到深入调查和较为完整地呈现,其中一些还会激发公众讨论,最后公众会对这些事件形成某种集中的解释和意见,这都意味着新闻故事具有很强的公共性,作为一种公共

---

① 米德.心灵、自我与社会[M].赵月瑟,译.上海:上海译文出版社,1992:226.
② Nielsen. R. K. (2017). Digital News as Forms of Knowledge: A New Chapter in the Sociology of Knowledge. In Boczkowski, P.J. & Anderson, C.W. (eds.) *Remaking the News: Essays on the Future of Journalism Scholarship in the Digital Age*. Cambridge, MA: The MIT Press, pp.94–95.

记录,它要接受公众的严格审查,并最终将成为公共知识的一部分。①

作为知识的新闻的重要意义在于其建构现实的力量。新闻展示日常生活的状态,引导大众关注此时此地的特定事件,同时凝聚人们关于事件的某种角度的诠释,并在这样的展示中给人们建构了一个有意义的现实社会秩序。但是,这种知识很大程度上是以"熟悉的知识"方式体现出来,人们直接从新闻故事里感知到某种认识,不假思索无须验证。这个看起来很主观的认识又是很多人所共享的,因此,很大程度上可以说,新闻知识构造的是我们日常生活的"常识"。

我们以《新京报》微信公众号2019年8月3日上午推出的一组报道中的新闻故事为例来说明。这组报道包括3个新闻故事、1个数据新闻和1篇言论,②其中,数据新闻可以看作是比较系统的知识,言论则是明确表达的观点,这里不做分析。三个新闻故事中,第一条关于农村投毒案,山东一位农妇因为邻居一家三口饭后中毒身亡而被疑为投毒人,经过8年收监最近因检察院作出不起诉决定而被释放。报道讲述了8年前的案情,两个家庭的一些经历和农妇被释放后的一些感想。从报道内容看,8年前的案情仍不明了,农妇被释放的原因和诉讼过程也没有详细叙述。但是,这样一个并不完整的故事仍然给读者带来很清晰的聚焦式的解读,微信公众号上这篇文章受赞最多的前三条留言都是关于冤假错案中的警方问责问题。第二条是讣闻报道,中国科学院院士、武汉大学教授查全性因病去世,报道重点回忆了他在1977年邓小平主持的科学和教育工作座谈会上力主恢复高考制度的往事,而对他的学术成就则几无提及。其他媒体的相关报道也与《新京报》类似,对恢复高考制度的感怀成为当天社交媒体转发的重点。第三条是人物专访,蔡明因出演当年暑期档电影而接受采访,文章回顾了蔡明演艺生涯中的主要经历,突出了蔡明敬业、刻苦、执着事业的性格特征。

上面三个新闻故事彼此不相属连,即便从单个故事来看,也是碎片化印象式的报道,没有事件或人物的完整详细的信息。但是这些故事仍然提供了一些日常化的经验,读者可以从中捕捉到一些特定的意义,构成其对现实秩序的想象,比如,冤案问责、敬业、现行高考制度来之不易等观念认识。

社会学者说:"语言可以超越所有的日常生活现实。它能描述与各种特定意义

---

① Park, R. E. (1940). News as a Form of Knowledge: A Chapter in the Sociology of Knowledge. *American Journal of Sociology*, Vol.45, No.5, pp.669-686.
② 《新京报》微信号:bjnews_xjb。新闻故事为:赵朋乐.被"投毒案"改变的两家人.https://mp.weixin.qq.com/s/jWSjHTjwU_XNRyfjVoKmIg;肖薇薇、王洪春、曾培铭.他的一个建议,改变了几代中国青年的命运.https://mp.weixin.qq.com/s/2eOWOmJi_6Z4BFaU_4Xp_g;周慧晓婉.上了27次春晚的"毒舌"蔡明:要怕,就怕过年.https://mp.weixin.qq.com/s/ug4hTlopqLe6Pe5xTNvgKQ。数据新闻为:《新京报》新媒体.今年地震是不是变多了.https://mp.weixin.qq.com/s/xI5_R9rUtig0DqJ_CQHr-A。言论为:沸雪.董事长怒怼记者:你有什么资格来质问我.https://mp.weixin.qq.com/s/s2_stCIhlTMiRY-XnrKorA。

领域相关的体验,它能涵盖互不相连的现实领域。例如,我能通过将一个梦整合入日常生活秩序中去理解它的意义。这种整合通过将互不相连的梦中现实变成日常生活现实内部的一块飞地而成为后者的一部分。梦现在已非梦自身,而是在生活的现实中充满意义。在某种意义上来说,这种转置属于两种现实。它们落在一个现实,但却又与另一个现实相连。"① 新闻故事可以说就是这样的语言,将别的地方发生的新闻现实转置进我们的日常现实,并最终成为我们日常现实的一部分,为我们的日常现实建立秩序、规范和意义,成为我们的日常知识。

现代社会是一个角色分工社会,全社会的共同知识分别储存在不同的角色那里,特定的角色成为特定领域知识的传递者。例如,大多数人对法律细则和适用条件都不甚明了,但是在遇到纠纷时,他们会去找律师来处理,律师这个角色就是法律知识的储存者和传播者。同时,律师也在法律知识的传播上具有权威性,其他社会角色可以谈论法律,但是不具备律师这样的特定角色所有的公信力和说服力。同样,医生在医学疾病知识、水管工程师在水管故障修理知识上都有这样的专业性和权威性。

新闻作为一种知识,意味着记者和新闻业面临重要挑战:在一个人人都能讲故事的环境中,记者和媒体作为专业的新闻知识提供者,其专业性和权威性在哪里。另外,新闻知识不仅是关于我们所生活世界的知识,而且作为一种常识建构了我们对于这个世界的观念,塑造了我们的行为反应,因此,新闻知识不仅需要专业性和权威性,还要承担起更大的公共责任,维护全社会的公共利益。

新闻工作者发展出一套独特的专业共享的伦理原则和实践规范来组织新闻内容的生产,确保新闻产品具有一致的价值尺度和获得卓越的社会声望。例如,在伦理原则上,媒体大多数时候要求被报道的信息要能被2—3个消息源所证实,但有时候为了保护消息源,也会允许匿名报道。② 这是因为记者与消息提供人的关系是十分关键的。记者仰赖消息源来获取内部信息,消息源有时也会因为个人利益而散布消息,公众需要知道确切的消息提供人来确认消息的可靠性,但是这样做有时会给消息源带来麻烦,记者需要保护自己的消息源。就什么样的事实能够成为新闻,不同媒体不同记者都会形成一些共同的判断,新闻从业者在"什么是新闻"上享有很高程度的共识,实际上铸造了一个新闻知识的基本规范。"服务公共服务"则是新闻专业主义(Professionalism)的一个核心主张,唯有服务公共利益,才能赢得公众信任。③

---

① 彼得·伯格,托马斯·卢克曼.现实的社会建构[M].汪涌,译.北京:北京大学出版社,2009:34—35.
② 克里斯蒂安,法克勒,罗特佐尔,麦基.媒体伦理学:案例与道德论据(第5版)[M].蔡文美,等,译.北京:华夏出版社,2000:78.
③ 哈林,曼奇尼.比较媒介体制:媒介与政治的三种模式[M].陈娟,展江,等,译.北京:中国人民大学出版社,2012:36.

四、传播新技术的挑战

以互联网为代表的数字传播技术发展给我们时代的新闻传播业带来严重危机和深刻改变。传统新闻业赖以为生的二次售卖商业模式被颠覆,许多传统媒体机构因为经济危机而关闭,更多媒体转向互联网融合传播模式,也出现一些互联网原生的新闻机构。技术型公司在新闻传播和广告收入上都扮演着越来越重要的角色。新技术发展不仅改变了传媒生态结构,也重塑了新闻价值的判断标准、改造了新闻传播的流程,影响了新闻报道的具体内容。

用户生产内容和社交网站的盛行使传统新闻业封闭的生产过程被打破,公众参与新闻生产成为常态。在各类突发事件报道中,媒体使用人们在现场拍摄的照片和视频,引用他们在社交平台上讲述的个人经历和评论意见等做法已经成为惯例。媒体网站、应用程序,以及各种内容聚合性平台都会为公众开放发表评论的空间,受众留言评论已经成为媒体文章呈现的重要组成部分。公众在互联网上发布的各种生活消费建议,生物、风景等非新闻内容也有可能被媒体所采用。在英美等国,媒体还通过和公众合作、深入专家网络等方式来生产新闻内容,职业记者对公众自己制作的新闻内容进行指导和修正并进行发布,以此提高公众自主表达的空间,记者深入专家网络中,通过和专家的交流、合作来提高新闻报道的品质。[1]

公众参与新闻生产一度引起新闻专业人士的焦虑,认为"公民新闻"和"公民记者"将会消解新闻的专业性。在早期的极端化判断之后,学者通过对个案的深入研究认为,互联网使新闻传播权力再分配,但主流媒体在大多数时候仍是主要行动者。公民记者通常要与主流媒体合作才能提高个人叙事的可见性(Visibility),同时主流媒体内部结构也非单一固化,主流媒体和公民记者相互依赖。[2] 社交媒体推动了主流媒体新闻实践的变革,传统上主要依赖精英消息来源的主流媒体在消息来源上变得更加多元和更加非精英化。[3] 综合而言,替代性新闻(Alternative News)和公民新闻虽然值得关注,但主流媒体的地位和影响力不可取代。

互联网技术使当今的新闻报道往两极化方向发展,一方面,对于各种突发事件和热点事件来说,媒体要能迅速采访报道并发布出来,时效竞争变得异常激烈。另

---

[1] Wardle. C, Williams. A.. (2010). Beyond user-generated content: A production study examining the ways in which UGC is used at the BBC. *Media, Culture and Society*, 32(5):781-799.

[2] Palmer. L. (2014). "CNN's Citizen Journalism Platform: The Ambivalent Labor of iReporting". In Thorsen, E., Allan. S. (eds). *Citizen Journalism: Global Perspectives*. NY: Peter Lang Publishing, Inc. p.36.

[3] Kamel. Y. (2014). "Reporting a Revolution and Its Aftermath: When Activists Drive the News Coverage". In Thorsen, E. & Allan, S. (eds). *Citizen Journalism: Global Perspectives*. NY: Peter Lang Publishing, Inc. p.238.

一方面,互联网技术手段突破了传统媒体在新闻呈现上的限制,可以容纳更长篇幅和更深入的报道,也可以将文字报道、动态视觉呈现和传受互动因素更好地进行整合传播。因此,有学者认为,相比于传统媒体的新闻呈现方式而言,数字时代的新闻报道有三种形式。[①] 一是印象式新闻(News as Impression),互联网时代,新闻不再像传统媒体时代作为报纸版面或电视节目的一个部分而呈现,人们通常是去情境化地孤立地接收单条新闻(如通过搜索引擎或社交平台转发的新闻接触),为了增强单条新闻的吸引力,媒体通常会通过标题、新闻提示的方式来进一步突出新闻中的某个信息片段,使新闻呈现强烈的印象化风格。二是条块式新闻(News as Items),这是传统的新闻制作方式,新闻并非单条呈现,而是作为一组新闻中的一块而被打包呈现,例如报纸版面上的新闻、APP新闻栏目中的新闻等,此类新闻通常只报道一件事,提供看起来能说明事件本身但实际上比较孤立的信息。三是关系式新闻(News as Relations),结合传统的解释性报道和互联网环境下的数据新闻的特点,既提供更深入更系统的报道,致力于解释事件和事件之间的关系,又可以整合进新媒体的可视化形式和互动元素,可谓是深度新闻的重新崛起。

互联网传播的一些做法也突破了传统的新闻报道观念和要求,其中利弊值得深思。例如,传统新闻业非常重视独家新闻和原创报道,但是互联网环境中,制作"整合(Curation)新闻"(也称聚合新闻)也是媒体日常工作的一部分。所谓"整合",就是记者编辑们要能从繁多驳杂的各种互联网平台信息中辨认出有可能吸引较多受众关注的话题,快速整理出其中的核心故事,并提供丰富的相关信息,作为本媒体的新闻产品推送出去。从积极的角度来说,整合新闻体现了互联网信息环境的新要求,面对来源庞杂的海量互联网信息,受众需要媒体代为把关和筛选,媒体此举满足了受众需求。但是,从消极的角度来说,整合新闻回避了媒体应该承担的调查核实的责任,特别是在一些有争议的事件和话题中,简单整合方方面面的意见并不能澄清事实和过程,媒体若是以整合信息来回避调查责任,既不能真正回答公众的困惑,从长远来说也是损害了媒体的社会公信力。

随着报纸关闭和媒体裁员的消息,互联网新技术给新闻业所带来的商业危机曾经激发全社会的极大担忧和媒体从业者广泛的悲观情绪。但是,从近年来中外传统新闻业的转型发展来看,情况并没有预想的那样悲观。

我国报业经营从2012年出现"断崖式"下跌局面,报社入不敷出,但是有学者根据近年我国报业经营数据分析后认为,"2017年报业的整体经营下滑趋势已经趋缓",报业主要经济指标降幅趋缓,经营的一些关键指标都有触底征兆,"中国报业

[①] Nielsen, R. K.(2017). Digital News as Forms of Knowledge: A New Chapter in the Sociology of Knowledge. In Boczkowski, P.J. & Anderson, C.W.(eds.) *Remaking the News: Essays on the Future of Journalism Scholarship in the Digital Age*. Cambridge, MA: The MIT Press, p.93.

有一些迹象值得乐观"。① 大约自 2014 年开始,我国的传统媒体融合创新实践也进入一个新阶段,上海报业集团的新媒体试验项目"澎湃新闻"2014 年正式上线,主打原创时政新闻和思想分析,在全国范围内产生了影响。其他如《人民日报》以打造聚合平台为目标的"中央厨房"建设,浙报集团推出的集舆情研判、采编分发和效果评估于一体融媒体平台"媒立方",也都特色鲜明。②

美国传统新闻业的发展也体现出比较类似的趋势。互联网传播技术对美国新闻业的影响至少可以追溯到 20 世纪 90 年代,但真正带来行业衰退和危机的是 2007 年起始并延续至 2008 年的金融危机。Pew 媒体年度报告称,美国报业广告额在这两年里下跌 23%,一些报纸破产,其他报纸则跌去了 3/4 的市值,地方电视广告收入大幅下跌,仅有线电视因为大选的原因而维持繁荣。③ 十年过去,根据 Pew 研究中心收集的统计数据,④相较于 2008 年而言,2017 年美国有线电视和地方电视的新闻雇员数量几无变化,传统广播(AM/FM)的新闻雇员数量有所减少,但是美国 12 岁及以上人口周收听传统广播的比例仍然高达 90%。形势依旧严峻的是报纸新闻,2017 年的报纸新闻雇员总人数约 3.9 万,相较于 2008 年的 7.1 万有大幅度下降。但是另一方面,数字原生新闻媒体的规模在稳定增长。2017 年数字原生媒体的新闻雇员数量为 1.3 万人,较 2008 年的 7400 人有大幅度的增长,且 2017 年的采编人员年工资中位数约 6 万美元,略高于有线电视行业的采编人员工资水平,显示了良好的发展趋向。

五、记者的角色定位

1. 说实话

我们去看牙医,很放心地张开嘴,相信牙医不会拔掉我们的好牙;我们去理发,放心地把我们的头颅交给别人打理,相信理发师不会伤害我们的生命。一个社会职业发展成熟的标志之一就是形成自己的职业规范体系,让社会公众可以对该职业行为建立一个稳定的预期。

对于媒介从业人员,特别是对于记者来说,这个最基本的社会预期就是:媒介的新闻报道是可信的,记者说的是实话。没有说实话这个前提,新闻的社会价值和

---

① 陈国权.2017 中国报业发展报告[J].编辑之友,2018(2):28—36.
② 陈国权.中国媒体"中央厨房"发展报告[J].新闻记者,2018(1):50—62.
③ The Project for Excellence in Journalism (2009). "The State of the News Media 2009". http://assets.pewresearch.org.s3.amazonaws.com/files/journalism/State-of-the-News-Media-Report-2009-FINAL.pdf
④ Pew Research Center. State of the News Media Report 2018. https://www.journalism.org/wp-content/uploads/sites/8/2019/06/Pew-Research-Center_State-of-the-News-Media-2018_06-25-2019-2.pdf

社会意义都流于空谈。丧失了社会公众的信任，媒介也就失去了自己的生命。因此，曾任美国报纸编辑协会主席的爱德华·西顿将记者说实话的重要性放到了所有新闻能力之上来强调。他说："至少对公众来说，我们作为'看门狗'的作用是第二位的。公众看重'事实'和说实话的程度，比看中将专业新闻翻译成通俗语言和事件的重大性高——甚至，将事实保留至与两边都接触后才发表这种做法，都没有可信性重要。"①

从技术的角度，尽可能采用精确的措词是提高新闻可信度的一个途径。我们说"他因为被控犯有抢劫罪而入狱"，就比说"他因为抢劫罪而入狱"来得精确。我们说"这个女人很漂亮"，就比说"这是晚会上最漂亮的女人"更容易取信读者。我们说"他开始变得怒气冲冲"，就不如说"他一把将椅子掀翻在地"来得好，因为我们无法窥见别人的内心是生气、是蔑视，还是不耐烦，但是他掀翻椅子的动作却是确凿无疑的。

在新闻报道中，记者应该尽量剔除包含个人感情色彩和判断的字和词。冷静和理性是新闻报道对记者提出的要求。喜怒哀乐是人之常情，但是，记者不可以将自己混同于普通的读者或观众，职业要求记者必须克制自己的感情，致力于向受众提供经得起推敲的事实。在这方面，《南方都市报》记者陈峰、王雷所做的孙志刚案报道是个典型。面对这个让世人震惊的收容致死案件，记者在1000多字的案情陈述中，几乎是平铺直叙，不对事件经过作任何评价，除了第一句话"孙志刚来广州才20多天"中"才"字透露出一点记者的感慨之情。

客观如实的记录还要求记者有开放接纳的心态，尽量避免因个人主观立场和判断而忽视或扭曲事实。不同社会阶层不同生活经历的人往往有不同的行为逻辑和思维方式，记者唯有放下成见才有可能寻找到行为背后的真正原因。《南方都市报》记者孙旭阳曾于2011年采访河南周口儿童集体乞讨事件，发现这些孩子是被父母以每月一两千的价格出租给丐头，再由其训练而后带往全国各地乞讨。对城市中等阶层的人群来说，这些儿童父母的行为非常难以理解和被接受。孙旭阳在采访手记中说："我所有的职业作品都追求最大程度的客观和真实，既杜绝在稿件中投射私人判断，也非常厌恶所涉及的问题寻求所谓'建设性'答案。"②这种态度对新闻工作非常重要。

谨慎对待匿名消息来源。消息来源的权威性和可靠性是记者确保所报道事实可靠无误的一个非常重要的依据。所以，当有人向记者提供重要信息而又不愿公开自己的真实身份时，记者对这样的信息要特别当心，没有其他渠道所提供的旁

---

① 吉布斯，瓦霍沃.新闻采写教程：如何挖掘完整的故事[M].姚清江，刘肇熙，译.北京：新华出版社，2004：382.
② 孙旭阳."权利匮乏者"的爱与愁[M]//南方传媒研究(50).广州：南方日报出版社，2014：92.

证,这样的消息来源极容易给记者带来炮制假新闻的严重后果。

在互联网时代,互联网成为很多记者获得新闻线索的重要来源。互联网上每天有各式各样的故事在发布,有众多的议题被讨论,它极大地拓展了记者的接触视野。但是,如果记者仅仅通过网络聊天来采访,通过网络渠道来核实事情的真假则是相当危险的。例如,有很多人在网上抱怨某著名企业工作环境恶劣,损害员工身体健康。这只是给记者提供了一个可能的采访方向,记者不能仅仅在网上联系这几个发帖的人,向他们询问详情细节,就认为自己掌握了关于该企业工作环境状况的可靠材料,因为这样的网络采访既无法确认访谈对象的真实身份,更无从确认其内容的真实情况。

2. 职业化

记者采集新闻信息,大多数时候都是与人打交道,从社会各界精英到边缘群体成员都有可能成为记者的采访对象。处理好与采访对象(消息来源)的关系,保持职业化的态度,平等、理解和尊重是关键。

所谓平等,即是采访高级官员和著名人物要能不卑不亢,采访普通百姓,特别是弱势人群时,要克服优越心理,采取平视的态度。从理论上说,记者的新闻采访权是来自公民对自身言论自由权的让渡。当记者去采访高官或其他公众人物时,记者其实是代表人民群众来提问,所以,即使从行政级别上,记者是采访对象的下级,但是在采访的时候,记者和其采访对象在地位上是平等的,要敢于提出尖锐、关键的问题。从另一个角度来看,记者有采访权,被采访对象也有拒绝采访的权利。对于普通群众,记者如果采取居高临下、咄咄逼人的态度,采访对象其实可以随时中止采访。

尊重体现为对采访对象意愿要求的尊重和在礼仪风度上的尊重。记者如果答应为采访对象的身份和姓名保密,则在新闻报道中不可以违背承诺透露出去。记者在采访时,有时候,采访对象会对其所谈到某一点或几点内容采取保留态度,要求记者不要对外报道,一般来说,记者也应该尊重对方的意愿要求。在礼仪风度上,记者要注意场合和被采访者的心情,如进写字楼采访公司总裁最好着正装,采访悲伤的人,服装色彩不宜太鲜艳等。

记者在采访过程中要有意构建一个社会关系网络,有助于获取新闻线索。也就是人们通常所说的,记者在工作中要广交朋友,要"无事常登三宝殿",和各类消息来源经常保持联系。在采访中,记者也会自然和某些消息来源联系比较紧密,产生一定的情谊。但是,记者也要特别提醒自己与采访对象保持适当的距离,防止私人友谊影响新闻报道的独立性。另外,在公共关系学发达的今日,记者还要特别当心某些消息来源提供的信息,以防自己的新闻报道被一些机构、人物所操纵。

3. 首先是社会人,然后才是职业人

2000年高考前夕,湖南经济电视台的记者接到群众举报,称湖南省嘉禾县一中可能会发生舞弊,希望记者能够采访曝光。记者在高考当日用隐性摄像机拍下了考场上触目惊心的舞弊现象。新闻报道后引起舆论极大反响。相关负责人受到处理,203名涉及舞弊行为的考生被取消了该年的高考资格。但是,嘉禾舞弊案的报道本身也引起新闻业界和社会的争议。一部分人认为记者明知会发生舞弊,应该事先努力争取制止舞弊事件的发生,而不是静等事件发生而后再去报道,如此则是记者忘记了自身的社会责任。另一部分人则强调新闻报道是记者的"天职"。

其实,这个问题的核心是记者在社会中应该承担的是什么样的角色,记者(乃至媒体)在社会责任和职业精神之间应该如何平衡抉择,记者的社会责任和职业责任又存在着怎样的联系。记者是专职从事新闻报道的人,记者是一种职业身份。但是,从事任何职业的人都应该遵从社会法律制度和基本的道德规则,记者自然也不例外。

我们的民族在悠久的历史中积淀了一些普遍认可的道德准则,诸如见义勇为、扶危助困、公平正直等,这些道德准则与法律制度一起维持着社会的良性运转。一个人在职业领域取得的成就令人尊敬,是因为这种成就客观上有利于社会的发展。也就是说,个人的职业成就总是以其社会价值来衡量的。我们很难想象,有利于职业工作可以成为触犯法律的借口;同样,一味追求职业成就而置社会道德于不顾的行为也必然受到舆论的谴责。以牺牲社会利益为基础的职业成就,其社会价值也必然因此而大打折扣。一个人首先是一个成功的社会人,然后才有可能成为一个成功的职业人。记者首先要肩负起自己作为一个普通公民的社会责任,然后才是称职的新闻工作者。

新闻职业精神与公民的道德责任之间并不存在必然冲突,很多优秀报道都是在一种道德责任感的驱使下产生。新闻报道的作用也不仅止于让人们了解事实,它对社会风气、社会舆论都会产生巨大影响。以嘉禾高考舞弊案为例,记者如果了解到内幕情况后,直接向有关方面反映,阻止事件发生,固然可以看作是其社会责任感的一种表现。但是,记者选择了做成新闻报道,旨在唤起社会关注,督促有关部门对类似事件认真查处上所产生的良性作用,也是不可忽略的。

第二章　新闻价值

什么样的事实具有新闻价值？或者说，什么样的题材可以成为新闻？这是做记者要面对的第一个问题。而中外的记者编辑们就这个问题给出的答案也是五花八门，不一而足。我们不妨先来看看一组流传颇广的有代表性的说法：

"新闻就是能让公众谈论的任何事情。"——《纽约太阳报》总编辑查尔斯·丹纳（Charles A. Dana）

丹纳强调，成为新闻的事实要能吸引受众的注意，强调新闻的公众兴趣，能引起大众一般兴趣的即可成为新闻。

"狗咬人不是新闻，人咬狗才是新闻。"——美国记者约翰·博加特

博加特的比喻强调的是新闻的反常性。

"新闻是广大群众欲知、应知而未知的重要事实。"——中国记者范长江

范长江强调新闻的社会功能和记者所应该承担的社会责任。新闻所报道的有的是社会公众想知道的，有的是记者认为他们应该知道的。特别是后者，读者未必喜闻乐见，公众也可能没有想到过这些问题，但是，这些事实可能对社会公共利益有重要影响，因此也是记者应该报道的。

不过，尽管有关于新闻各式各样的表述，新闻价值判断仍然具有非常强的经验性和个人性，十分依赖从业者在具体情境中的判断和选择。一方面，人们对于新闻性的事实所应该具备的特征有共同看法，如时效性、显著性、重要性、接近性、趣味性、人情味等。另一方面，新闻价值判断又有很强的相对性，在一个情境中是重要新闻，放在另外一个时间、地点或媒体，则有可能完全不被关注。

一、新闻价值是相对的

事件总是相对特定的人群而有意义，孤立的事件有怎样的价值其实很不确定，新闻价值需要结合人的因素才能进行判断。例如，某地发生了7级以上地震，这是不是一个重要新闻呢？震级很高，值得关注。但是，如果发生在太平洋底或者沙漠无人地带，也就是说几乎没有人受到这场地震的影响，那么这充其量就是一条一句话的简讯而已。如果发生在人烟稠密之地，不论有无严重的人员伤亡和财物损失，

则都是一条重要新闻,媒体需要连续追踪报道。2006年12月26日深夜,中国台湾南部海域发生7.2级地震,①因为震中在海里,没有人员伤亡,但是却震断了14条海底光缆,影响到中国大陆、港澳台地区、欧美,以及东南亚方向的国际通信线路,这就成了国际上高度关注的重大新闻了。

新闻价值的相对性还体现在事件所发生的社会环境差异性上。同类型的事件发生在两个不同的社会环境中,其新闻价值也会迥异。例如,对于一个治安状况良好的城市而言,发生一起街头冲突就只是一次小小冲突而已,新闻价值不大;但是对于一个充满种族纠纷的城市,小小冲突很可能演变成为撕裂城市里两个族群的标志性事件,其新闻价值不容误判。因此,两位美国学者吉布斯和瓦霍沃非常强调社区背景对于判断新闻价值的重要性,"在不同的社区,新闻有不同的标准",而记者只有通过不断加深对所处社区的理解才能更好地把握新闻。② 两位学者举了美国中西部小镇集市火灾的例子加以说明。

1999年,一场大火毁了印第安纳州剑桥城的一个集市,没有人员伤亡,没有犯罪行为,也没有严重经济损失,但是这对于剑桥城的居民是重大新闻。当地日报连续两天用头版报道火灾,并在二版刊载整版报道。为什么呢?一是火灾警报惊动了小城绝大多数居民,人们想要知道更多的详情。二是当地居民大多和这个受灾集市有各种各样的联系,形成很深的感情联结,关心集市的命运。三是救火队员们长达十几个小时的与大火搏斗的行为也深深感染着这个区域的居民们。③ 只有对这些复杂的关系皆有察知,记者才不会对这场火灾的新闻价值发生误判。火灾就算没有造成严重损失,也已经和本地居民产生深深的情感关联,因此有重要的新闻价值。

事件和话题的新闻价值情况也受到同期的其他事件和话题的影响。在相对平淡无事的日子里,普通新闻可以登上各家媒体的头条位置;但在重大新闻拥挤的时候,重要新闻也会被弱化处理。例如,2019年3月21日发生的"响水爆炸案"就是一条重大新闻,事故发生后,不仅当地媒体迅速赶往现场进行采访报道,④全国性媒体也高度关注。以微信公众号在事故发生最初两天的表现而言,"央视新闻"一共发布了6条报道,且都是以单条形式推送,"人民网"单条推送了3条报道,连财经类媒体"每日经济新闻""21世纪经济报道"也在3月22日一早以头条的显著位置推

---

① 京华时报.台湾地震震断14条海底光缆　修复时间不确定.http://news.sohu.com/20061228/n247305391.shtml,刊发时间:2006.12.28,回溯时间:2019.4.10.
② 吉布斯,瓦霍沃.新闻采写教程:如何挖掘完整的故事[M].姚清江,刘肇熙,译.北京:新华出版社,2004:73.
③ 同上书,第73—74页。
④ 张凌飞,范木晓子.突发!地震?盐城响水一化工厂爆炸!.刊于微信公众号"扬子晚报"(微信号:yzwb20102806),2019.3.21.https://mp.weixin.qq.com/s/hiWw7XsGNoALIphIBqwWkA

送相关报道。许多媒体的头条报道并非自己采写,而是综述来自其他媒体和相关机构所发布的信息,可见,在"响水爆炸案"的遮盖下,其他动态事件的受关注度大大降低。相比之下,2019年4月关于"报喜鸟品牌创始人车祸离世"的报道处理就更为多元。"报喜鸟"是国内知名服装品牌,因此这主要是一条财经领域的新闻,事发后本地报纸《温州都市报》在4月10日最早推出报道,其后主要是财经媒体跟进和重点报道,"每日经济新闻"4月11日推出原创头条报道,①"21世纪经济报道"虽无原创采访,但也在4月11日的微信公众号推出综述性头条报道。② 但对于全国性综合性媒体而言,这并非重要新闻,微信公众号"央视新闻"和"人民网"4月11日均没有推出任何相关新闻,它们当天头条报道的新闻比较多元,包括"河南一货运火车脱轨""黑洞照片问世""意大利返还流失文物"等。

关于重大新闻事件对其他题材的遮盖效应,《南方周末》记者李海鹏曾讲过自己的亲身经历。2008年5月汶川地震,举国悲痛,媒体全力报道,这一突发灾难迫使记者放弃其他一些报道选题。导致新闻价值判断改变的根本原因在于,重大突发事件改变了受众的关注焦点和兴趣点。

"如果没有这次地震,我本来会去做另一篇与灾难有关的报道。黑龙江省牡丹江市的'沙兰镇水灾'曾经淹死了100多个孩子,今年6月份是3周年,我想再去一趟,看看3年来发生了什么。得知地震造成了重大伤亡的消息后,我的第一反应是,沙兰镇的报道做不成了。即使我的工作日程安排得开,做了报道,可是谁还会关心一个'仅仅'死了100多人的陈年旧事呢?"③

尽管有上述诸多因素的影响,有新闻价值的题材还是具有共性,从公众角度而言,可以概括为三点:有影响、有用和有趣。有影响,即所报道的题材是重要的,能影响到很多人,或者是显著的,为众多人所关注。有用,即所报道题材和公众日常生活形成关联,能给人们提供有用的信息参考和行为指引。有趣,即所报道题材能吸引读者观众,能让他们觉得有趣或激发他们情感的共鸣。下面将"有影响"拆分成"重要""显著""进步和灾难"三个因素,将"有用"拆分成"民生利益""时宜""及时和接近"三个因素,将"有趣"拆分成"人情味""新鲜和趣味"两个因素,来对其一一分述。

---

① 徐杰,张潇伊."报喜鸟"传来悲歌:创始人因车祸去世,现场曾坚持先救员工.刊于微信公众号"每日经济新闻"(微信号:nbdnews)2019.4.11.https://mp.weixin.qq.com/s/BwYpvZlt9MaULIvN269pog
② "先救员工,先医他们!"报喜鸟联合创始人吴真先生车祸不幸离世,车祸后曾两度坚持先医员工.刊于微信公众号"21世纪经济报道"(微信号:jjbd21),2019.4.11. https://mp.weixin.qq.com/s/YhSDaI5K6mhZaAn1XvLt2Q
③ 李海鹏.采访手记:北川惶然录[M]//李海鹏.大地孤独闪光.广州:南方日报出版社,2011:139.

二、重要

一个事实,不管是一项政策规定,或者是一个动态事件,如果它的出现将影响到很多人、很多机构的生活或工作,对其眼下或未来状态将产生深刻的影响,或者其中的核心因素曾经有过巨大的影响,这样的事实通常会被人们认为是重要的。

有些事情的重要性是一望而知的,比如2019年4月11日,著名网站"维基解密"的创办人阿桑奇在英国被捕,消息一出立刻轰动世界。阿桑奇的传奇经历,他曾经对世界产生的巨大影响,以及其以一己之力对抗美国政府的形象激发了人们强烈的兴趣,其被捕过程和此前经历被各国媒体迅速报道和回顾。

但是,大多数时候,事情初起时,其重要性不会表现得那么明显,需要记者及时跟踪进展并调整判断。例如李海鹏曾写道他对汶川地震新闻价值的判断过程:2008年5月12日下午起床后先是从朋友那里获知信息,没有当回事儿;晚上同事打来电话表示想要去采访,他稍微了解了一下情况,听说死亡人数上百人,仍然觉得不重要,因为在他的印象中汶川地广人稀,就算震级很大,人员伤亡不多的话,也不算是重要新闻。一直到当天夜里,他看到新闻说死亡人数上升到3 000人以上,他开始意识到"这是一场巨大的灾难","死亡人数一旦达到3 000这样庞大的数字,也就肯定会达到几万——地震要么发生在无人区,就会很少伤亡;要么发生在人烟稠密之处,就肯定不是几千人的问题。"[①]对事件重要性的判断不同,处理方式也显然不同。如果地震人员伤亡不多,做些外围采访发个简单的报道即可,如果灾难状况严重,媒体就需要深入报道,甚至组织专题报道。

通常,我们可以根据几个方面的因素来对事实的重要性进行判断:

1. 事实持续状况及其对现实改变的程度。持续时间越长、改变程度越剧烈,往往也就是越重要的新闻。比如,青少年离家出走的事实,如果是一夜未归,媒体一般不会去报道,因为很可能第二天孩子就会安然无恙地回到家中;但如果是一个礼拜没有下落,媒体往往就要放大篇幅进行报道,甚至还会进行追踪报道。

2. 事实影响的范围。影响的范围越大、受影响的人数越多,事实也就越重要。一般来说,涉及国家政治、经济、军事、外交等领域的事件,如政局变动、经济政策、军事冲突、外交人事任免等,由于影响面较大,都是比较重要的新闻。

3. 事实的后果或意义。有许多事情乍看起来波澜不惊,但其中包含的意义却值得重视,这需要我们联系事情的前因后果,才能对其价值作出较为准确的判断。

2019年4月9日,西安一位车主在4S店里为新购的奔驰车漏油事件进行交

[①] 李海鹏.采访手记:北川惶然录[M]//李海鹏.大地孤独闪光.广州:南方日报出版社,2011:132.

涉,情绪激动之下,这位女车主坐到汽车引擎盖上与店方哭诉争辩。这只是日常消费纠纷的一个普通场景而已,一般没有什么特别报道的价值。但是这一幕场景被人拍成视频发布到网上,吸引大量网友关注,新浪微博相关话题阅读量高达2.3亿,讨论次数超过3.1万。① 网民关注使相关方不得不对事件作出公开回应,西安相关管理部门宣布成立联合调查组进行调查,事件的新闻性凸显出来,媒体大约在4月11日开始采访报道,但仍然只是一个消费者权益受侵害,维权成本高昂的故事。故事中包含一些戏剧性因素,如奔驰品牌的符号意义,女车主的高学历与其撒泼式维权所形成的反差等,这些元素也仅仅使故事更有大众兴趣,并没有提升故事的重要性。事件的进一步发展在4月13日,车主声称自己在不知情的情况下被诱导缴纳1.5万元金融服务费,这一新争端已经不是个别车辆的质量问题,而是涉及4S店全行业服务规范问题,事件性质升级,新闻的重要性进一步显现。因此,在4月14日及其后的几天里,媒体的追踪报道已不再是消费纠纷,而是深入调查涉事4S店的公司背景,并追踪调查主要汽车品牌经销商收取"金融服务费"的现状和内幕。

三、显著

西方有谚语说:"姓名能产生新闻,显赫的姓名能产生重大新闻。"新闻具有名人效应,体育演艺明星、文化界和政商界的知名人士,他们的言行,即使是世上很多人都会有的言行,一般也会得到受众比较高的关注,就因为他们是名人。名人新闻因为受到各家媒体的普遍关注,通常会引发激烈的媒体竞争,重大新闻发生时尤其如此,记者和媒体需要增强竞争意识。

2019年3月5日,一生大起大落的企业家褚时健去世,各家媒体纷纷抢发快讯,媒体报道的竞争激烈。就笔者所掌握的材料来看,主流媒体微信公众号中,《新京报》在当天下午3点11分推出快讯:"3月5日,《新京报》记者从褚时健亲属处证实,原云南红塔集团有限公司和玉溪红塔烟草(集团)有限责任公司董事长、褚橙创始人褚时健去世。"全文63字,获得"10万+"的阅读量和539的点赞量。② 报道时效是其取胜的关键。《中国新闻周刊》在当天下午4点57分推送一组两篇相关报道,虽然时效稍晚,但其首篇报道约1900字,除了报道褚时健去世的消息外,还简略回顾了他一生的主要经历和成就,内容充实了许多,因此也得到受众高度关注,

---

① 人民网综合.坐在奔驰上哭的事情真的发生了,咋回事?.刊于微信公众号"人民网"(微信号:people_rmw),2019.4.13.
② 朱玥怡.褚时健,走了.刊于微信公众号"新京报"(微信号:bjnews_xjb),2019.3.5,数据截止时间为2019.4.14. https://mp.weixin.qq.com/s/n2Ew3UJQu4G19Mso9UYTDA

获得"10万+"阅读量和1257点赞量。① 《人物》杂志获知消息后,在当天下午4点16分单条推出了一篇曾在2018年刊发过的深度报道,也斩获了可观的关注量,有"10万+"的阅读量和3770的点赞量,而2018年1月的首发阅读量有6.9万。② 可见,在名人突发新闻报道中,时效竞争分秒必争。相比之下,成都"红星新闻"在当天晚上7点56分以二条的位置推出原创报道,内容甚佳,但是因为时效和位置安排的诸多原因,影响力却有限,十分可惜。③

在传播手段非常发达的今天,"名人"概念已经不止于传统的意义范畴,那些因为专业表现突出、成就突出而在社会体制内得到认可的名人固然是名人,那些通过各种方式被人们所熟知,但并不被体制认可的"草根"明星们也是名人,如各类选秀节目中产生的流量明星。另外,现在各类主流和非主流的传播形式本身也在制造各种各样的公众人物,这也是记者需要保持密切关注的。

2019年3月,上海流浪汉沈巍谈论《尚书》《论语》等经典著作的视频在多个短视频平台走红,他衣衫褴褛的形象和清晰流畅的表达形成强烈反差而被网民称为"流浪大师""国学大师"。尽管沈巍本人无意成名,也不希望被打扰,但视频网站博主聚集于沈巍的栖身之地,一方面将沈巍制造成"网红",另一方面其为了博流量而围观沈巍的场景本身也成为轰动一时的新闻现象。2019年3月20日,成都"红星新闻"刊发对沈巍的人物专访,记者经过多方走访,调查核实了沈巍的真实身份,并联系到其亲属,还采访了熟识沈巍所在片区的酒店负责人、环卫工人和城管。这条报道3月21日在"红星新闻"的微信公众号推送后,阅读量为"10万+",点赞量为1176,可见其影响之大。④ 其后的3月27日,微信公众号"人物"推出现场实录报道《"流浪大师"爆红后的72小时》,记录从3月22日早上6点到3月25日早上8点这段时间里各路短视频博主拍摄和消费沈巍的各种表现,这条报道也获得"10万+"的阅读量,点赞量高达5687。⑤ 可见,不仅沈巍本人吸引了公众巨大的关注,围观沈巍的现象也因之而有了较高的新闻价值。

新闻的显著性不光来自人物,也可以来自地点、机构、数量、次序等因素。著名

---

① 王晨波.91岁褚时健,走了.刊于微信公众号"中国新闻周刊"(微信号:chinanewsweekly),2019.3.5,数据截止时间为2019.4.14.https://mp.weixin.qq.com/s/QUFakIj5Mf-MSEkb6jDhow
② 罗婷.褚时健90岁之后 摧毁与重建.刊于微信公众号"人物"(微信号:renwumag1980),2019.3.5,统计数据截止时间为2019.4.14.https://mp.weixin.qq.com/s/AYcHX5c2-9U0_Y8ro8l9FQ
③ 刘木木.记者手记:"活到一百岁"可能是褚时健唯一说到没做到的事.刊于微信公众号"红星新闻"(微信号:cdsbnc),2019.3.5,截止2019.4.14,该文阅读量4 204,点赞量43.https://mp.weixin.qq.com/s/j6nN4t_7qh4E8Nu0ur2yrw
④ 王春.上海"博学"流浪汉沈先生:网上走红不能改变我的命运.红星新闻2019.3.20,https://static.cdsb.com/micropub/Articles/201903/f32a881a42be439847e346e6217e05fc.html?wxopenid=oBCTzjvuWIyN7hs2prtUxbTCbgw8,微信公众号数据截止2019.4.14.
⑤ 林源."流浪大师"爆红后的72小时.刊于微信公众号"人物"(微信号:renwumag1980),2019.3.27,统计数据截止时间为2019.4.14.https://mp.weixin.qq.com/s/ce4NWeAyxTeMhTCKKSEFBg

的建筑物、知名的企业、次序的最先和最后、整数的数量等，都可以成为新闻报道的理由。例如，有公司因经营不善而倒闭，在市场经济中，这一点儿也不稀奇，但是，如果是知名企业经营发生问题则会吸引媒体连篇累牍地报道。又如，有人攀爬建筑物，这一般不算是新闻，但是，如果有人去攀爬上海的标志性建筑金茂大厦，则不管后果如何，立刻就会吸引很多媒体的注意。2019年4月15日，有800多年历史的法国巴黎圣母院突发大火，当天新闻就传遍了全世界，4月16日一早国内各媒体公众号也都头条推送火灾消息。这就是建筑物的显著性所带来的巨大的新闻效应。

次序产生新闻，如2019年4月16日人民网报道《31年前出生的中国大陆首例试管婴儿，当妈妈了！》，每天都有很多婴儿出生，这个婴儿的出生能成为新闻，在于其身上有两个具有显著性的次序，他的妈妈是我国大陆首例试管婴儿，而婴儿自己则是大陆首个"试管婴儿二代宝宝"。

显著的整数产生新闻，如政府部门每年皆会统计发布上一年度的癌症发病率数据，这是相关部门的例行工作，如果没有十分反常的结果，一般不是很受关注，媒体也不会重点报道。2019年《解放日报》在报道上海市卫健委所发布的数据时，以40年数据增长情况为切入点，"40年"这样一个具有显著性的整数使这条普普通通的信息突出出来了。下面是这条新闻的开头几句话，可见记者在突出新闻事实上的用心。

明起是第31届上海市肿瘤防治宣传周，今年的主题是"科学抗癌，预防先行"。今天上午市卫健委举办的主题活动传出消息：

2018年本市户籍人口的期望寿命达83.63岁，比40年前提高10岁，但癌症发病率比40年前增长了141%、死亡率增长了63%（去除人口老龄化因素后，死亡率比40年前下降42%）。

"吃动平衡"与"健康体重"相结合，市民养成健康生活方式，可预防癌症发生。①

四、进步和灾难

进步和灾难展现了人类力量的两端，科技进步代表了人类智慧对于客观规律的把握和应用，而灾难则展现了人类力量脆弱的一面。科技进步改善和提高了人类生活的质量，因此，但凡有实验室的新发明、科学和医学的新进展，只要是代表了真正的科学发展和技术进步，得到权威机构的认可，就会受到媒体重视。

例如，2019年4月10日晚9点，天文学家召开全球新闻发布会，公布人类史上

---

① 顾泳.上海癌症发病率40年增长141%，癌症是可以预防的.刊于微信公众号"解放日报"（微信号：jiefangdaily），2019.4.14. https://mp.weixin.qq.com/s/HlvAVlHuWSvTejaRCx2lyg

首张黑洞照片。这是一个具有高度专业性的活动。科研人员将分布于全球8个观测点的射电望远镜组成所谓"事件视界望远镜(EHT)",在2017年4月连续数天联合观测,其后经过2年的数据分析"冲洗"出照片。① 这一活动受到各类型媒体的高度关注。微信公众号"人民网"和"新华视点"在当晚均以"号外"的标题单条推送报道这一重大新闻,除了简短的动态介绍外,大部分内容都是对黑洞知识和相关科学研究背景的铺陈,具有一定的阅读难度。但是,这些报道在微信朋友圈仍然被广泛转发,"人民网"当晚和次日的报道均获得"10万+"的阅读量和数千的点赞量,②可见受众的高度关注,也可见重大科技进步消息具有突出的新闻价值。

另一方面,尽管人类文明发展至今已积累瞩目的成果,但是在自然力量面前还相当脆弱。飓风、地震、泥石流等自然灾害可以在瞬间摧毁人们多年苦心经营的成就。空难、水灾、火灾等灾难造成的痛苦也触目惊心。灾难事件永远触痛人们的敏感神经。由此延伸,人们对生命的意外伤害和非正常死亡都抱以特别的关注,这也就是所谓的"人命关天"。

2019年4月10日晚,河南一货运火车脱轨致6人遇难。全国性媒体"人民网"以快讯形式在4月11日下午报道,当时已确认4人遇难,还有2人在失联状态。央视记者则赶赴现场采访和报道。这一事故性质和情节都很简单,因此媒体报道大约持续一天,到2位失联者被找到,报道也就结束了。

如果事故灾难具有一定的持续性,或者其中包含一些人为因素,就需要做更为深入的采访和调查。如2019年4月11日晚深圳市突发强降雨致11人死亡,深圳市应急管理局在4月12日上午发布情况通报,各家媒体皆强势关注,一日数次更新,追踪事故搜救和调查的最新进展。微信公众号"央视网"12日报道,暴雨前,深圳气象台发布四次雷电暴雨黄色预警,事故原因在于水务相关施工单位存在侥幸心理,没有估计到这次降雨强度远超预期。③《新京报》当天还采访到深圳银保监局,了解事故中伤亡人员的理赔情况。④ 4月13日深圳市应急管理局发布消息称,最后一名失联人员已确认遇难,通常来说,事件也暂告一个段落。但是,对于这样一起严重事故,简讯式的报道并不够,《三联生活周刊》当天刊发深度报道,⑤回顾事件过程,并深入调查分析了工人深夜施工的原因,为读者提供了关于事件的深度分

---

① 腾讯科技.人类首次直接拍摄到黑洞 一文扫光你心中所有的困惑.2019.4.10. http://tech.qq.com/a/20190410/008149.htm
② 微信公众号"人民网"(微信号:people_rmw)2019年4月10日报道《号外!这就是黑洞!》点赞量为2136;2019年4月11日报道《这一次,爱因斯坦又说对了!》点赞量1630,数据截止时间为2019.4.13.
③ 央视网.7死4失联,深圳洪水不仅是天灾.刊于微信公众号"央视网"(微信号:cctvcomweixin),2019.4.12.
④ 周世玲.深圳暴雨致9人遇难2人失联.刊于微信公众号"新京报"(微信号:bjnews_xjb),2019.4.12.
⑤ 张小满.一小时三起事故十人死亡:致命的深圳暴雨.刊于微信公众号"三联生活周刊"(微信号:lifeweek),2019.4.13.

析。4月14日"澎湃新闻"刊发更为详细的现场还原和深入调查的报道,记者还原了深圳气候背景和当日的天气情况,走访了3处事发地段,了解当地施工环境和当日施工详情,采访到侥幸逃生的工人,调查暴雨预警下施工的涉事企业情况。① 深入细致的报道既是还原悲剧发生的过程,为受害人追问事件的责任,也是警醒后人避免悲剧的再次发生。

五、民生利益

新闻以受众关注为落脚点。那些发生在普通百姓身上的事,与普通百姓切身利益息息相关,尽管比较微小,但是只要有一定的普遍性,就会得到受众比较高的关注度,因而也是具有相当高的新闻价值。

2019年4月14日,"人民网"报道南方航空新推出的"一人多座"服务,购买经济舱机票的乘客在支付较为廉价的费用之后,可以获得额外的1到3个座位的使用权,但是这项服务只能在旅客抵达机场后柜台购买,航空公司的工作人员根据航班座位剩余情况来决定是否售卖,也就是说,这项收费服务其实是航空公司利用空置座位增加收入的行为,但是客观上也更好地满足了一些乘客个性化的需求,给了消费者更多选择空间,这个信息对读者来说也是很有价值的。"人民网"在报道南航的这条新闻时,国内其他民航在一年前就推出类似服务,不算很新鲜,但是这条新闻却有很不错的阅读量,根本原因就在于这是一条很接地气的新闻,跟读者的实际生活和切身利益很接近。读者留言中点赞量最高的两条也都是在强调航空公司这项服务是双赢的,"对于我们经常出行且有多人一起出差的旅客很有吸引力,节约了开支,对航空公司来说又提高了客座率。"②

与老百姓生活联系紧密的衣食住行等领域的市场变动情况,如粮食和副食品的市场供应和价格变化等,自然是民生利益的题中应有之意。如下面这条来自"中国新闻网"的新闻稿,内容是在2019年农历春节前,全国许多地方蔬菜价格"连涨七周",被包括"央视网""环球网""北京广播网"等众多媒体转载。

蔬菜价格连涨七周,过年只能吃肉?

随着春节的临近,很多地方的牛羊肉涨价,蔬菜价格也涨了。

"长茄5.99元,香菜5.99元,小青菜6.5元",这是北京一家超市蔬菜的价格。

---

① 陈绪厚,崔烜,王鑫,武敬栋."4·11"深圳暴雨致11死追踪:气象预警后的接连遇难.澎湃新闻,2019.4.14. https://m.thepaper.cn/newsDetail_forward_3294442?from=timeline
② "人民网"转载《飞机"一人多座"服务来了:最低250元就能加个座!你会买吗?》.刊于微信公众号"人民网"(微信号:people_rmw),2019.4.14.该文截止2019.4.16阅读量为5万。

白色的价签上,黑色的大字透露着一个信息:涨价了。

此时正值下班时间,来往买菜的人延绵不断。在北京丰台一家社区超市卖菜的张娟(化名)一边回答顾客的问询,一边忙着称顾客选购的商品。

"小油菜5.3元一斤,蒜黄6块一斤……""菜涨价了啊?""就这价钱,我这算是便宜的。"

她指了指手边的小油菜,"要知道,不远的小区超市里都卖7块多一斤。"

与小油菜价格并驾齐驱的还有丝瓜和黄瓜。

北京西城一家菜市场里,一位卖菜商户坐在凳子上默默玩着手机,在顾客喊了几声后,终于把头抬了起来,"丝瓜7块,黄瓜是6块。"话一说完又低下了头。

在他眼里,腊月里蔬菜涨价是一件很正常的事。

(材料来源:"中国新闻网"2019.1.25,节选,作者:谢艺观)

个人或机构采取欺骗、造假等种种手段致使百姓利益、健康等方面遭受损失的行为和事实,也属于民生利益范畴,具有很高的新闻价值。媒体的报道可以揭示事实真相,帮助百姓维护自身利益,甚至可以敦促政府加强治理工作。如下面这条新闻,首发于《中国青年报》,其后两天里被"人民网""金羊网""凤凰网"等众多媒体转载,阅读量都很高。"人民网"微信公众号迟至4月14日头条推送,阅读量仍然达到"10万+",[①]可见这类涉及百姓切身利益又具有一定普遍性的议题非常受读者关注。

吸引年轻人预存资金办卡成敛财"套路"?(引题)
专家呼吁强化企业失信追偿机制(主题)

不止婚纱摄影店,年轻人爱去的健身房、瑜伽馆等运动场所,经常以各种优惠条件吸引消费者办卡充值、预付资金,这些"预付消费"领域近年成了"卷款跑路"的重灾区。

《中国青年报·中青在线》记者梳理发现,仅最近半年,就有10多座城市陆续曝出健身房、瑜伽馆老板"卷款跑路"、消费者维权的消息。

对此,有专家、律师呼吁,针对开展需预付费业务企业,要大幅提升经营者失信成本、降低失信收益,有效降低消费者维权成本,尤其是在无暇维权的年轻人消费领域,相关部门更应在事前积极监管防范,建立资金风险预警机制。

(材料来源:《中国青年报》2019.4.12第08版,节选,作者:耿学清)

[①] 人民网转载《你办卡的健身房还在吗?》,刊于微信公众号"人民网"(微信号:people_rmw),2019.4.12,阅读量统计截止2019.4.16。

不少时候,这些涉及百姓利益的题材都是一些有争议的题材,如消费纠纷、公共服务问题等。还有一些则是随着社会发展而在居民生活中出现的新情况、新问题,有些则是在社会既有规范体系下难以处理的难题等。这些题材往往要涉及好几个当事主体,各利益主体的意见和看法不尽一致,甚至相互冲突。媒体的报道聚集起舆论关注,可以提醒人们注意相关问题,也有助于问题的解决或社会一致意见的达成。

例如,2019年4月,上海地铁出台新版《自动扶梯乘梯须知》,第一条是"禁止行走或奔跑",这意味着以往"左行右立"的乘梯规则被否定,行人不可以在自动扶梯上赶路。"乘梯须知"虽然被张贴在地铁的醒目位置,但是行人大多匆匆而过,未必会注意到,因此还需要媒体报道来提醒市民。4月6日,上海政务微信公众号"上海发布"最早发布了地铁"新规",内容为地铁新规的图示,没有额外的采访和解释。这篇文章阅读量为"10万+",可见十分受关注,但是从"精选留言"来看,读者的争议显然也很大,点赞量最高的留言认为新规"很好,纠正了以前错误的左行右立的观念",但是反对的意见声音也不小。① 大约从4月9日开始,上海的本地媒体如"澎湃新闻""新民晚报""新闻晨报"皆报道这一新闻,访谈了地铁负责人和业内人士,提供解释,并添加了以往因为扶梯上"赶路"引起的司法纠纷案例和其他国际大都市在使用自动扶梯上的新规定,这些内容对促进社会共识的达成起到积极的作用。即以"新民晚报"微信公众号的报道为例,总阅读量2.4万,16条精选留言中15条明确支持新规,唯一持保留态度的留言虽获最多点赞(68个),也只是表示需要提升电梯质量和电梯技术。②

六、时宜

受众的兴趣和关注点会随着时令节气的变化而相应变化,如,临近中秋节,人们往往比较关注购买月饼;到了"六一"儿童节,给孩子添置玩具和服装;清明节时大多数家庭都要安排祭扫活动等。那么,这些领域里会有些什么变化和问题,自然是受众所希望了解的。对应特定的时节,相关领域的题材就具备了比较突出的新闻价值,我们把这叫作"时宜"。下面是2019年3月13日"红星新闻"微信公众号头条推出的人物报道,春天和3.12植树节这样的时间节点使报道更受关注。

---

① 《[注意]新版自动扶梯乘梯须知亮相上海地铁!学习一下》.刊于微信公众号"上海发布"(微信号:shanghaifabu),2019.4.6,相关数据统计截止2019.4.16。
② 《新民晚报》综合《重要!上海地铁扶梯"左行右立"被叫停!今天,你站左边了吗?》.刊于微信公众号"新民晚报"(微信号:xmwb1929),2019.4.9,相关数据统计截止2019.4.16。

20年种树20万棵"植树狂人":放弃会浪费掉所有付出

近日,河南焦作"植树狂人"宰银根的事迹被媒体报道后引发关注。报道称,宰银根坚守深山20余年,陆续投入上百万元,种植20万棵树,村民称他为"神经病",妻子无法忍受艰苦生活与他离婚,他却一直无怨无悔。

3月12日,宰银根接受"红星新闻"采访时说,他的故事并没有这么传奇。从1999年开始,他与村委会签了山地承包合同,打算种植果树致富,但是由于经营不善、交通闭塞等问题,迟迟没有经济收益,于是不得不坚持下去。

"如果放弃就会浪费掉之前的所有付出。"宰银根说,今年他又将承包合同续了20年,他相信未来山上的果子一定会变成钱。

(材料来源:红星新闻(微信号:cdsbnc)2019.3.13,节选,作者:潘俊文、仝诗蝶)

一般来说,适合做时宜性报道的题材,本身还要具备一些其他的新闻价值要素,如重要、显著、新鲜等,选择合适的报道时机,使题材的新闻价值获得了放大效应,或者对于那些没有明确时效性的现象来说,时宜性也为报道提供了一个非常有效的报道由头。例如,上面关于"植树狂人"的报道,20多年的坚持,20万棵的植树成果都已经非常突出,具有新闻价值的显著性要素,已经值得新闻报道了。实际上,在"红星新闻"之前,也确实有媒体报道,但是,放在植树节前后的日子来报道,则更具有时宜性,也更符合人们的心理预期。

时宜性报道的另一个典型案例是中央电视台的"3.15"晚会,这些消费服务领域的种种问题存在并非一日,也不必限定在上面具体时间曝光,但是借力"国际消费者权益日"这样一个由头,每年的集中曝光已经使这档节目本身成为重要新闻了。

可以为时宜性报道提供契机的日子很多。既包括依托农历的各种中国传统的节日,如元宵节、清明节、端午节、七夕、中秋节、重阳节等;也包括依托公历的各种节日和纪念日,如元旦、国庆节、"五一"劳动节、"六一"儿童节、"七一"建党节、"八一"建军节等。另外,各种各样的国际活动日和纪念日也可以为相关报道提供很好的由头,如世界睡眠日(3月21日)、世界水日(3月22日)、世界艾滋病日(12月1日)、国际残疾人日(12月3日)、国际志愿者日(12月5日)、国际护士节(5月12日)、国际消费者权益日(3月15日)、国际禁毒日(6月26日)等。

值得一提的是,随着中外交往的加深,很多西方的传统节日也流传过来,并为很多国人所津津乐道,如圣诞节、情人节、万圣节之类,也为媒体的新闻报道提供了很好的由头。

七、及时和接近

这两个因素并不能单独使某个事实成为新闻,但是它们可以添加事实的重要性,增强事实对于受众的吸引力。拿车祸打个比方,一般来说,昨天的车祸比前天的车祸更有新闻价值,因为更及时;本地的车祸比外地的车祸更值得本地媒体去报道,因为更接近。

2019年4月9日,上海的《新民晚报》根据热线电话报道了一位市民章小姐早上上班狂奔赶公交车的故事。[①] 这位女士奔跑到车门口时,公交车驾驶员没等她上车直接关上车门准备启动车辆,在章小姐车门反复请求下,驾驶员最终打开车门让她上了车。从事情经过来说,这是件小事,而且最终结局也没有对当事人带来很严重的影响,似乎没什么新闻价值。但是这篇报道刊发后却在读者中产生热烈反响,很多读者在报道下面留言,其中不少是二三百字的长篇幅留言,可见读者感情投入之深。为什么会这样呢?报道及时是一方面,更重要的原因在于上海这座城市的特点和这篇报道的接近性。在上海这座特大城市,很多人上班路途遥远费时漫长,赶上车可能是每个上班族都经历过很多回的焦虑。章小姐赶公交车的故事虽然不够戏剧性,却能触发很多人心底的共鸣。许多读者留言既是在评点新闻故事,也是在讲述自己曾经的经历。网友反响强烈,同时也提供了许多新的故事,以至于《新民晚报》第二天又做了一条后续报道,[②]并且这条后续报道仍然得到了很多读者的长篇幅留言。可见,新闻报道内容的接近性对读者有多么重要。

接近是相对于受众而言,既可以是年龄、职业上的接近,也可以是地理上的接近。例如,老年人会对一些发生在老年人身上的事情格外关心,一名教师可能对别人忽略的一条教育领域的新闻倍加重视。不过,对于目标受众面比较广的都市媒体来说,地理的接近是经常被考量的因素。即使是报道外地新闻,如果能在其中添加一些本地因素,新闻也会对受众有更大的吸引力。

例如前文所提及的巴黎圣母院燃起大火的新闻,作为有悠久历史和厚重文化内涵的著名建筑,这条新闻迅速成为全世界媒体的头条新闻。从国内媒体4月16日一早的报道来看,由于这是一条国际新闻,媒体很难马上派出记者实地采访和发回消息,大多数媒体刊发的皆是综合报道,援引法新社和法国媒体的报道、国内中央电视台的视频、网络视频、网友评论等,内容大同小异。但是,如果从本地接近的

---

① 徐驰.辛酸!狂奔50米赶公交,拍门央求半天司机才开门,更有危险一幕…….刊于微信公众号"新民晚报"(微信号:xmwb1929),2019.4.9. https://mp.weixin.qq.com/s/C6HrAz4HvkD0YBgYQhhJUg
② 徐驰.狂奔追车续:上海这些公交线路被网友点名表扬!我们都亲测了一遍…….刊于微信公众号"新民晚报"(微信号:xmwb1929),2019.4.10. https://mp.weixin.qq.com/s/6_nHH_ymU_CHeTPcvgvH7g

角度,即使是没有驻外记者的地方性媒体也是有可能做出自己的原创新闻报道。

南京的《扬子晚报》即从接近性的角度在4月16日晚上发出了很不错的原创报道。[①] 北京时间4月16日下午,该报记者通过互联网设法采访到一位事发当日游览过巴黎圣母院的中国游客,并通过这位游客描述了火灾被完全扑灭后的现场戒严状态。记者还采访到一位在巴黎学习的南京姑娘,她住在巴黎圣母院附近并目击了这场大火,通过她描述了大火燃起的现场状况。对于这样的国际新闻来说,能采访到中国游客,就是具有了接近性,该报道又采访到身在巴黎的来自南京的姑娘,无疑更进一步拉近了报道与本地读者之间的关系。

实际上对于大多数没有严重情节的新闻来说,及时和接近是两个相辅相成的因素。光有接近性而没有及时性,读者会因为时过境迁而不再有阅读的兴趣;光有及时性而没有接近性,读者也会觉得事情跟自己没有关系而漠不关心。

上海《新民晚报》4月9日和10日一组关于上海天气突变的报道,就是将及时性和接近性这两个要素结合得很好的案例。2019年4月9日上海天气曾经历过从上午阳光明媚到下午狂风暴雨、雷电交加、气温陡降的戏剧性突变。上海气象台在当天中午12点13分发布大风、雷电两个黄色预警,接近下午1点时又将大风预警升级为橙色预警。下午1点47分,新民晚报微信公众号报道预警信息。很有意思的是,这条报道除了预警信息之外,很大篇幅是在讲南京当天上午10点刚刚经历过的瞬间天黑狂风大雨的情况。本来外地的短时天气变化对上海市民没有多大意义,但是由于上海本地马上就要风云突变,外地类似天气情况也就有了相关性。当天下午5点19分,《新民晚报》微信公众号又头条推送报道了当天下午暴雨带来的突发事件:轨交遭雷击列车停运、机场航班大面积延误等。4月10日下午4点56分,《新民晚报》再次推出深度报道,通过上海天气的百年历史数据和近年的气象大数据对前一日的天气突变情况进行解释。[②] 这一组头条报道时效强,及时报道和解释上海本地天气剧变情况,可谓十分出色。

八、人情味

人们是需要感动的,在感动中确认亲情、爱情和友情的价值,在感动中张扬仁慈、忠诚、自强等品质。所以,我们经常可以在报纸上看到类似这样的故事,一位高龄老人通过自学考进大学,一位贫穷而慈爱的母亲为儿子捐出自己的一个肾,一个

[①] 刘浏.游客拍下巴黎圣母院大火前后影像,南京女孩目睹燃烧全过程.刊于微信公众号"扬子晚报"(微信号:yzwb20102806),2019.4.16. https://mp.weixin.qq.com/s/J-DTg1bgLLlbQqi7Po_kfw

[②] 相关报道标题和作者情况为,2019.4.9综合报道《艳阳高照下魔都发雷电大风"双预警"? 稳住! 威力巨大,马上就到!》;2019.4.9,徐驰,董怡虹,金志刚,钟荷.浦江线轨道被雷击! 航班大面积延误! 黑云大雨过后,它又将杀到……;2019.4.10,方翔.昨日的"怪天"算"百年一遇"吗? 全国只有上海能给出答案!.

家族遵从祖上的遗训为过去的英雄守墓300年,等等。这些故事的主角可能只是社会上的一些普通人,他们的经历虽然有个性,但放在社会大环境中来看,也并没有很突出的地方。但是,这些故事具有一种情感的张力,我们把这叫作"人情味",它使故事变得更耐看,增强了故事的感染力。

2019年4月,上海多家媒体报道了一位大学宿管阿姨和儿子一起考上研究生的故事。① 这就是具有很强人情味的新闻。宿管阿姨和大学研究生身份的反差,母子考研同时题名的中国传统式的圆满因素,都使这个故事很有吸引力,但真正打动读者的是故事里所包含的活到老学到老、世上无难事只怕有心人这样的励志精神。

人情味故事的主角通常都是普通人,没有大起大落惊心动魄的经历,但是能够历经许多年完成一件事或坚守一件事,其日常经历的诸多挑战,以及在这个过程中情感心性所经受的磨炼,皆有不同寻常的地方。因此,写好这类人情味故事意味着记者要有非常好的观察能力和把握细节的能力,要能在寻常的场景中把握住人物和行为的层次,捕捉住有说服力、感染力的各种细节行为和场景。我们以一篇获得普利策新闻奖的美国特稿作品为例来简略说明。

1996年获奖的《纽约时报》特稿《她把所有的15万美元都捐给了一所大学》,写的是一个从未结婚的洗衣女工的故事,她并不富裕,过着极其节俭的日子,捐赠却十分慷慨。作者在描写她捐赠临近大学的黑人学院的心愿时用到一个细节和引语:"她只想要一种回报:即参加因她的资助而完成学业的大学生的毕业典礼。她说:'我很想看到这样一个典礼。'"②参加毕业典礼的愿望突出展现了捐赠者对接受大学教育的渴望和遗憾。这些细节体现了记者极强的捕捉细枝末节的观察能力和洞察力。

国内的人情味报道可以《中国青年报》的"冰点"特稿为代表,写的皆是普通人的故事,力图在普通人的经历中展示出一种人类普遍尊崇的价值和品质。"透过这些故事,你能看到自己的同胞——那些老人、那些孩子、那些青年、那些作为社会中坚力量的沉默的大多数——在经历怎样的命运。从关注人的命运出发,'冰点'一直着力维护许多最基本的价值,比如悲悯、比如同情、比如宽恕、比如正义、比如自由。"③例如,郭建光《码头春秋》一文写的是一群在深圳码头挑砖的工人的故事,主角是一个挑砖19年的高中毕业生,他当初来到深圳所怀抱的希望,他现在的工作状态、家庭情况等,全篇没有一个具有戏剧性的冲突情节,皆是平平淡淡的日常生活,却具有很强的情感感染力。其细节描写的力量从下面描写挑砖的场景中可见

---

① 徐瑞哲.超强49岁宿管阿姨:和儿子一起考上研究生,还让老公从技校生变博士生!.刊于微信公众号"上观新闻"(微信号:shobserver),2019.4.17.
② 里克·布拉格.她把所有的15万美元都捐给了一所大学[M]//戴维·加洛克.普利策新闻奖特稿卷.张金秀,译.北京:新华出版社,1999:631—632.
③ 徐百柯.冰点:有温度的故事[M]//杜涌涛,徐百柯.永不抵达的列车.北京:中央编译出版社,2012:1.

一斑:

> 周光福就在三围码头上干活。他右手拿着一个铁夹子,麻利地夹起4块砖,放在自制的竹架中。很快,两个竹架中就放上了40块砖。接着,他把1米长的扁担搭在后脖子上,一弯腰,两腿一用力,100多斤重的砖块就离地而起。①

值得注意的是,重大新闻事件,特别是灾难、疫情之类的事件,往往也会衍生出各种各样的人情味故事,值得挖掘。

九、新鲜和趣味

司空见惯的事情不成为新闻。通常,新闻在时效之外,还要有一定的新鲜性,是过去没有的,或者是很少出现的事物。它们可能会产生比较大的社会影响,也可能无关宏旨,就是为人们增添茶余饭后的谈资而已。

例如,2019年2月,星巴克门店发售一款标价199元的猫爪杯,上架即销售一空,一些网友表示凌晨排队没买到,电商平台则出现高价代购。一时之间,相关话题在社交媒体上有很高的阅读量,成为网民中的小热点。事实上,"一杯难求"不过是商家营销的一种手段而已,事情本身无足轻重,但是互联网上、朋友圈中,这成为一个话题,因此也就有了报道的价值。上海的"澎湃新闻"很快将互联网上的讨论和售卖情况做成各种数据图表新闻,直观展现了网上热点状况。②北京的《新京报》则以"饥饿营销"为切入点,针对网友质疑的暗箱操作、默许营销等问题进行了较为深入的调查。③

动物也是容易吸引人关注的对象,特别是动物的一些有趣的行为和习性,往往是非常好的新闻题材。例如,动物园的动物们冬天是怎么过冬的,夏天是怎么过夏的。它们生下小宝宝,或者意外死亡,也会吸引媒体的关注。2019年1月,山东的《齐鲁晚报》报道了太平洋中南部一个岛国纽埃一只鸭子的故事。这个小小的岛国一直没有鸭子,但在2018年1月突然出现了一只鸭子,被纽埃人民称为"全世界最孤独的鸭子",居民还为其专门建立了社交媒体专页,每天发布它的照片、视频和漫画形象,后来这只鸭子被狗袭击而死,网友在社交媒体纷纷悼念,也成为媒体报道的对象。2019年1月29日,《中国青年报》的微信公众号转发了这篇报道,也获得

---

① 郭建光.码头春秋[M]//杜涌涛,徐百柯.永不抵达的列车.北京:中央编译出版社,2012:90.
② 澎湃新闻 湃客.为猫爪杯大打出手,星巴克是如何做到的.刊于微信公众号"澎湃新闻"(微信号:thepapernews),2019.3.1. https://mp.weixin.qq.com/s/sgaA2nJUMBA-aHvbyf6cUQ
③ 张晓荣.猫爪杯网上炒到近千元,星巴克否认饥饿营销.刊于微信公众号"新京报"(微信号:bjnews_xjb),2019.2.28. https://mp.weixin.qq.com/s/y_Cy9IPsSQOyjKSc9UFmWQ

了 2.2 万的阅读量和 292 个点赞量,[①]可见这类动物故事所有具有的吸引力。

  新鲜的事情也可能具有比较深刻的社会内涵,或者值得深入思考的意义。例如,《羊城晚报》曾报道一场普通的企业招聘会,[②]吸引记者的是一些企业的招聘岗位名称十分奇特,"如'储备干部''管理培训生''见习经理',等等,还有的名曰'美国互惠生'。"这些五花八门的名称到底对应什么样的工作?读者要回答,恐怕如同猜谜。这个题材确实很新鲜有趣,但并不可以简单一粲了之,因为其背后还关涉千千万万求职者的切身利益。因此,记者不仅采访了求职者对这样岗位名称的疑惑和担忧,还采访了律师,从法律上来对这些名称进行分析,一方面告诉读者新岗位的出现是社会的进步,另一方面也提醒求职者注意防范风险。

[①] 万象|世界上最孤独的鸭子被狗咬死,这个国家的人民心碎了…….刊于微信公众号"中国青年报"(微信号:zqbcyol),2019.1.29. 数据截止时间为 2019.4.18. https://mp.weixin.qq.com/s/wpsNdXRkSOOvixoi4ndAFQ

[②] 张演钦.新奇岗位名称花样繁多,招聘会上毕业生要猜谜[N].羊城晚报,2008-3-17.

第三章　新闻来源

新闻是大众不了解不熟悉的事实,那么,到哪里才能找到新闻?这是个似乎很困难也似乎很容易回答的问题。说容易是因为,在今天这样信息来源异常丰富的年代,快节奏的生活场景中遇到各种人和事,各种媒体在传播着海量信息,个人的微博、博客、微信朋友圈也在时时刻刻提供各种消息动态,这些似乎都是新闻来源。说困难是因为,要找到一条真正有价值且能够报道的新闻通常都要付出很多辛劳,并没有看上去的这么容易。

有些现象看上去很有价值,但是稍微深入调查会发现问题并不像表面呈现的那样尖锐冲突;有的事情看上去很新鲜,但是很快就会发现很多人早就了解,而且也只是很平常的一个小变动而已;有的故事听起来生动有吸引力,但是核实下去却是别人伪造出来的或者有很多添油加醋的成分,这些都不能真正成为新闻。因此,很多初学新闻采写者常常有"上穷碧落下黄泉"的苦苦求索感。主动掌握丰富的新闻来源,是记者能力的一个重要方面,也有一定的规律和技巧,这既要求记者能时时刻刻对社会动态和环境变化保持高度敏感,也需要记者对当前的社会环境特征有良好的理解。前者需要记者对各种常见的新闻来源保持关注,是一种捕捉动态的能力;后者则反映记者的社会政策知识储备状况,是捕捉动态能力的基础。我们先从基础说起。

一、理解社会环境

我们先来看一则社会故事,分析其新闻价值:

2018年12月26日晚,福州晋安区小伙赵宇在听到楼下女邻居呼救声后,下楼察看并制止了一起尾随入户侵害事件,在这个过程中,赵宇和施害者产生肢体冲突,并因"涉嫌故意伤害"而被刑拘14天。随后,赵宇在微博上求救,称咨询律师,如果其行为被判定为故意伤害的话,他有可能面临牢狱之灾,并要承担数额不菲的赔偿款。[①]

[①] 综合人民网2019.2.21报道《福州警方通报小伙救人被拘案:检方不起诉》,刊于微信公众号"新京报"2019.2.18晚头条报道《小伙制止侵害被刑拘14天:若好人总是背锅,那谁还愿伸出援手》。

如果去除背景孤立地看,这是一个很小的社会冲突事件,冲突双方有身体伤害,但没有致命致残,也没有严重财产损失,可以说就是日常生活中很普通的案件,作为晋安本地的新闻可能会有很多人津津乐道,扩大到福州市的范围里,可能就没有多少人关注了。但是,这样一个看起来价值不大的事件却在2019年2月赵宇微博求助后迅速演化成全国诸多主流媒体重点报道的对象。

《新京报》官方微信号从2月18日开始连续头条推送相关追踪报道,在2月18—23日这段时间里,5天共推送了6条头条报道,累计阅读量23.7万。① 《中国新闻周刊》微信官号2月19日头条推送原创报道"强奸未遂打麻将,见义勇为十四天",《中国青年报》官号2月27日头条转发《新京报》关于企业家捐资10万元奖励赵宇见义勇为的视频报道,并配发图文报道回顾事件发展过程和网友反应,两者阅读量皆在10万以上。"人民网"微信官号在2月19日二条转发中国新闻社相关报道,阅读量也高达9.1万。多家地方性媒体的微信官号在2月20日前后头条推送相关报道,如上海的"上观新闻"在2月20和21日推送过三次相关头条报道,成都的"红星新闻"在2月22日推送过一次头条报道。

这样一个小事件能得到这么多全国性和地方性媒体关注,变成举国关注的大新闻,似乎不可思议,但若能结合当时的社会背景就不难理解了。社会公众对赵宇案高度关注的原因在于两点:一是赵宇的行为在性质上属于见义勇为,二是赵宇的行为在刑法上是正当防卫还是防卫过当有争议。在此案之前,全国发生过多起见义勇为救助他人者反被刑事和民事处罚的案例,正当防卫的法律条款则在很大程度上成为沉睡条款,多起案件中的被侵害者的奋起自卫行为被司法机构判定为防卫过当。这些事件和案例潜伏于社会的集体记忆中,一旦有新的事件唤醒这些记忆,就能迅速激发社会公众的强烈情绪和关注,媒体报道一方面是回应公众关注,另一方面也可以借助持续关注所形成的舆论压力来推动现实环境的改变。因此,一些在其他时候会被媒体摒弃的事实也可能得到突出报道。如赵宇案中多家媒体报道了企业家给赵宇捐助10万元的事情,企业家的捐资行为难免有自我宣传的嫌疑,通常来说媒体不会突出报道,但是在赵宇案陷入停滞的没有新进展可以报道的状态时,这也成为媒体对案件保持关注的报道由头了。

由此可见,一个事件或议题能否成为新闻来源和是否值得突出报道,很多时候并非单纯取决于其本身的性质和影响范围,而是很大程度上受到当时的一般社会环境和公众心理状况的影响。这就需要记者有非常强的判断力,不仅能看见当下的一个一个事件,而且要能对社会发展现状和问题有一个较为宏观的把握和理解。

---

① 新京报微信官号"新京报"(微信号:bjnews_xjb)每天推送2—3次不等,赵宇案相关头条推送频次为:2.18一次、2.19两次、2.20一次、2.21一次、2.23一次、3.1一次。本自然段所有微信公众号阅读量皆根据手机接收端微信号页面显示数据,阅读量统计时间截至2019.3.14。

只有将这些具体的事件放到较为宏观的社会环境中去观照,才能有更好的判断。

保持对社会各领域新闻的关注是建立对当前社会认知的基础,可以帮助我们把握潜在的社会热点,但仅此还不够。新闻报道通常提供的是一些碎片化的星星点点的知识,不足以构成对一个议题和领域的系统的理解。要对社会环境建立较为完整和深入的认知还需要两方面的功底,一是要有一定的理论知识功底,二是要有一定的时事政治解读能力。

(一)建立理论知识储备

新闻采访是一项实践活动,要对变动不居的现状作出即时反应,不需要引经据典,也很难从哪本书中找到针对性的应对之策,因此,不少人以为学新闻和做新闻不需要理论知识,只要跑得快问得勤就可以。这是个很大的误解。优秀记者虽然未必有专业的研究学位,但确实需要学有专长。《南方周末》记者傅剑锋在总结自己的采写体会时曾经说,他的新闻报道深深受益于系统的法学训练,虽然新闻报道对具体的法学知识没有多高要求,但是系统训练对其"思维能力的提高功不可没",因为要想对小事件有更好的观察和理解,"必是要站在某门学问的高山上才能看得清楚"。[①]

理论和专业知识不仅为我们提供概念和分析工具,也很大程度上塑造了一个人观察社会事物的方式和角度。例如,对于同样一篇微信公众号推送的新闻报道,新闻学者可能首先关注到这篇报道在采访写作是否有什么毛病漏洞,而对页面底部呈现的广告信息完全无视;一位广告学者则可能在看新闻的同时还顺便分析了广告风格和特征,但对新闻报道的细节和专业性则没有什么印象。这就是专业知识和专业理论在建构人的认知框架上的强大影响力。记者具备特定的知识基础,就更有可能关注到别人注意不到的事实及其中传递出来的信息;如果没有任何特定领域里的知识储备,可能就是寻常大众的眼光,人云亦云,能写简单的日常报道,但难以抓住真正的大新闻,也很难进行深入报道。

《南方周末》记者李红平曾将新闻风格分成三个类型:1.从一个看起来平淡的事件中发现独特价值和角度;2.靠猛料取胜的揭露性报道;3.以逻辑思维和见识取胜的报道。[②] 在这三种类型中,只有第二种纯粹靠事实本身的耸人听闻获取公众关注,其余两种都需要记者有较强的逻辑思辨能力,而思考的角度和深度实际上很大程度受限于学识眼界。

2007年兰州女子杨丽娟追星事件轰动一时,全国众多媒体持续追踪报道,杨家

[①] 傅剑锋.我体悟的两大采写原则[M]//邓科.南方周末:后台(第一辑).广州:南方日报出版社,2006:125.
[②] 李红平.南方周末历史上的三道招牌菜——怎样才算一名好记者[M]//邓科.南方周末:后台(第二辑).广州:南方日报出版社,2008:124.

一家三口追星的疯狂举动令公众很难理解,也是媒体采访着力想要回答的问题。媒体采访到杨家人日常生活状况、行为表现和彼此之间互动状况的大量细节,也有很多普通读者怀疑杨家人可能有精神疾病,但是媒体大多没能捕捉到这个深层的原因,尽管不少采访细节都暗示了这样一个事实存在的可能性。《南方周末》新闻版编辑张捷在编辑手记中曾写道:

"具体说回媒体的反思,我忘了看哪位评报说的,在整个过程中,有没有一家(媒体)冷静地看到这个家庭可能的精神病基因,并且及早提醒呢?我同意。我觉得在这个问题上我也是有失误的。在最后见报的文章中,并未出现对精神病的怀疑。"①

这个问题上实际上可能源于当时的媒体圈对精神疾病知识的匮乏。常识中的疾病通常是极端化的,但疾病和健康之间其实存在丰富的过渡层次,且生物学、行为学、心理学、社会文化分析等不同角度的观察还会带来理解上的诸多差异。② 缺少相关的专业知识,就很难将所获取的事实和细节从精神疾病的角度串联,而是倾向于社会关系角度的分析。

各种学问皆能训练逻辑思维能力和对现实的理解力、洞察力,其中,社会学、政治学、经济学、历史学、心理学等领域的知识对理解和分析当前的事件常常能提供直接的帮助。《三联生活周刊》副主编李鸿谷在论及该杂志的新闻选题时所强调的新闻方法论,其实就是对新闻事件的一种理论观照视角。一些大众津津乐道的名人绯闻,从社会学的社会阶层和阶层流动理论的角度,其实质是一个有关阶层和非常规阶层流动的案例;网民对新《中华人民共和国道路交通安全法》的热议则反映了中产阶级对自身财产和权益的捍卫。没有这种社会学的视角,如饶颖与赵忠祥的纠纷事件就是一个夺人眼球的黄色新闻而已,而新《中华人民共和国道路交通安全法》的颁布和实施尽管引起强烈的社会关注,通常也只能做成简单的政策解读报道,这些都不能成为自我定位为"严肃公正的新闻刊物"的三联生活周刊的报道选题。③

李鸿谷说:"一般而言,记者在进行任何一次报道前,会有自己对这一新闻的想象,或者基于自己的经验,或者基于一种理论框架,比如上述的阶层论。"④但是,个体的经验总是有限的,理论知识是前人亲身经验和精心研究的凝结汇聚,其提供的

---

① 张捷.这是让娱乐制度恐怖的故事——杨丽娟报道编辑手记[M]//邓科.南方周末:后台(第二辑).广州:南方日报出版社,2008:154.
② 许又新.精神病理学——精神症状分析[M].长沙:湖南科学技术出版社,1998:3—8.
③ 李鸿谷.批判的武器——新闻方法论的构建与突破[M]//邓科.南方周末:后台(第二辑).广州:南方日报出版社,2008:200—208.
④ 同上书,第203页。

概念和分析框架就是一把把锋利的刀,可以帮助我们较为容易地透过事件纷繁复杂的表象而接近其实质性内核。

当然,新闻报道不是写研究论文,不可以假设和推论,理论知识和分析框架为记者提供思考的工具,但是一个选题能否真正成为一条新闻,仍然要以扎实的采访和确凿的事实基础为前提。离开了事实基础,理论分析的框架就是海市蜃楼,而不是稳固真实可以居住的亭台楼阁。

(二)解读时事政治文件

时事政治和公共决策是对我们社会方方面面产生最大影响的因素,既关系到人们近期和远期切身的物质利益,全社会经济发展状况,社会不同群体之间的权力结构关系,也对文化传承和文明发展产生深远的影响。

2019年初互联网传言《这些字词的拼音被改了》,让网友哗然的是古诗名句"一骑红尘妃子笑"中"骑"的读音从"jì"改为"qí",虽然媒体最后证实这只是一场谣言,国家语委并未修改该字读音,但从这场风波中也可见有关部门和机构的决策所可能产生的重大影响,正如腾讯新闻"大家"专栏评论所言:

"不得不考虑的一个问题,就是文化断代的事情。语委(当然也包括合作的教育部等部门)改动一次读音或写法,力道太大了,字典跟着改,教材跟着改,考试跟着改,媒体也跟着改,可能一代人之后,就没人知道原来的读音了。这样下去,就有可能与其他地方的华人产生割裂感。"①

时事政策常常暗示或决定着未来一段时间里政治经济领域里的重点议题和相关利益方的格局演化方向,也意味着相当长一段时期内媒体重点报道领域之所在,因为这些利益格局演化和政治经济新议题会滋生繁多的摩擦冲突事件,以及潮流涌动之下的新现象和新问题。记者要对重要的文件政策和重大时事政治动态保持关注和用心解读,才能敏感抓住未来报道的重点方向,并早早布局收集相关的信息来源和材料。

重要会议和政策文件。如每年全国两会期间,新华社均会全文发布总理代表国务院所作《政府工作报告》,各大媒体也会实况直播总理记者招待会全部内容,这些文件和会议里面都包含丰富信息量,代表国家在未来一段时间的发展重点,而国家层面的决策即使只是微调,也将影响众多产业发展和千千万万人的生计。

2019年总理《政府工作报告》发布后,《新京报》据其中提出的一句话:"要更好

---

① 老猫在村里.一骑红尘妃子笑,谁的脑子进了水.刊于微信公众号"大家"(微信号:ipress),2019.2.19.

地解决群众住房问题,落实城市主体责任,改革完善住房市场体系和保障体系,促进房地产市场平稳健康发展",选题报道房地产问题,访谈专家分析市场发展趋势和推出房产税的影响,①即是对文件热点的一个回应。本次大会上还投票通过了一部法律《外商投资法》,可以想见未来外商在华投资情况将受此影响。四川的红星新闻重点报道了总理记者招待会上对减税降费问题的完整回答,并用黑体字突出了总理回答的一些内容,如"决不让政策打白条,更不允许变换花样乱收费来冲击减税降费的成效",②这体现了红星新闻对本次会议的突出关注点。

《人民日报》旗下的微信公众号"侠客岛"对2019年《政府工作报告》所做解读,尤其体现了政策文件中那些看似平淡的话语所可能有的深远影响。报告中提及"推动充电、加氢等设施建设",轻描淡写一句话,侠客岛敏感发现"这是氢能源首次写入《政府工作报告》",而这个"首次"意味着什么呢？侠客岛文章认为,这意味着国家要将能源发展的重点转向氢能,而发展氢能的背后则有一条长长的氢能产业基础设施发展技术路线。政府工作报告虽然未对利用氢能做更细的规划,该文分析"中国已初步形成了氢能东西南北中五大发展区域",并梳理出我国发展氢能"必然不可绕过的"几步路,而这将迎来氢能产业的大繁荣,2019年将成为中国氢能之路的"元年"。③ 这篇文章下面的读者留言更清晰展示了政策文件中的一句话对社会各层面的可能影响:有人说"周一开盘就买氢能源相关股票",更多人在分析比较氢能源汽车和电动车的优劣前景,加氢站的建设成本和环保安全问题。这些其实也是记者(特别是经济条线记者)在日后报道中需要密切关注的点。

重要的时事动态意义通常不限于其自身,常常也意味着较长一段时期里的社会经济发展趋向,也是需要记者用心把握和分析的。这方面一个显著案例是2018年开始的中美贸易战。美国特朗普政府上台后,多次宣布对中国商品征收反倾销税、反补贴税和侵权惩罚性关税等,中方也作出了相应回应。在中国入世后,中美之间这样的贸易纠纷不断,但是从2018年3月开始,美国政府的宣布高调密集,显然不能简单孤立地视为一个个动态事件,而是要串联起来分析。这系列的动作意味着中美关系的改变,而中美关系的改变将会更广泛地影响到中国国际和国内的各种关系。"侠客岛"在2018年3月24日刊发两篇专家文章分析中美贸易战的实质,④尽管两位作者身份经历不同,对中美贸易战的具体态度有异,但一致意见认

---

① 侯润芳,潘亦纯.推出房地产税后,房价会降吗?.刊于微信公众号"新京报"(微信号:bjnews_xjb),2019.3.15.
② 红星新闻.关于减税降费,李克强总理这样说!.刊于微信公众号"红星新闻"(微信号:cdsbnc),2019.3.15.
③ 点苍居士.很多人都没注意,《政府工作报告》加了这么句话.刊于微信公众号"侠客岛"(微信号:xiake_island),2019.3.16.https://mp.weixin.qq.com/s/Y0QPp3yfgOpvVeHdhCibzw
④ 郑永年.中美贸易战:"地缘政治又回来",梅新育.如何应对可能的"史诗级贸易战".刊于微信公众号"侠客岛"(微信号:xiake_island),2018.3.24.

为,这场贸易战并非简单的经济摩擦,而是意味着"地缘政治又回来了",将是一场持久战,并非短期可以解决。从后来的实际发展来看,中国诸多政治外交经济领域的议题和事件也确实需要放在中美贸易战的语境中才会有更好理解。

二、常见的新闻来源

(一) 各类机构、组织和政府部门

新闻事件的发生具有偶然性和随机性,但是记者很少依靠偶然的运气来获取新闻。媒体的记者通常被划分到各个具体的条线,比如旅游、教育、文化、医卫、经济、体育、科技、环境等,每个条线都对应着一些具体的机构和政府管理部门,这是记者获取新闻的稳定来源。

例如旅游条线,本地的几大旅行社、重要的旅游景点、酒店、旅游管理/发展委员会、旅游局等就是获取新闻的最主要的一些机构组织。旅行社汇聚了居民旅游出行的动态数据,同时在接受旅游咨询时,也能获取很多有关旅游者出行心理和目的地需求的较为软性的材料,哪些游线比较热门,新开发哪些游线,一家旅行社所掌握的情况可能有偏颇,但若将几家旅行社材料进行汇总,一定时期里的旅游趋势、相对特征就能体现出来。旅游景点所汇聚的信息也比较类似,游客的数量,包括旅行社带团的数量,散客数量等,若能与历史数据相比较,也能获得丰富信息。旅游委等相关管理协调部门,既汇总掌握了各机构上报的信息材料、动态事件,同时担负着统筹资源、发展产业和市场管理等职能,更能够提供关于本地旅游业发展的面上信息和深层分析。

再比如教育条线,公办和私立的大学中学小学、规模比较大的教育培训机构,以及作为政府管理部门的教育委员会就是该条线上的主要机构组织。记者经常前去这些机构,特别是其中的著名学校,了解其内部动态(如举办的学术会议、演出、比赛、招生等),常能发现有价值的新闻。另外,近些年,一些知名学校(特别是大学)还形成一些结构比较松散的校友会组织,一些学校的内幕性信息更容易从这样的松散组织获得,而不是各个学校正式的宣传部门。

经济条线属于大线,涉及的机构组织众多,各大公司企业固然是盛产新闻的地方,也是明面上最容易被关注者,纵横交织在各企业机构之间的还有各种各样的行业协会和商会,也非常值得关注。政府部门中涉及经济也非常多,发改委、税务局、物价局等皆从不同角度掌握着经济领域的重要信息,其中,发改委担负着对经济和社会发展总体协调、预警、监控的功能,研究起草地方性法规政策,对重大项目进行稽查,其角色地位尤其重要。此外,政府部门还有专门的信息化建设部门,名称不一,也十分重要,如上海市经济和信息化委员会、福建省工业和信息化厅等。

各类突发事件、灾害事故等看似难以把握,其实,大多数相关报道记者也都是通过具体的部门机构来获取的,例如,车祸信息通常来自交警大队,火灾信息来自消防局,各种刑事案件民事诉讼纠纷来自法院,凶杀案情来自派出所和公安局,疫情暴发来自医院等。另外,天气变化常常是酿成疫情暴发、交通事故的重要背景因素,相关信息可以通过当地气象部门来获取。

(二) 建立联系人网络

各个机构组织并非抽象的存在,记者总是从一个个具体的人那里获取信息。因此,获取丰富的新闻来源,很关键的一个因素就是记者要建立自己的联系人网络,通过这些信息节点来及时掌握各个机构组织的事件动态。

记者通常能很容易掌握各机构的外联宣传和公关人士的联系方式。这些人很有用,他们了解记者的工作性质,对记者的采访活动也比较配合,但是,记者需要经常提醒自己:这些人给媒体提供信息是有目的的,维护本组织/机构的公众形象是其基本职责,所以,记者从他们这里能获取的通常都是对这些机构组织有利的信息,至于对于这些机构不利乃至中性(如新事物新现象)的信息,这些广义上的公关人员很少提供。因此,记者还要设法建立公关人员之外的联系网络。

机构组织的高层人士具有权威性,是记者采访的主要消息来源。但是,作为日常联系人,这些高层人士并不好用,一是他们事务繁忙,没有时间去跟记者聊天和沟通信息,二是他们要处理的是机构组织的宏观决策和高层事务,对机构内部的很多具体事务过程未必清楚。《华尔街日报》在内部培训时告诉记者要寻找一个组织机构里的中层人士,[①]这是非常有道理的。中层人士通常是在该组织工作年限较长且担任一定职务者,他们对组织内部情况熟悉,上接高层下接具体业务,了解很多事情的具体过程和细节,也能了解机构组织发展的现状和目标,是获取内部信息的良好来源。

记者还要注意的是,人各有禀性,或谨小慎微,与人慎言,对外界提防心重;或开朗健谈,有分寸,也能直言;有的人知晓组织内各种八卦传闻,有的人对小道消息和他人事务并无兴趣。从记者的角度来说,要尽量多联系到那些消息灵通且愿意与记者合作的人。遇到保守慎言的人士也不要灰心,可以尝试联系其他人,不要以一个人的情况而判断整个组织的对外保守性。

联系到各种具有专业知识的人。这里的专业人士不限于大学和科研机构的专家学者,只要对某个领域有一定程度了解,具备一些常识之上的能力的人皆可被视为具有专业知识的人。记者采访常常要涉足陌生的领域和行业,而每行每

---

① 威廉·E·布隆代尔.《华尔街日报》是如何讲故事的[M].徐扬,译.北京:华夏出版社,2006:4.

业都有一些自身的特点和行业规范,常常不为外人所知,记者和这些专业人士有所沟通,对发现有价值的报道题材、准确报道和发现独家的报道角度都益处多多。

以2019年2月媒体关于"上海新兴血液制品疑被污染"的报道为例进行说明。2月5日国家卫生健康委员会发布通知,称接到江西省卫健委报告,上海新兴医药公司生产的某批号静注人免疫球蛋白被检出艾滋抗体阳性,并要求立即暂停使用和对产品进行封存。据了解,全国最早报道该新闻的是成都《每日经济新闻》,消息来源是某匿名的河南医疗机构人士,该人士称已接到相关通知,从而确认了消息。① 这个案例中,事发地在江西,成都的媒体从河南的信源获得新闻,可见记者的掌握的联系人网络之广泛。

但这条新闻并非简单的动态事件,公共健康安全问题极易在公众当中造成恐慌,因此,媒体还应该对相关科学知识进行解释说明,帮助公众正确了解其影响和后果。但在2月5—6日的早期报道中,主流媒体大都忽视了这一点,在一定程度上造成了本来可以避免的负面影响。以传播广泛的《新京报》微信公众号报道为例,记者采访了北京大学医学部免疫专家,仅仅解释了免疫球蛋白不同于疫苗,以及血浆被污染的可能源头,对于公众最关心的该批免疫球蛋白会不会造成使用者感染艾滋病问题,报道则语焉不详,称"感染的概率很小","产品在加工过程中病毒会有部分被灭活"。② 这篇文章微信阅读量为"10万+",点赞量最高的留言是"长生疫苗事件之后,中央三令五申,结果都置若罔闻",点赞量为633次。在11条显示的留言中,有一条进行了科学解释:"血浆变成静丙,生产运输过程中需要经历低温高温灭活,HIV病毒的体外存活条件低,理论上是不可能感染病毒的,所以这事件的科学性没有炒作性高。"但该留言的点赞量为114次,排第9位。实际上在2月5日即有医学人士的个人微信公众号发文解释,多项研究结论皆认为,免疫球蛋白制备过程能使病毒失活,免疫球蛋白"不会使人增加感染艾滋病的风险"。③ 若媒体记者能掌握更多专业消息来源,当可在此议题的科学传播上表述更准确。

(三)参加会议活动

媒体记者经常收到各种会议邀请函,学术机构举办的学术论坛、学术报告会、行业会议、机构组织的活动演出、部门会议、企业年会,等等。这些会议本身大多没

---

① 蒲付强,李可愚.上海新兴生产的人免疫球蛋白因艾滋病抗体呈阳性被停用.每日经济新闻2019.2.5,可见于 https://finance.sina.com.cn/roll/2019-02-05/doc-ihrfqzka3875602.shtml
② 王瑞文,李云琦,林子,许雯.上海新兴血液制品疑染艾滋:层层把关为何失守?.刊于微信公众号"新京报"(微信号:bjnews_xjb),2019.2.6.阅读量和精选留言统计截至2019.3.19.
③ 白衣山猫.误输了HIV抗体阳性的免疫球蛋白的人,会感染艾滋病毒吗?.刊于微信公众号"白衣山猫"(微信号:baiyishanmao),2019.2.5.

有什么报道价值,但是会议是各种信息的富集地,记者若参加会议,一定要用心听会、用心思考,常能在会上发现很多可以深入采访的新闻线索,也有不少重要报道来自记者听会的意外发现。下面这则获得第23届中国新闻奖一等奖的消息《7常委参观〈复兴之路〉 出行不封路》就是一例。

中共中央党史研究室主任披露(引题)
7常委参观《复兴之路》 出行不封路(主题)

本报讯(记者瞿凌云)中共中央总书记习近平带领6位政治局常委和书记处同志,从中南海出发到国家博物馆参观《复兴之路》展览,沿途不封路,而是跟着社会车辆过来的。4日,在我市市委会议中心的全市学习贯彻十八大精神研讨班上,十八大报告起草组成员、中央宣讲团成员、中共中央党史研究室主任欧阳淞在作辅导报告时,披露了这一细节。

巧的是,就在4日当天,中央政治局审议通过了改进工作作风密切联系群众的"八项规定",出行不封路不清场,是其中重要一项。昨日,经媒体发布,这"八项规定"受到广泛关注和好评。

欧阳淞讲述,11月29日,习近平和中央政治局常委李克强、张德江、俞正声、刘云山、王岐山、张高丽等一起到国家博物馆参观《复兴之路》展览。作为这一展览主办单位的负责人之一,他当天上午在展览现场静候参观团队到来。

等待中,欧阳淞等接到中央办公厅电话,称习总书记已从中南海出发。从中南海到国家博物馆,欧阳淞说按感觉,车队大约只要5分钟就到了,可当天10分钟过去了,也没看到车队到达。

后来问了原因,原来一路上,习近平等一行的车队是随着社会车辆一起走的,沿途没有清道。

欧阳淞介绍,通常情况下,在北京行车如果清道封路,一般要留两股道,其中一股道让车队走,另一股道站着维持秩序的警察,"一旦清道封路,交通会变得较拥挤"。

"这虽是一次具体安排,一个小细节,但反映了新一届党中央集体良好的亲民作风",欧阳淞4日评价说。事实上,十八大闭幕以来中国政坛呈现的不少新气象,已持续成为社会关注的热点。

(文章来源:《长江日报》2012年12月6日22版)

这是一条涉及中央领导人活动的报道,按照我国的宣传报道惯例,"通常由新华社、《人民日报》、中央电视台等中央媒体报道,一般轮不到地方媒体。但由于中央领导的低调行事及其他一些原因,此事竟然被中央媒体忽略了。"①作为武汉市委机关报的《长江日报》也并非出席12月4日欧阳淞辅导报告的唯一一家媒体,实际上当天仅武汉本地日报就有7家,②但是只有《长江日报》记者瞿凌云敏感捕捉到这个信息,在向编辑部汇报后,编辑部迅速组织采访当事人和多方核实,才有这条成功的报道。

记者也常会收到各种活动邀请函,如演出、展览、比赛、公益活动、慈善活动、纪念活动等,这些活动有的本身受关注有新闻报道的价值,有的则比较平淡,但如果能叠加特定节日和纪念日,其新闻价值也会被放大。重大活动,如2018年在上海举办的首届中国国际进口博览会,各项日程和展览活动都是既定不变向所有媒体开放,这也对媒体提出挑战,需要寻找有新意的角度通过精心策划才能使自己的报道突出出来。中央广播电视总台国际在线根据自己的媒体特点,发起"相约上海进博会"线上点赞活动,在五六天时间里吸引超过1亿的访问量,在海外平台被广泛转发,③就是一个很成功的策划。

各种活动上往往有很多来自不同机构不同身份的人出席,可能不是本次采访任务所要接触的对象,但是记者不妨跟对方打声招呼,存个联系方式,或许以后的采访中能派上用场。

(四)关注各机构组织的官网和社交账号

几乎各个机构都有自己的官网,发布诸如人事变动、活动预告、会议动态、文件报告等繁多讯息,与此类似的是各机构组织的微信公众号。这些官网官微大而言之都是为本机构进行宣传,但客观上也承担着记录的功能,记录了机构的各种活动和成就,不少是讯息性的内容,偶尔从中会出现重要新闻,值得关注。另外,许多大型机构除了微信主账号之外,其下属的很多部门和分支机构皆有自己的账号,且这些账号未必以组织的正式名称出现,其受关注度和阅读量也没有主账号那么高,但是正因为外界关注度不高,这些账号的内部沟通性更强,也更容易有实质性的讯息出现,记者要能留心收集。

很多规模较大的组织机构都设有认证的微博官方账号。微博是个庞大的信息集散地,这些官方微博以公关为主要任务,实质性内容较少,但是由于微博环境的开放性,关于这些机构的意见和问题更易在微博聚集,面对危机事件时,这些大型机构往往也是首先选择微博来回应,因此,微博是个非常重要的新闻来源。政府机

---

① 辜晓进.新闻线索七大来源探析[J].新闻与写作,2014(12):81.
② 彭建钢.清风扑面,先声夺魁[J].青年记者,2014(27):57.
③ 聂峥."相约上海进博会"点赞活动访问量突破一亿.国际在线,2018.11.4,http://baijiahao.baidu.com/s?id=1616210859003565394&wfr=spider&for=pc

构、公共服务机构和大型企事业单位的官方微博是获取公众反应的重要场所。

笔者在教授本科生"新闻采访"课时,同学们曾多次从机构的官方微博和微信公众号获取有价值的新闻线索。2018年12月,笔者所教授的大二同学从上海市政府微博账号"上海发布"的文章留言中发现,有市民反映上海崇明区花菜收购价低"菜贱伤农",同学根据这一线索几度走访崇明岛,了解到尽管市场上的花菜价格维持在3—5元,不算低价,但是大量种植的农户无法通过市场直接贩卖,而批发商的收购价低谷时仅为0.15元左右,甚至不能支付菜农的收割费用。[①] 一些上海主流媒体迟至2019年1月下旬才报道这一新闻,时差20多日,可见各机构社交账号在汇聚和反映民情民意上确实具有优势,"春江水暖鸭先知",值得多加留心。

微博账号和官网的搜索功能在帮助记者确认所获取新闻线索的价值上也十分有用。2019年3月,笔者的学生在新浪微博上发现有人吐槽上海地铁11号线上的"板凳族"屡禁不止,但实地走访时却没有发现携带板凳的乘客,因此一度想放弃这条线索。后来,同学在上海申通地铁集团的官方微博"@上海地铁shmetro"输入"板凳"二字搜索,获取60余条结果,这些结果表明,地铁上的"板凳族"现象确实比较突出,而微博下面的网友评论和上海地铁官网"咨询交流"一览搜索到三条公开的"板凳族"投诉记录均指向11号线。这些结果让同学对选题有了信心,并通过深入采访,获得这一题材的更多有价值信息。[②] 从这个角度,各个机构的官网和社交账号还提供了相关报道题材的背景资料库。

(五)社交网络

传统社会的亲朋好友是强关系,人们联系紧密但是社会交往的范围有限,这对记者获取新闻来源有很大的局限。互联网带来的社交网络是弱关系,所谓微博和微信朋友圈的"点赞之交",但好处是维护简单,社会交往范围大大扩大。记者留心的话,可以从弱关系的社交网络获取很多有价值的新闻线索。

《人物》杂志副主编赵涵漠曾谈起自己的一篇特稿《孤独的教育者》的采写经过,该文报道的是东莞的一位高中语文老师的故事。记者最初注意到这位老师是在微博上看到他去世后的追思会的消息。《人物》是一家以报道名人为主的杂志,微博弱关系并不是寻求新闻来源的很有效的场所,一位普通中学老师通常也不是引起关注的对象,但是赵涵漠非常敏感地注意到,这位普通老师的追思会却有当代教育领域非常重要的学者到场,知名学者钱理群和杨东平均对逝者有很高的评

---

① 周楸楠.花菜收购价低,再现"菜贱伤农".刊于微信公众号"华东师范大学传播学院"(微信号:ECNU_COMM),2019.1.6. https://mp.weixin.qq.com/s/YfW6nb9GKMqVqVyhfVcwow
② 董桂辰.上海地铁11号线"板凳族":遭官方劝阻,完全破解有难处.刊于微信公众号"华东师范大学传播学院"(微信号:ECNU_COMM),2019.4.11. https://mp.weixin.qq.com/s/xcSxjpry5SxLCiH1w7VnVw

价，①记者抓住这个线索深入采访后才有了这篇报道。

社交网络在重大突发事件报道中的重要性已有很多报道。2009年1月，美国全美航空公司一架飞机起飞后不久坠入纽约哈德逊河中，机上150多名乘客和机组人员全部获救，堪为"奇迹"。最早公布这一信息的即是社交网络，而各大媒体则对互联网上的动态保持密切关注，"美国航班迫降后不久，一位目击者通过Twitter发出现场照片后仅半个小时，就接连收到ABC、CBS、NBC等美国几大广播公司的采访要求。"②国内2011年7月的温州动车追尾事件中，微博上提前三分钟出现了预警信息，事故四分钟后微博出现了事故发生的信息，此后，微博上的寻亲求助信息也对事故救援等工作产生积极影响，因此，有学者认为微博可以促进媒体报道更为真实和深入。③

大多数时候，社交网络上充斥的是一些鸡毛蒜皮的琐碎信息，如果能引起广泛关注和议论，即使事件微小，也是值得媒体报道的。如2015年在英文互联网上轰动一时的裙子颜色风波，甚至也波及国内媒体跟风报道。④ 不过，微博上也有不少刻意操纵的信息和讨论，记者在处理这些新闻来源的时候要异常小心、仔细甄别。例如有研究者关注到2013年8月，一张小女孩给环卫工人撑伞的照片在社交媒体上引起热议，"网民开始议论中国的人性，对之前的一些批评质疑加以反驳"，但是媒体跟踪报道后很快发现该照片是出于宣传目的而摆拍的造假照片，互联网议论迅速翻转。⑤ 记者要对互联网来源的信息严格核查，力求事实准确无误，否则易被各种宣传公关所利用和误导，也将严重损伤媒体公信力。

微信朋友圈是一个相对封闭的熟人圈子，这几年因为截图外传也产生一些有影响的新闻。名人的朋友圈发言已经在公共事件报道中被广泛引用，普通人的朋友圈信息外传有时也会酿成公共事件。例如，2015年中国人民大学历史系研究生多次在朋友圈转发文章点评学术前辈和知名院系，这些评论被截图转发到公开的互联网空间，致其研究生导师发公开信声称要断绝师生关系。这个事件一时之间被国内多家媒体报道和追踪，颇有影响力。⑥ 当然，朋友圈里个人所发布的信息性内容也可以成为很好的新闻来源，例如，笔者教授的学生曾在朋友圈看到有同学发布的某处建筑物着火的信息后，快速奔赴现场而采写到一篇不错的新闻稿。

---

① 赵涵漠.采访永不落空[M]//周逵.非虚构：时代记录者与叙事精神.北京：清华大学出版社，2017：119.
② 辜晓进.新闻线索七大来源探析[J].新闻与写作，2014(12)：82.
③ 陈芊芊.微博对重大突发事件报道的影响研究[J].东南传播，2011(12)：92—93.
④ 钱江晚报.裙子颜色引发网络热议专家：与色盲无关勿小题大做.新浪网，2015.2.28. http://tj.sina.com.cn/news/s/2015-02-28/detail-ichmifpx8936196.shtml
⑤ 杨梦222.社交媒体对新闻来源渠道的影响[J].新闻前哨，2014(9)：49.
⑥ 就笔者所掌握材料，"澎湃新闻"、《北京青年报》《京华时报》等皆有报道，事件经过可参考人民网转发《北京青年报》的报道.人民大学教授公开宣布与弟子断绝师生关系.2015.9.22. http://politics.people.com.cn/n/2015/0922/c70731-27616595.html

（六）日常关注和广泛阅读

记者的工作是 24 小时的，没有非工作时间一说，即便是在休假在拜访亲友在饭局闲聊在阅读路牌广告，记者也要对各种信息保持敏感，随时记下有用的信息。它们或是一个报道的设想，或是可以进行访谈的对象，或是一个新奇有趣的细节，或是一个强烈的疑问，这些星星点点的灵感若不记录下来，可能很快消散，事后很难回想起来，若记录下来进行一番调查则很有可能成就一篇有价值的报道。

《如何成为顶级记者》一书中写了一位名叫安东尼的记者的故事。这位记者曾在小镇餐馆用餐，发现餐馆的背景音乐是由一首古老的民谣改编而来，随后花费几个月时间调查这首歌的来历，完成了一篇关于文化是如何在当代进行传播的报道。安东尼还在看分类广告、日常出行途中、阅读报纸简讯时随时产生报道的灵感。他在看报时注意到一则麦当劳将要入驻某乡村小镇的信息，产生想了解现代快餐连锁店对乡村生活方式影响的报道，并在和小镇各种人士广泛接触深入调查后完成了一篇优秀报道。[1] 可见，尽管互联网发展和发达的社交网络提供了丰富资讯，记者对日常生活的关注和思考仍然非常重要，不可替代。这种日常关注锻炼了记者思考的习惯。

广泛阅读也是记者获取新闻来源的重要渠道。阅读大众媒体的各种故事消息可以帮助记者保持对时下热点的关注，但仅此还不够，因为大众媒体动态是各家媒体都高度关注的对象，能保证记者在当下的新闻竞争中不落伍，但在开放的新闻来源上，记者也很难胜出同行。因此，记者的阅读面还要更广泛一点，要有一些特色的阅读，才有可能发现其他媒体注意不到的新闻线索。《华尔街日报》资深撰稿人布隆代尔认为，记者应该找到和阅读与自己报道选题相关的各种专业出版物，"包括专业期刊、行业通信、学术刊物、智库和基金会报告，以及政府机构发布的信息"。[2]

笔者认为记者还应该对自己报道条线和领域中的学术著作出版情况保持关注，要能坚持阅读最新的学术著作。社会现象和事件都不是孤立存在的，新闻报道不仅要为读者描述现象和事件，还应该尽可能提供丰富的信息来帮助读者理解这些现象和事件。在事件和事件之间建立起联系和逻辑，这是对知识和理解力的巨大挑战，记者通常都要借助一定的理论视角来进行观察和分析，对学术前沿的关注可以给记者提供较为新鲜的观照视角和更有新意的报道。

以民营经济报道为例来说明。《南方周末》记者肖华曾谈及自己在做关于义乌经济的系列报道时一个很大的困惑是，义乌为什么会有一个这么好的政府？记者

---

[1] 杰里·施瓦茨.如何成为顶级记者：美联社新闻报道手册[M].曹俊，王蕊，译.北京：中央编译出版社，2003：30—32.

[2] 威廉·E·布隆代尔.《华尔街日报》是如何讲故事的[M].徐扬，译.北京：华夏出版社，2006：3.

在当地采访百姓所得的回答通常是"鸡毛换糖"这样流传广泛的传奇故事或者"市场是义乌命根子"这样的陈词滥调,这些并不能有效说明义乌的情况。记者最后从商业传统和历史文化的角度来分析义乌经济现象,深刻地感受到黄仁宇历史观的影响,"发生在我国朝廷之上的若干易于被历史学家忽略的末端小节,实质上却是以前发生的大事的症结和日后掀起波澜的机缘。"[1]这即是一种来自理论视角的启示。

实际上阅读近年的学术著作可以发现,学术界对中国民营经济的发展提出很多理论假设,认为是自上而下的政策驱动,或者自下而上的对策驱动,有学者从历史遗产的角度提出改革前国家对某地区的投资会影响到改革后的经济发展模式,也有学者从文化习俗、商业传统等自然和社会禀赋提出假说。而章奇和刘明兴两位学者最新提出的假设则是从地方化产权保护角度,认为权力结构、政治激励和经济增长之间存在互动关系,那些在权力结构中处于边缘地位的政治精英"有更强的动机去发展民营经济以争取其基层支持者","那些在权力网络中被边缘化的干部相对占据优势的地方,其辖区内民营经济的产权保护状况将相对更好,从而其民营经济的发展绩效会更佳。"[2]这些理论可以从不同角度,为记者理解我国各地民营经济的发展提供把手。

三、处理新闻线索的一些建议

大多数时候,记者从各个新闻来源所获取的都不是一个完整的故事,而是只鳞片爪的关于事件或故事的一些线索。这些线索有的可以顺藤摸瓜采访下去,有的稍微深入下去就会发现有破绽;有的本身涵义并不明确,可以这样解读也可以那样来解读;有的看起来有新闻价值,但仔细想想又会发现,其实报道出来也很难说明什么或改变什么。怎样处理好这些新闻线索,不拔高也不埋没,使其中的新闻价值能得到充分展现,记者还需要注意一些问题。

(一)结合广泛的社会环境来考虑

记者可能从一个会议、一场展览、一次演讲中获得新闻线索,但是不能只从会议、展览、演讲这些具体的场合来思考线索,而要将其放进更大的社会环境中来考量,线索所包含的事实张力才有可能充分展现。《中国青年报·冰点周刊》记者丛

---

[1] 肖华.居然能在此找到一种约束政府的力量[M]//邓科.南方周末:后台(第一辑).广州:南方日报出版社,2006:143.
[2] 章奇,刘明兴.权力结构、政治激励和经济增长:基于浙江民营经济发展经验的政治经济学分析[M].上海:格致出版社·上海三联书店·上海人民出版社,2016:7—12,21.

玉华将此称为"新闻背后的大火山",她说:"我认为新闻背后都有一个大火山,这个大火山是我理解的广阔的关注度,一个身后的背景,一种被我们大家漠视掉的情感。"①

丛玉华谈到《冰点周刊》曾经做过一个关于高房价给人们带来压力的报道《四平米的家》,其选题来源是北京798艺术区的一个展览。这个展览上,有位摄影师根据在湖南的一栋楼所拍摄照片,还原了一个每家每户4平米住所的空间场景。② 在通常的眼光里,798艺术区代表着小资品味,这里的展览很多都是一种"行为艺术",但是,在"冰点"记者的眼里,这不是行为艺术,而是给了高房价这个抽象的话题以具体的形式,使冷冰冰的话题有了生活的温度。《冰点周刊》对这个线索的处理已经远远超越获取线索的北京时尚地标"798艺术区"所提供的场景。

(二) 对线索材料进行综合分析

记者从各个来源获取的新闻线索和灵感,并不总是马上能深入采访和写成新闻,有些琐细的故事和材料,当下看起来似乎没有什么用处,记者要善于记录和储存这些线索材料,并经常复习和分析。当记者储存较多的故事时,就有可能对这些材料进行比较和分析,从而有意想不到的发现。

《华尔街日报》资深撰稿人布隆代尔特别强调记者要有推断和综合的能力,因为发现原创新闻的机会是有限的,通过推断和综合,记者可以"扩大故事的主题,把分散的发展点联系在一起,发掘出更多的故事"。③ 对线索材料的综合分析就是寻找共性和联系的过程。一些表面看来差距甚远的故事,背后有可能有一些共同的原因,而一些由不同原因导致的故事,其中也可能有一些共同的人或机构,这些联系点将不同的故事连缀在一起,记者有时候就像一个拼图师,透过一个个微观小故事而拼出一幅更大的故事图景。

曾经供职于《中国新闻周刊》和《财经》杂志的记者张鹭讲述过国内媒体合力确认周永康被调查这个事实的过程,虽然不是一蹴而就,但也可以看出综合分析材料并进行推断对新闻报道的重要性,也是记者能力的重要体现。周永康被调查的消息在海外媒体传言已久,但是一直没有确证。2013年8月有海外媒体传言四川富商吴斌被有关部门控制,而吴斌是周永康之子周滨的关系人,国内媒体的记者迅速赶到吴斌在四川的公开企业,确认了吴斌失联的信息,由此媒体推断有关部门已经开始调查周滨。因为周永康的利益主要在石油领域,其后,媒体开始调查吴斌在石

---

① 丛玉华.再广大的悲伤,也比不上一个小人物具体的悲伤[M]//周逵.非虚构:时代记录者与叙事精神.北京:清华大学出版社,2017:9.
② 同上书,第10页.
③ 威廉·E·布隆代尔.《华尔街日报》是如何讲故事的[M].徐扬,译.北京:华夏出版社,2006:9.

油领域的公司情况,并找到一家名叫中旭能科的公司,接着去查中旭能科的工商档案,在公司的股权结构里找到了周滨的名字,从而正式确认了吴斌失联和周滨的关系。①

---

① 张鹭.坚守一线的调查记者不足百人[M]//周逵.非虚构:时代记录者与叙事精神.北京:清华大学出版社,2017:192—193.

第四章 采访准备

有了新闻线索后,在着手正式采访之前,记者还应该先花一点时间来做一些准备工作,才能更有效地进行采访,所谓"磨刀不误砍柴工"。即使是非常强调速度和时效的突发事件,记者在获取采访线索后,也要先在头脑中规划一下采访思路,有一个大致的采访框架,明确采访的重点,在分秒必争的采访现场才不会手忙脚乱,东一榔头西一棒子地抓不住重点。如果不是突发事件,采访具有一定的调查性,报道要有一定的深度,记者所要做的采访准备就要更加充分,既要有采访思路和大致框架,还要明确需要采访的场景和人物,对于需要采访的人物要列出尽可能详细的采访提纲。有时候,查阅资料和对核心人物的外围社会关系人进行采访也是准备工作的一部分。

一、理清采访思路

按照社会心理学的观点,人的行为是由各种内在因素推动的。无意识和本能固然是一种解释方式,但是更多证据表明,对事件的认知和思维过程支配着人们的行为。[①] 采访之前先花一点时间对手头所掌握的材料进行分析思考,可以更有效地支持后续的采访行动。

以一个简单的汽车追尾的车祸事件采访为例,记者在奔赴现场的路上也要简单规划一下这个采访必须掌握的一些基础信息,比如车祸发生的准确时间,路面现场的状况,两辆车上的人员状况,目击者的见闻等,如果有人员受伤送往医院,记者在采访完路面现场后,还应该去医院做采访。

一个情节场面稍微复杂的突发事件,记者则有必要通过记笔记的形式来理清采访思路。比如某知名商场未经前期宣传在"三八"妇女节当天进行护肤品大促销,工作日中吸引了众多客流,记者若在现场发现了这一采访线索,应该怎么办呢?不是立即着手采访,而是先要找个地方坐下来,思考一下采访的要点和先后顺序。比如哪些场景和人物过时难补需要第一时间去采访,哪些可以在采访时间上稍微

---

① A·班杜拉.思想和行动的社会基础(上册)[M].林颖,等,译.上海:华东师范大学出版社,2001:20.

退后一点,有哪些必须要采访到的场景和人物等。另外,还要想到,为了能较好地解释这场促销,记者还需要了解一下促销活动的力度,促销的发起背景(如库存状况),当天促销的销售额及其与平日的对比数据,如果采访对象不肯直接告知相关的销售数据,记者还可以通过怎样的渠道和方式来获取相关数据等。有了这些思路和构想,在面对巨大人流和纷纭的促销品牌时,记者就可以有条理地开始采访活动。

理清采访思路,很大程度上以记者对报道内容的规划构想为依据。记者拿到一个采访线索,首先要对这个线索背后的新闻性质有一个大致的判断,比如这是一个突发事件,或者是一个现象报道,或者是一个有深度的调查性报道。突发事件报道中现场特别重要,采访的重要任务是记录和描述现场状况。由于记者通常不能看到第一时间的突发事件现场,通过访谈目击者或查阅录像资料来还原第一时间现场也很重要。如果是一个活动报道,记者获取的线索只是一个引子,如将要举行的一场应届毕业生招聘会,一家新型社区菜场开业的消息等,单纯报道这些活动本身价值不大,此类报道能出彩的地方通常在于,记者能在活动现场捕捉到一些新问题,发现争议或一些跟以往同类活动不一样的新特征。

许多采访线索看起来简单明了,采访下去会发现涉及的人物和故事繁多,枝蔓交错。这样的故事很容易让记者迷失方向,不知从何处着手,也很容易将报道写得繁杂而肤浅。对于这样的题材,记者在完成初步采访后,非常重要的一项工作是梳理素材,确立报道的主题,也就是新闻故事的核心主线,然后再围绕主题勾画出故事的逻辑线。从逻辑线的角度,再着手一一调查核实,如此深入下去,就有可能真正成就一篇有深度的报道。这很大程度上依赖于记者的逻辑思考能力。

下面以华东师范大学传播学院2016级新闻的刘黎明同学所做报道为例来说明。[①]刘黎明从微博上获取新闻线索,上海地铁8号线沈杜公路站早高峰异常拥堵,被网友戏称为"春运"。于是她在工作日的早晨实地探访,发现网友所言不虚,查询上海地铁官网的实时信息系统,也显示为"拥堵"。初步采访确认了中心事件和现象,但如果停留在这一层面,报道就是简单的证实而没有深度。记者还需要分析其中的细节和问题,寻找背后的起因,勾画可能的影响因素。

刘黎明在现场观察和随后的思考中梳理出了三个逻辑点,循此采访下去才使报道走向深入。其一是高峰时段乘客增多,而地铁站却通过关闭通道限制入站人流,这显然是一个矛盾的现象。刘黎明现场观察发现,沈杜公路站本来有4个入口,但是在早高峰的时候却关闭了其中的一半。留下的2个入口本来一共有12个入站通道,但是在高峰时段,地铁工作人员又进一步关闭其中的9个通道,导致等

---

① 刘黎明.沈杜公路站外排长队 早高峰出行饱受困扰.刊于微信公众号"华东师范大学传播学院"(微信号:ECNU_COMM),2018.11.7.https://mp.weixin.qq.com/s/yjTkn_FHkW4ykdlatQc2dg

待进站的乘客排队排成长蛇阵，蔚然壮观。其二是早高峰现象实为地铁站缓解运营压力的限流措施所致。地铁站运营压力何来呢？刘黎明通过深入调查发现，为缓解沈杜公路站附近居民的出行压力，政府部门曾建设辅助支线，但是辅助支线频出故障，本来可以通过辅线出行的乘客转移至沈杜公路站是运营压力的重要原因。其三是公共交通与城建规划本为一体，为何沈杜公路站附近居民的出行压力远超出上海市一般情况。调查发现，地铁站附近小区密集，是市政府城区动迁的新址，另一方面这一片区又吸纳了众多外来务工人员，两者合力制造了巨大的出行压力。

不过，记者在为报道主题勾画逻辑线时也要注意两点。

首先，新闻的基本特征是叙事，不管怎样的逻辑联系都要通过对事实的展现才能体现出来，不能推论不能假设。主题线上的所有逻辑因素都要已经在时间上充分展开，如果只是预期中未来会出现的因素，这是不能作为报道对象的。例如有同学报道某街道新建养老院开张。从理论上讲，这个社区居民众多，养老需求巨大，新建养老院能够容纳的人数有限，一定会在未来带来需求竞争。但是，这只是理论预期，在记者报道养老院开业的时候，养老院的床位可以满足社区需求，并有盈余，因此，未来的床位竞争就不应该是这篇报道的逻辑链上的因素。

其次，逻辑推演只是为记者的实际采访提供方向和思路，这种思路应该随着实际采访到事实状况的变化而调整。逻辑推演和因果分析都要服从记者实际调查的事实状况，如果记者从某一个逻辑线着手调查，结果发现事实状况并不能支持预期的因果关系，记者应该放弃原先的因果推论，而不是竭力寻找事实来支持自己的推论。例如，2018年上海市有关部门整治破墙开店，有同学从微博发现不少网友吐槽一些日常便民服务随之消失带来诸多困扰。但是当实地走访时，同学发现，居民们对破墙开店的意见分化很大，反对破墙开店的声音甚至更主流。这就是实际情况不符合逻辑预期，记者要及时调整思路，尊重实际情况。

二、明确需要采访的场景和人物

记者在做采访准备时还应该思考所要报道的题材涉及哪些场景和人物。一般来说，突发事件和有明确时间节点的活动都存在明确的现场，其他类型的题材大多数也是有现场的，需要记者用心去寻找。在新闻采访中，记者亲眼所见、亲耳所闻获取的第一手材料，其准确度和可信度一般高于通过访谈他人所获得的二手材料，因此，可供记者直接观察和了解的场景具有不可替代的价值。另外，事实有复杂的维度，不同角度的人所了解到的事实状态往往差距甚远，因此，记者应尽可能多地采访跟事实有关联的不同类型的人，交叉核实和印证才有可能接近事实本来的面貌。

突发事件的现场清晰明确且极易损耗，如车祸现场在马路上，当事各方达成协议离开,或者交警到来封锁现场,这个现场也就损耗了很多有价值的信息,但就算如此,记者还是应该设法在尽可能短的时间内赶赴现场。一是不管怎样损耗,现场总会残留一些有关事件的信息,这通常是其他渠道难以替代的;二是现场及其附近还是各种相关人物最容易聚集的地方,记者去现场较易找到事件的目击者,事件相关人士也常常或早或晚出现在现场。

突发事件通常也是灾难事件,常常有人员伤亡需要送往医院,因此,医院也是此类采访中非常重要的一个现场。急救送医院通常都是采用就近原则,因此,记者如果无法了解到医院信息,只需搜寻距离事件现场最近的医院,前往该医院的急诊外科即可。

有明确时间节点的活动,记者要观察的现场包括活动现场和活动开始前的外围现场,因此,记者要尽量能够提前半个小时或一个小时到现场,观察和采访外围情况,可以帮助记者更多了解有关活动的情况。如一场演出活动,记者提前一个小时来到演出场馆的外面,就有可能比较直观化地观察到这场演出的受欢迎情况(而不仅是官方提供的枯燥的数据),有更多机会采访到前来观看演出的观众故事。

很多看似没有什么明确现场的题材其实也是有现场的,只是需要记者用心思考和寻找。进入现场观察,对记者把握所要报道的题材通常能够提供极大的帮助,甚至能提供至关重要的证据。例如,报道关于铁路或城市轨道交通对邻近居民的噪声污染问题,受害人通常会给记者提供一些受影响的场景描述或者一些具体的测量数据,但是这些毕竟是二手材料,可信度存疑,记者需要去居民的家里亲身感受和测量,而噪声污染在夜晚会尤其扰民,因此,记者还有必要在居民家里留宿一夜两夜才能有真正的感受。如果报道工厂、企业、机构的内部管理问题,记者通常采用访谈了解情况,也可以从内部管理的文件资料来获取详情,但是,记者若能在这些场所机构待上一两天,观察所得会比访谈所获取的材料要生动得多。

人物采访多用访谈,似乎故事都在讲述中,没有什么场景。其实不然。人物生活和工作的环境都是记者应该观察的对象,这些环境可以帮助记者更好地了解人所处的社会环境,以及这种环境对人物思想性格所可能产生的影响。有时候,也只有这种对环境的观察才能帮助记者捕捉到人物真正的思想和性格。《人物》杂志记者赵涵漠说自己采访写作《地下室里的沈文裕》一稿,前后用了整整六个月的时间,这是一个天赋极高的钢琴家的故事。记者一开始想象的是一个父母溺爱儿子,儿子长大后不能独立的简单故事,通过访谈,记者了解到沈文裕的传奇经历,也对这个人物有直观的感受,比如智商高、情商高、有教养等,但是没有办法建立这个故事的理解逻辑。记者是通过一趟一趟去沈文裕的家,观察这个家庭中一家三口互动的情况才真正理解了沈文裕的处境和选择。

"最后去的次数多了,我感觉自己就是一个电冰箱,因为次数已经太多了,采访对象对我的出现已经习以为常了。到后来你很不好意思,因为之前他知道你是去采访的,后来他觉得你不是一个正常的记者,常常没事就去人家家里坐着。我把他们家的作息都抓住了,人家11点多吃早饭,起得比较晚,我基本12点就去他家坐着,然后坐到下午。"①

记者还要对需要采访的人物类型进行规划。一个事件/题材通常涉及多个相关主体,有的一望而知,如事件中的当事人,有的则需要记者首先想清楚,这个事件/题材涉及哪些方面的问题,再相应地寻找采访对象。

一般来说,一个事件中的采访对象至少包括三个类型:当事人和相关者、目击者和知情者、管理方或监管方。

当事人有时是成对出现的,如卖家—买家、营业员—顾客、招聘者—求职者等,记者对双方都要有采访,才能对事件有完整的了解。有时候,一个题材看起来似乎只有一方当事人,如环境污染中的受害者,城市交通拥堵线路中的乘客,那么,记者就要设法找出这个事件中的相关方。例如,环境污染受害者的相关方是污染环境的企业公司,拥堵线路的乘客的相关方是城市交通建设的规划者。交通事故通常有当事人双方,但是由于机动车皆有强制保险,因此保险公司也是重要的相关方。当事人和相关者都是一个报道中必须采访到的对象,否则报道很容易陷入一面之辞,不能做到客观公正,甚至可能被别有用心的被访者所误导。

目击者和知情者也非常重要。突发事件采访通常要寻找目击者,其他题材采访通常则要寻找知情者。专家学者在新闻报道中经常扮演知情者的角色,通过其掌握的专业知识来对事件情况进行分析。如企业生产采用一种新型原材料,可能只有相关领域的专家学者才能对这种新做法的是是非非说得清楚。行业领域的从业者也是重要的知情者,比如记者采访一场针对应届毕业生的招聘会,要对招聘会上求职学生的种种表现和心态进行解释,可能高校就业部门和学生工作部门的老师就是知情者,他们日常和学生打交道,对大学生的最新动向较为了解。

通常来说,一个事件或议题都涉及一定的管理机构,如车祸的直接处理者和管理机构通常是交警大队,社会冲突事件的处理方是警方和派出所,消费者纠纷事件可以采访消费者协会,企业诈骗事件需要采访工商管理部门等。

下面以华东师范大学16级新闻蔡一茗同学所做关于一家社区新型菜市场整修开业的报道为例,说明采访准备中所要考虑的一些问题。

蔡一茗在日常经过时发现学校附近的一家菜市场在装门面招牌,简单询问后

---

① 赵涵漠.采访永不落空[M]//周逵.非虚构:时代记录者与叙事精神.北京:清华大学出版社,2017:122.

了解到这里关门装修三个月,数日内即将开业。获得线索后,她首先确认开业第一天是采访的重点,需要在早上7点开门之前到达现场进行采访。卖菜的摊贩和顾客是菜市场最主要的当事人,因此需要做较多随机采访,菜市场布局、环境、管理、菜价等则是主要观察对象。在和同学们分析讨论后,她又列出了需要采访的几方面问题:1.新菜场的摊位租费怎样,这直接关系到租户的利益,也会影响到菜价;2.新菜场的物价水平如何,这不仅需要观察该菜场的各种菜品价格,还要和周边进行对比,因此还需要采访邻近的超市和菜场;3.菜品质量问题,不能仅仅用眼睛来观察,还需要采访菜场在保证菜品质量方面有哪些具体措施。这样她的采访对象除了顾客和商户,还增加了管理菜场的公司人员和菜场清洁人员;采访场景除了这家新菜场,又增加了附近的一个超市和一个菜场。①

三、选择采访对象,列出采访提纲

有些报道的采访对象是确定和不可替换的。比如人物专访,不论这个人善谈不善谈,其个人影响和成就决定了他/她是新闻主角。再比如新闻事件当事人,无论愿不愿意开口,记者都要设法采访到,哪怕对方拒绝接受采访,记者也要获得对方的明确态度。一些具有权威性的人物(如高官高管、特定机构里的管理者)也很难替换或者替换范围很小。

不过,很多时候报道中需要的消息来源是某个类型的人物,记者有很大的选择范围,此时,采访对象的选择很大程度上会影响到报道的质量。

一般来说,记者要尽量选择善谈健谈表述准确的人。他们能提供生动的故事和细节,其良好的叙事能力也减轻了记者挖掘和串联故事的负担。《新民晚报》资深记者沈月明曾说过一个典型案例。② 2018年他策划《新民晚报》的改革开放40周年专题报道,创意是沿318国道重点城市来展示40年的巨大变迁。318国道起点是上海人民广场,终点是作为上海援建对象的西藏日喀则,起点和终点皆关联上海,是一个非常能体现上海本地特色的创意。在报道起点上海时,记者需要一个能见证人民广场40年变迁发展的人物,透过其个人经历来反映上海的变化。几经辗转搜寻,沈月明采访到一位在人民广场附近居住约70年的老太太,她退休前是人民广场附近一条公交线路的调度员。这位老太太热情、善于表达,而且有极强的记忆力,甚至说得出几十年前她出嫁时的全部嫁妆、价格和嫁妆的样式装饰等情况。老太太生动的讲述帮报道增色很多。

---

① 蔡一茗.虹梅农贸市场变身智慧菜场,整修三月新装亮相.刊于微信公众号"华东师范大学传播学院"(微信号:ECNU_COMM),2019.4.9. https://mp.weixin.qq.com/s/q5yW255Ml-QUJTijI0lKcA
② 案例来源:沈月明在华东师范大学传播学院的新闻业务讲座,2018.12.24.上海。

好的采访对象都是记者费心搜寻出来的。一种方式是在理想采访对象容易出现的区域范围内搜寻。记者通过多聊多问，在众多的潜在对象中寻找到真正合适的人。例如，沈月明在找到那位健谈的老太太之前，首先划定了人物出现的大致范围，而后在人民广场附近兜兜转转半天，跟很多人聊天，接近中午时才偶然发现了理想的采访对象。

另外，记者也常常借助于熟悉情况的内部人推荐来寻找合适的采访对象。一般来说，这种搜寻方式效率会更高，但需要讲究策略。记者要做一个有心人，随机应变，用适合的方式提问，敏锐捕捉对方提供的有用信息。例如，美联社记者朱尔斯·劳曾经在一个小镇采访，需要找到一些有趣有特色的人进行采访，但是他也是第一次来到小镇，茫无头绪。他是从一个在当地加油站偶遇的老人那里获得指点。

"后来，车开到一个加油站，我首先注意到的是一位正在打气的老人，大约六七十岁。这事看上去有点儿不平常，但又不是那么不平常。不过因为当时我什么办法也没有了，于是便过去对他说：'我正在找一个人。请问这镇上最好的人是谁？'他说：'你说的是不是那位老师，某某小姐？'我说：'就是她。那么为什么她是最好的人呢？'他说：'噢，每个人都认为她是镇上最好的人。'"①

不过，记者也需要当心，能说会道口才好的采访对象有时候也是善于利用记者和媒体来达到自身目的的人，记者需要对这些情况明辨细察，特别要留心采访对象身上那些与其诉求相矛盾的细节，否则很容易被其利用而传播不实信息。布隆代尔曾讲述一位美国芝加哥记者的故事，②这位记者想做一个农场主因为政府政策调整而遭受打击的报道，需要找到一些受害农场主进行采访。几经辗转，他联系到其中一位，电话里这位农场主非常合作，也十分明白媒体对农场主糟糕境况报道越多越有利，于是他在电话里十分渲染自己的不幸遭遇。但是，当他长途跋涉来到这个农场主的农场时，看到的是奢华的别墅、轿车和小型飞机，农场主脚上穿着昂贵的蜥蜴皮靴子。这个农场主经营着繁多复杂的产业，根本不是记者理想中的采访对象。

寻找采访对象大多数时候并非一蹴而就，而是一层一层推荐和寻找的过程。前《南方人物周刊》记者曾繁旭曾讲述和同事对2007年"厦门PX事件"的采访思路和过程。因为各种原因，《南方人物周刊》错过事件报道中的若干节点，直到年底才开始着手采访。在已有大量前期报道的情况下，记者将报道着眼点落在探寻厦门

---

① 杰里·施瓦茨.如何成为顶级记者：美联社新闻报道手册[M].曹俊，王蕊，译.北京：中央编译出版社，2002：43.
② 威廉·E·布隆代尔.《华尔街日报》是如何讲故事的[M].徐扬，译.北京：华夏出版社，2006：45.

人参与"PX事件"的真实人性和事件背后的复杂故事上。厦门的出租车司机为记者寻找采访对象提供了最初的灵感,据出租车师傅所言,厦门PX事件中的真正参与者是海沧区居民,而背后原因则可能是当地房地产商给钱,因为一旦停止PX项目,当地房价会上涨。这使记者意识到PX事件包含复杂的主体:地产商、海沧居民、一般厦门人,以及不同的政府部门。其后,记者又通过厦门当地的环保公益组织得到重要消息来源海沧活跃业主的联系方式,才看到符号化的"厦门市民"概念下的"真切的个人面貌"。①

确定好采访对象后,记者还要制定尽可能详细的采访提纲。采访提纲以一种可见的形式帮助记者理清思路,明确采访的核心问题,也为记者现场采访的随机应变提供了基础。记者在制定提纲时通常先将希望了解的问题分成几个块面,而后在每个块面下,再列出具体的若干问题。一个采访一般涉及三四个块面的问题,每个块面下又会细化出四五个问题,因此,一个简单的采访提纲一般来说要包含20个左右的问题。

对于初学者来说,制定采访提纲时还应该在前面安排两三个寒暄暖场的问题,比如,要采访一位在中国旅行的外国人,可以安排的寒暄暖场的问题,如:对中国/上海的饮食是否习惯？以前是否来过中国,去过中国的哪些地方？另外,还可以根据采访对象的情况在采访提纲中安排几个细节性的小问题,预防在采访过程中因为各种原因可能出现的冷场。如果采访气氛一时尴尬,记者可以用这些采访对象不敏感且容易回答的小问题来带动采访气氛。有这些暖场和过渡的小问题做备案,记者在采访现场的心理会稳定一些,遇到意外情况也不会一时慌乱。

记者要对采访对象保持充分的好奇心,采访提纲的问题不能大而化之,而要关注各种细节和过程。如果让采访对象大而化之地谈论问题,记者能得到的通常是些套话和空话,因为采访对象会有足够明确的意识和动机来修饰自己的表达。只有在对细节的挖掘和对过程的抽丝剥茧的分析中,记者才有可能真正触及人物的行动逻辑。

下面是《南方周末》记者在决定采访杨丽娟追星案之前所罗列的一些采访点:

"这个家庭有没有兄弟姐妹表亲？

"这个女孩子是怎么迷恋上刘的？为什么16岁少女情窦初开时的迷恋,走到这样的极端？

"她中学在哪个学校上的,老师同学还有没有记得她的？同学目前过着什么样的生活？

---

① 曾繁旭.将消息源还原为故事中的人物[M]//徐列.重新打量每个生命:《南方人物周刊》人物报道手册.广州:南方日报出版社,2009:57—59.

"她家是怎么筹钱的？她是住在学校里吗？还是在小区里？那是怎样的环境？"①

记者通常需要对采访对象的背景经历有一定了解和调查，才能制定出有针对性的采访提纲，对于那些经常接受媒体采访的知名人士尤其需要如此。各种寻常能想到的问题，这些名人都已经被各家媒体询问过许多遍，采访对象容易厌倦而懒于回答，即使勉强作答也会因缺乏热情而了无新意。记者应该设法了解采访对象的个人特点和兴趣爱好，从这些有特色有个性的地方着手，容易得到采访对象的接纳，谈论其他问题也会顺手很多。

四、做外围采访

所谓外围采访，指记者在核心采访对象和主题之外，对其身边的亲朋好友、同事同学和联系人/知情人所进行的相关采访。外围采访的内容不一定能进入正式的报道中，但对一篇报道的成功与否常常十分关键。一是这些采访可以帮助记者更好地了解核心对象的性格喜好，从而可以对其展开有针对性的采访。如前文戴敦峰第一次尝试联系采访任志强失败后，通过采访一些房地产媒体的记者和一位与任过从甚密的地产杂志老总，侧面了解到任的性格特征并"对症下药"后，才约到了第二次采访。二是外围采访可以使记者对核心采访对象所处的生活和工作环境有更好地理解，可以将事件和人物放在一个适当的背景中去把握和解读。例如，《人物》记者赵涵漠在报道一位理想主义的中学语文老师马小平时，并不认识这位老师，她是通过采访他周围的人如"女儿、特别重要的朋友、学生、同事、文友"，来增加对报道对象的理解。"我认为，我知道他是一个什么样的人，我能够理解他在某些时刻的某些感想和作出的某些选择，这就是做外围采访的一个好处。"②

对于名人来说，进行外围采访了解其社会关系状况尤其必要。名人经常接受媒体采访，维护公众形象的意识比较强，有些人也会有专人负责设计公众形象，因此，普通采访很难接触到名人的思想行为的真实状况，媒体报道呈现出来的经常是一副戴着面具的公众脸。赵涵漠说，围绕名人所做的外围采访对记者来说有一种"纠偏"的作用，在名人实际所处的社会交往环境中，罩在名人身上的公众光环褪去，更能体现其真实自然的状态。她举《人物》杂志关于周迅的报道为例，记者魏玲采访了周迅的好友黄觉、黄磊等人，他们回忆了很多和周迅交往的过程，这些内容

---

① 张捷.这是让娱乐制度恐怖的故事——杨丽娟报道编辑手记[M]//邓科.南方周末:后台(第二辑).广州:南方日报出版社,2008:142—143.
② 赵涵漠.采访永不落空[M]//周逵.非虚构:时代记录者与叙事精神.北京:清华大学出版社,2017:120.

其他媒体很少有报道,很新鲜,也真正展现了一个"有趣、有意思"的人物形象。①

除了记者精心联系和安排的外围采访,不少时候,外围采访的消息源是一些记者偶然碰到的人物,比如医院的清洁工,商场的保安,政府机构里的办事员等。他们既不是核心消息源,可能也和记者要采访的核心人物没有多少社交关系,但是作为特定环境中的人物,他们对自己所处的环境动态较为了解,有时能够给记者透露重要的信息。因此,记者在做外围采访时还要有开阔的思路和灵活的应变能力,能关注到通常容易被忽略的潜在采访对象。

中国香港凤凰卫视记者陈琳曾讲到自己在做突发事件报道时数次有此类采访经历。有一次在采访山西矿难时,记者云集当地,但在采访上茫无头绪。在县委宣传部,陈琳遇到一名年轻的工作人员,事先彼此并不认识,但这名工作人员给记者提供了矿难事件中十分重要的信息。陈琳认为在做这种非核心消息源的外围采访时,记者要有一定的人格亲和力,"比如说,地方的突发事件,你根本就进不去问到什么人,突然你聊两句,你发现周围有些人主动向你送消息。"看似消息源主动找上记者,其实根本原因是记者能留心身边活动的各种人物,能有一颗平等对待的心。记者在关注到这些人时,这些容易被忽视的消息源才会跟记者建立沟通关系。所以,陈琳说:"作为一个记者,你出去第一你不能特别牛,第二你也不能特别妄自菲薄。"②

有时候核心消息来源相关人特别难接触,且对记者抱有很强的防备心,对外围联系人进行接触联络可能就是记者唯一的突破口。美联社记者哈姆伯特曾经报道纽约市长朱利安尼退出2000年美国参议院纽约州议员竞选的独家新闻,即是外围采访的结果。在这个案例中,朱利安尼的竞选班子都十分忠诚且对媒体怀有深深的戒心,官方发言人不能提供什么有效信息,因此记者将主要精力花在了解候选人的朋友和顾问身上,最终成功打开了缺口。哈姆伯特的成功并没有什么诀窍,靠的是耐心和坚持。事后他曾总结自己的经验是:"多和他们聊天,聊他们身边发生的事情,从这些事情中了解他们的生活。多和他们谈谈体育、天气、书籍或是电影什么的。总之,除了竞选这个话题以外的什么都可以聊。慢慢地,他们中间就会有人向你敞开信息之门。"③

记者接触一个陌生的选题,去一个陌生的地方采访,也需要先做外围采访,而不是直奔主题。如果记者对这个采访主题所知甚少,对这个地方风土人情和人物关系一无所知,直奔主题的采访通常很难深入和真正有收获。对于这些记者所知

---

① 赵涵漠.采访永不落空[M]//周逵.非虚构:时代记录者与叙事精神.北京:清华大学出版社,2017:120.
② 陈琳.极端环境的现场报道是对人性的挑战[M]//周逵.非虚构:时代记录者与叙事精神.北京:清华大学出版社,2017:212.
③ 杰里·施瓦茨.如何成为顶级记者:美联社新闻报道手册[M].曹俊,王蕊,译.北京:中央编译出版社,2002:125.

不多的选题,什么地方可以去做外围采访呢?在城市,记者可以去居民活动中心,棋牌室,也可以去社区附近公园逛逛,这些地方聚集了一些退休的常客,熟悉街坊邻居的各种动态故事,记者多去几次,和他们熟悉之后,能够从这里得知很多本地化的信息。在农村,每个村子通常有一两个杂货店,在村头或村民日常经过的位置,这里是村庄的"八卦中心",记者可以在这里买点吃的喝的东西,一边吃喝一边和店主店里的客人闲聊。记者在这些外围的闲聊里未必能获得多少核心的材料,但是对本地风俗的掌握可以帮助记者在接下来的核心采访中做到心中有数,并且具有一定的判别力。

前《南方周末》记者余刘文非常擅长做这种外围采访,他有一段话表述很形象:"当你在外围了解的东西越多,你对事实也更进了一步。剥外围也是一种快感,就像淘金,今天淘到一块,存起来,明天又淘到一块,兴奋啊。等你要见关键人物的时候,就不慌了,即使他不跟你说,你都掌握了。"①

五、充分运用资料

很多人以为搜寻查阅资料文件是学者的工作,记者总是和鲜活的材料鲜活的人事打交道,因此不需要翻故纸堆。这是非常大的误会。实际上,资料工作做得好对于新闻报道(特别是深度调查报道)的成功非常重要。

一是对时间跨度大的报道题材来说,大量查阅资料,在对资料的梳理、剪辑和重新解读中来建立报道的大背景是必须的。这种从纷繁复杂资料中爬梳历史发展脉络,建构事件和事件之间的联系和发展逻辑的工作,并非简单的堆砌背景,而是一种具有创造性的分析工作。记者首先要有运用资料的意识,其次还要非常熟悉这些资料。例如,《南方人物周刊》主笔杨潇曾经参与一个关于改革开放30周年的回顾报道,领到的任务是采访一个东北的倒爷,这其实是讲一个中国人命运30年变迁的故事,只有将人物放到时代大环境中考察,才能形成真正有力的表达。而事实上关于倒爷的资料也非常多。杨潇认为自己从这个报道所得到的一个教训就是没有好好运用资料。②

二是通过资料搜寻和分析,记者可以快速熟悉所要采访的议题,具备一定的专业性。不论简单的报道还是复杂的报道,往往都牵涉到一些特定的专业知识。比如,一家社区养老院新开业,看似简单的新闻,背后涉及的专业知识并不少,如养老院体系的国内外发展情况、城市老龄化规模和社区的养老需求、政府对养老院的制度设计和设施要求等。记者查阅相关资料,对所报道议题的来龙去脉做到心中有

---

① 谢春雷.揭开真相——《南方周末》知名记者报道手册[M].杭州:浙江人民出版社,2004:267.
② 杨潇.从过度书写开始[M]//周逵.非虚构:时代记录者与叙事精神.北京:清华大学出版社,2017:88.

数,既提高采访效率,也拓展了报道的厚度。在一些案例中,记者通过掌握专业知识还可以帮助快速形成新闻报道。2011年"7·23动车事故",在事件发生的最初两天里,记者在现场并没有很多内容可以挖掘,追尾事故发生的原因是调度问题,那么调度的具体问题是什么?事故发生景况大概是怎样?《21世纪经济报道》的记者即是通过查阅和分析资料了解动车运行的调度系统,再请专家分析可能是哪些环节发生问题,从而完成一篇报道。①

三是通过资料搜寻来获取报道所需要的关键信息和可供进一步采访的消息源。很多调查报道案例都显示,记者在常规采访和调查中很难突破而陷入困境时,最后通过查阅资料才找到突破口。例如,《南方人物周刊》曾刊发报道《调查张海》,张海是一个不到30岁就收购著名企业健力宝的神秘亿万富翁,在多个公众事件中高调出场却无人知其来历。记者来到他的家乡河南开封和郑州进行调查,通常来说,张海的父母、邻居、老师是主要消息源,但是记者到达郑州,先去河南省工商局,调查张海在河南所创办企业的资料,随后奔赴开封的河南大学体育学院查到了张海的学籍档案,并通过张海的老师获得了张海当年表演"特异功能"的照片,证实了张海的"特异功能"才使调查工作获得真正的突破。② 媒体对歌手曲婉婷之母张明杰腐败案的调查也有类似经历。记者采访了当地的媒体同行,找到了张明杰父亲的住址和工作单位,采访了张明杰的邻居,都没有获得什么有效信息,无奈之中只能求助图书馆。记者查阅两份当地报纸《黑龙江日报》和《哈尔滨日报》的电子数据库,通过在检索系统输入官员姓名,调阅所有相关报道,查到跟张明杰相关的两个项目名称,再用项目名称上网搜索相关材料,获得相关的大量举报信。这些材料给记者提供了大量的案件详情,使陷入困顿中的调查工作出现转机。③

在了解报道选题的一般背景上,利用搜索引擎通过不同关键词搜索,简单方便,可以获得很多相关知识和信息,是一种很高效的方法。各社交网站的搜索功能可以用来搜索社交讨论的历史资料。另外,记者还应该了解一些专业的数据库,可以进行更专业的检索查阅。中文数据库如知网,可以查阅各学科的中文期刊论文和一般文章,查阅主要硕博论文,也可以查阅少数报纸的文章。英文也有很多学术数据库、报纸数据库,如 Wiley Online Library,EBSCO 数据库,ProQuest 数据库等。这些学术性较强的数据库各大高校通常都有订阅,城市大型图书馆一般也有订阅。

---

① 张鹭.坚守一线的调查记者不足百人[M]//周逵.非虚构:时代记录者与叙事精神.北京:清华大学出版社,2017:191.
② 陈磊.人物类调查报道的现实与困境[M]//徐列.重新打量每个生命:《南方人物周刊》人物报道手册.广州:南方日报出版社,2009:13.
③ 张鹭.坚守一线的调查记者不足百人[M]//周逵.非虚构:时代记录者与叙事精神.北京:清华大学出版社,2017:192.

还有一些专业性数据查询网站和应用，也是记者调查资料经常用到的。如在调查企业背景关系上有"天眼查"软件，汇聚企业的公开背景数据，可以较为方便地核查各企业机构的信息，如企业所有人及其名下的其他企业信息、公司的股权结构、企业与企业之间的关联情况等。在调查企业和个人所涉及的案件纠纷上，可以查阅由最高人民法院创办的"中国裁判文书网"，其具有权威性，也可以查阅如"OpenLaw""无讼案例""聚法案例"等商业机构开发的网站和应用，作为参考资料来使用。

2019年4月，"视觉中国"公司因申明黑洞照片版权而迅速引发舆情，众多媒体报道相关进展和评论，上海的"上观新闻"就通过查阅专业数据库"OpenLaw"获取了8372封该公司及其旗下两家子公司作为原告或被告的诉讼文书，并据此对案件涉及纠纷情况、裁定结果、判决情况等进行分析，[①]在其他媒体只是引用个案进行报道时，"上观新闻"依靠大数据做出一篇很有特色的报道。

在政务公开的背景下，记者也可以使用政府机构平台核查一些信息。如要了解进出口产品和企业的信息，"中国海关企业进出口信用信息公示平台"就是一个权威的查询平台。政府的通知、公告、公示、调研报告、统计数据大多已上网，也为记者了解公共政策、分析公共事务提供了一个便捷的管道。例如，通过查阅政府对企业的许可证情况公告，记者可以了解自己正在调查的这家食品企业是否具有合法的经营资格；通过查阅房地产网站的统计数据，记者可以了解到有哪些楼盘在销售、均价如何、价格变动状况，甚至可以通过数据比对发现哪些楼盘可能存在违规操作等情况。

六、其他准备

在智能手机可以一机多用的情况下，记者出门采访前要做的物质准备简化了很多。但还有些细节需要注意。

1. 注意着装风格。着装要和采访的具体场合相匹配。

2. 带一只容量大的录音笔。智能手机可以录音，但是容易发生意外。有一个真实例子，一位学生曾遭遇过手机录音的严重失误。在采访录音的过程中，突然一个重要电话打进来，这位同学一时没有反应过来，很自然地接了电话，但是前面所有的录音资料就此全部丢失。所以，出门采访，记者要尽量使用专业工具。智能手机的多功能也容易导致功能使用上的冲突，一旦造成后果，往往很难弥补。

[①] 肖书瑶,李彤彤,李易."视觉中国"是如何靠打官司发家致富的.上观新闻"互联网观察",2019.4.13. https://web.shobserver.com/wx/detail.do?id=144803&time=1555162369617&from=timeline&isappinstalled=0

3. 带上充电宝、充电线和电池。出门采访如果遭遇手机、摄像机或录音笔没电,可以说是灾难性的后果。因此,一定要确保手机、摄像机、录音笔等各种设备能正常使用,带上各种充电设备能够救急。

4. 确保手机有足够多的存储空间。手机不光是用来联络沟通,还是用来记录各种采访现场细节的重要工具。记者要在现场尽量多拍照,还可以通过微信给自己发语音的方式来记录现场的各种时间节点,也可以用语音给自己留言,描述记者在现场的各种感触见闻。

5. 带上水笔和纸质笔记本,做现场记录。在录音设备使用非常方便的今天,访谈要尽量做全程录音。但是,这不能代替记者在现场做手工笔记,纸质笔记本不可少,具体原因可见"记录"一章所论。

6. 采访证件、身份证件和采访介绍信。这些是记者采访身份的有力证明。有些采访场合对记者证件审核不严格,但有些场合,没有证件,记者可能无功而返。一般来说,警方和各种政府机构对证件审核比较严格,记者前往采访务必要带上各种证件,以备万一。

7. 如果是赴外地的采访,除了通常的行李准备外,记者一定要带上各种证件和介绍信。介绍信要多备几份,以防不时之需。要事先联系到当地的同行或知情人或朋友,以防出现危机情况,可以有一个接应。要带上一些小文具,如长尾夹、回形针、订书机之类,方便分类整理各种票据资料。如果是灾难事件采访,要购买和带上卫星电话,因为当地可能普通通信功能完全中断。带上笔记本电脑和电源线,方便及时处理各种报道任务。

第五章 访谈

在很多人的想象中,当记者就是手持话筒向别人提问。也有人表示,之所以喜欢当记者,是因为记者可以问出一些在通常的人际谈话中不可能提的问题。确实,访谈是记者收集报道素材最常用到的方式之一。一条报道往往要采访不止一个人才能完成,掌握访谈技巧是记者的一项基本功。

新闻访谈与日常谈话有许多共同之处,也有显著的不同。跟一般的人际聊天相比,新闻访谈的特点在于:一是记者访谈的对象大多数时候都是陌生人,因此记者要能迅速有效地调动起谈话气氛;二是记者和被访者的角色任务并不相同,访谈是记者的一项工作任务,而被访者一般只是配合记者的工作而已;三是新闻访谈中,被访者是谈话主体,记者的作用在于激发被访者的表达,但同时又是谈话的引导者和控制者。

优秀的记者一般也是优秀的访谈者。他们善于通过访谈来寻找事实;他们能赢得被访者的信任和认可,使被访者更愿意交谈,从而获得较为丰富的材料;他们还能根据对不同人的访谈来辨别和判断所获得信息的可靠性和准确性。

一、提问的方式和技巧

好的提问往往都是来自记者精心的准备和前期的积累。记者对所采访的主题领域越了解,对采访对象越了解,就越能将问题问到点子上。这样的问题有时候尽管显得很尖锐,却也能赢得采访对象的尊重。例如,有一年法籍画家赵无极来上海举办画展,上海《新民周刊》的记者获得对画家采访半个小时的机会。[①] 当时,记者问出了这样一个问题:"赵先生,您一直说自己是个很传统的画家,但从作品中我发现您除了传统的油画笔和刮刀外,也使用了喷枪。是不是这样?"应该说,如果记者对事实没有相当的把握,这个问题是有一定冒犯性的。但是,画家听到记者的提问,在一愣之后立马反问:"你是怎么知道的?"可见,记者的问题十分特别也很到位,以至画家竟然不假思索以反问的方式对记者的问题进行了认可。那么,记者何

---

① 沈嘉禄.提问,不仅是一种技巧[J].新闻记者,1999(8):27—29.

以会有这样特别的问题呢？其实是记者在采访前一天到画展上仔细观察了画家的作品，并形成了自己的判断。记者在油画方面的良好素养和采访前的认真准备是成功提问的关键。

中外有不少格言隽语鼓励人们提问题，如中国的古语"不耻下问"，西哲所言的"思考自惊奇和疑问开始"，甚至有谚语特别强调：只有愚蠢的回答，而没有愚蠢的提问。不过，尽管如此，记者的提问还是有技巧性的。一个好的问题可以帮助记者顺利从对方那里获得想要的回答，而不合适的问题则常常会破坏采访气氛，甚至让记者无功而返。中文俗语"一句话让人跳，一句话让人笑"，即同样一个意思，用不同的方式说出来，所产生的效果可能截然相反。掌握一些提问方式和提问策略，也有助于记者在访谈时取得成功。

（一）让问题清晰起来

从最基本的层面来说，访谈也就是记者与被访者进行沟通的过程。很显然，清晰、简短的问题比冗长、复杂的问题更容易让对方听懂，从而沟通的效果会更好。记者应该尽量将自己的问题用一句话概括出来。例如："你这么做的原因是什么""你能不能给我们讲一下当时的情况是怎样的"等。如果你觉得需要一段话才能将自己的意思表达清楚，那么，很可能是你还没有真正想清楚自己需要一个什么样的回答。

有时候，记者的问题是基于一定的背景材料的，必须先讲背景才能明确问题的所指，则记者应该尽量用三五句话概述背景情况，然后提出自己的问题。记者的讲述不能太长，不需要提供太多的细节，否则容易喧宾夺主，也使被访者失去耐心。

在正式访谈之前，记者可以先向被访者概要介绍一下自己做的选题情况和采访意图，既为正式的提问营造一个情境，也有利于被访者更好地适应后面的提问。记者应该先提一些相对简单和轻松的比较容易回答的问题，将比较尖锐或敏感的问题放到稍后的段落中来提问，即使那些尖锐、敏感的问题才是记者真正感兴趣的内容。

在访谈的一开始，记者可以提一些范围比较大的问题，给对方一定的发挥空间，这样有利于引发对方的谈话，也有利于记者掌握更多的材料。但是，这些问题也应该扣住记者的采访主题和被访者的特征，不能过于宽泛、笼统。假如你去采访一个志愿者，你可以在一开始尝试去问：你是怎么想到要去做一个志愿者的？这虽然是个开放的问题，但是指向当事人过去的经历，每个人对自己人生中重要的经历和遭遇的典型故事都会有持久的记忆，所以，这个问题其实仍然是比较具体的。如果记者一上来就问对方：你现在有什么打算？由于缺乏明确的所指（如哪方面的打算、多长时间段内的打算等），对方就容易变得不知所措，不知道该怎样来回答。换一句话来说,这也就是一个不清晰的问题。

随着访谈的深入,记者应该将问题的范围缩小,提一些具体的问题。大范围的问题可以帮助记者了解面上的情况和事情的大致经过,但是,记者要想获得细节和具体的经过,就必须通过具体的问题来实现。比如,对方在讲一个故事,一般只是讲主要情节,可能没有时间、地点之类的细节。这些内容就要靠记者的提问来补足。记者可以在对方讲述的间隙里穿插这样的一些问题,如,"这是什么时间的事情?""你还记得具体的地点吗?"

值得一提的是,有些问题必须要由被访者亲自来回答,即使记者心知肚明,也不能忽略不问,因为新闻遵从客观性原则,记者不能在报道中用自己的推测来代替被访者的意见态度。例如,曾经有记者采访一个卖假名牌包的街头小贩,小贩跟记者讲述了她遭受执法部门打击的情况,其中最严重的一次,这个小贩一下就损失了近5万元。那么,这样的损失对小贩意味着什么呢?也许记者可以从小贩仍然在卖假包这样一个事实推测出损失并不严重。但这毕竟只是记者的推测,有着浓厚的主观性,因此也是不可靠的。可靠的办法是记者要求小贩自己来评价这一损失的严重程度。如果对方认为损失是非常严重,记者还可以再问对方是怎样克服损失来重起炉灶的。

就像我们通常思考问题要有一个逻辑顺序一样,记者的提问也要有一个逻辑顺序,不能东一榔头西一棒子,想到哪里问哪里。通常来说,先提比较具体的问题后提比较抽象的问题,先问事情的经过再问人们的态度观点,比较符合一般思维习惯,也比较容易被人理解和接受。如果记者想要了解的内容比较多,要提的问题也比较多,那么记者应该先给自己的问题分分类,一个方面一个方面来提问。比如要访谈一位科学家,记者既想了解科学家的科研成就、工作状态,也想了解科学家作为普通人的生活的一面。那么记者就应该先问科研工作,再问家庭生活,再问娱乐休闲。跳跃性的提问对于大多数的受访者都是不合适的,因为这会扰乱他们的思路,使他们难以完整地思考和回答问题。

站在受众的角度来思考和提问。归根结底,记者的报道是做给受众看的,记者是在代表受众来提问。比如,发生一场车祸,受众首先想知道的就是具体地点、车祸原因、有无人员伤亡的信息;再比如,政府推出一项新的政策,受众首先想知道政策的具体内容是什么,为什么要这样,有什么利弊。把自己假设成为一个对所报道题材并无特别了解的普通公众,有助于记者把握问题的重点,并在采访中保持客观、理性的态度。

(二)鼓励受访者说话

在访谈中,被访者是谈话的主角,记者大多数时候扮演的都是一个倾听者的角色。听者的状态会直接影响到说者的状态,认真的倾听能鼓励说者有更好的表达。因此,要训练一个优秀的记者首先要训练他成为优秀的听者:做一个专注的听者,而不是三心二意;不是消极、被动地听,而是在倾听中了解对方和理解问题。西方有学者将记者比作摄影师,优秀的摄影师要尽量隐藏自己,而"优秀记者的特性就是被别人忘记有这个人",[①]这个说法还是很有道理的。

在访谈中保持与被访者的眼神接触十分重要。访谈是一个互动的过程,如果被访者接触不到记者的眼神,往往会产生困扰和焦虑,对自己所说的话变得不那么自信,从而影响到沟通。记者的眼神应该是温和的和鼓励的,应该能给被访者以肯定。记者还应该用一些肢体语言来鼓励对方。在对方表达精彩之处或者有新意之处,或者仅仅是一个段落的地方,报以轻轻的点头和微笑都是不错的办法。但是,做这些要自然,点头过于频繁会给人奇怪的感觉,僵硬的微笑也很难传达温暖的含义。如果记者在倾听时身体稍微向着说话者前倾,这无疑也是表明记者的重视和专注。

口头上的鼓励也很重要。有人说:赞美总是不嫌太多。只要记者表达得诚恳,赞美和正面的话总是能鼓励被访者说更多的话。比如,"我觉得你做得很出色""你说得很有道理",等等。但是,记者要找真正值得赞美的东西来赞美,不能拿别人最不得意的东西来赞美,那样形近于嘲讽,效果可想而知。只要用心观察,总是能找到可赞美的对象,比如夸对方的字写得很漂亮,赞扬对方心胸开阔等。如果对方给你看他家人的相册,那这里一定有他得意的内容,你可以夸照片里的孩子很可爱;如果对方给你介绍他的办公室设施,那一定是他自认有特色的,你可以夸他很有创意之类。

记者经常要访谈一些从未打过交道的陌生人,让陌生人建立对记者的信任感是访谈成功非常重要的因素。对于那些有名的记者来说,既往的良好声誉也许可以给他们帮助。但大多数时候,记者必须在采访一开始的比较短的时间里让对方建立起信任感。对于不同类型的被访者,赢得其信任的方式并不一样。对于那些经常接受采访、熟悉采访流程的公务繁忙人士来说,赢得信任的最好方法莫过于展现记者的领悟力和洞察力,让对方相信记者有能力做准确的报道,从而他所付出的采访时间是值得的。所以,记者要在提问上下功夫,让所提的问题变得有吸引力。2003年"非典"期间,中央电视台记者王志采访时任北京代市长王岐山,提的第一个问题是:"发布会记者问的所有问题,都不是你最害怕的问题,你最害怕的问题是什么,能不能告诉我?"后来,王岐山曾说他从王志的第一个问题就意识到这不是一个很好对付的记者。

---

① 亚当斯,希克斯.新闻采访:第一线采访手边书[M].郭琼俐,曾慧琦,译.上海:上海三联书店,2004:49.

对于那些没有被采访经验甚至对接受采访有所畏惧的人来说，记者可以更多从感情沟通的角度来赢得对方的信任。正式采访之前，记者可以与被访者拉拉家常，寻找双方的一些共同点，比如，记者和被访者也许是老乡、校友，或者有共同的兴趣爱好，或者是有类似的经历，等等。在这样的闲话家常中拉近记者和被访者的情感距离。

在访谈中，记者应该隐藏自己的性格，表现得亲切随和。也许生活中你是一个品位独特、棱角分明的人，但是在访谈中不要表现出来。鲜明展现的好恶可能使被访者收回很多本来可以告诉你的信息。包容和理解是记者在访谈中应该体现的素质。

有一类问题是记者应该注意避免的，那就是将自己的观点和态度强加于对方的身上，这并不能引导出记者想要的回答，却常常会破坏访谈气氛。例如，有记者去采访一位受过伤害的女士，当对方明确表示不希望把太多的注意力放在过去，要看将来时，记者还是强调要分享过去。如此访谈，既不能获得想要的答案，也显示出记者对于别人的伤害缺少起码的同情能力。

鼓励受访者说话的另一面就是，记者在访谈中不要将话题引到自己身上来。在正式的访谈中，记者要始终牢记，被访者是主角，不要在访谈中对被访者的讲述进行评价和分析，也不要试图讲述自己的经历和故事，哪怕记者确实对被访者的讲述有同感。当被访者试图将话题引向记者本人时，要求记者发表意见，或者询问记者个人情况时，记者要特别当心，不能自然接过话题，而要设法切断这些话题，以防止对方进一步对记者提问。将自己变成谈话的中心对记者来说是非常危险的，因为很大程度上，它也就意味着记者丧失对于访谈的主导权。

（三）访谈过程中的控制

记者是访谈的主导者，主导着访谈的方向，主导着被访者的谈话内容。其实，有时候，被访者有意无意也会希望由自己来主导访谈局面，记者的主导性角色并非没有竞争。所以，记者在倾听和鼓励被访者说话的同时，也要对整个访谈过程进行控制，使访谈按照记者的预期目标运转下去。

提问题是记者对访谈过程进行控制的最主要手段。不同的提问方式其实也就是规限了被访者在回答时的自我发挥空间。记者可以让这个空间大一点，也可以让这个空间小一点，一切皆视其需要而定。

提问的方式主要分为开放式提问、封闭式提问两类。

开放式提问通常只提供一个谈话范围，比较笼统，需要被访者填充进大量的信息。通常是针对新闻要素中的为什么、怎么样、目的意图、反应后果这样一些环节发问。例如："你这么做的原因是什么？""这个事件在当地社会产生了怎样的影响?"如果记者需要对方就情况进行比较详细的阐述,希望对方能连贯地为自己提供比较多的相关信息,就可以采用开放式提问。

封闭式提问又称闭合式提问,答案指向非常明确,对方通常只需要一句话来回答,或者仅仅在"是"和"否"之间做选择。当记者需要就一些具体的事实和细节(如数字、时间、地址、名字、头衔等)进行询问和确认时,就可以使用封闭式提问。例如:"你是否参加了那次会议?""你在此工作多少年了?"封闭式提问简单而直接,被访者一般难以回避,所以,采访中的一些敏感的关键性事实往往是通过封闭式提问来获得,封闭式提问会使问题显得很尖锐,原因也在此。

如果记者对被访者谈到的某些信息感到疑虑,但又很难说清有什么问题时,就可以用疑问的语气将对方的话重复一遍,也可以收到提问的效果。通常来说,记者的重复会让被访者暂停讲述的步骤,而对记者疑虑的信息进行补充和解释。当然,如果记者觉得对方的讲述过于抽象或者比较简略,也可以直接在对方的话间提问,要求对方补充信息。例如:"你能举个例子吗?""当时的具体情况是什么样子?"如果对方作比较长的讲述,而记者并不确信自己的理解和把握是否到位,记者可以对对方的讲述作一个概述,然后让对方确认记者的概述是否准确,或者对记者的概述进行补充。

通常来说,健谈的人是良好的访谈对象,但是,记者经常也会遇到过于健谈的采访对象,对于任何问题都能滔滔不绝长篇大论,而其中信息却大多与记者的问题并不相关。对于这样的健谈者,记者也必须进行控制。当发现对方的谈话跑题时,记者应设法将话题拉回到原先的访谈轨道上。听任对方自由发挥的负面影响不仅仅是浪费时间,有时候也会直接伤害到采访本身。因为健谈者通常认为自己的谈话对记者都是有用的,既然已经作了长篇的谈话,记者后续的诸多的问题往往会容易引起他们的厌倦和不理解。

对于跑题的被访者,记者要通过自己的插话和提问扭转谈话局面。但是,不管怎么样,记者不应得罪被访者,要将控制做得尽可能不露痕迹。通常的策略有,乘对方说话的间隙,记者插入新的问题,直接扭转对方的话题。如果这样做显得有点生硬的话,记者还可以在这个间隙里先插入一个与对方谈话相关的小问题,构成话题转换的一个缓冲,然后再提出记者真正的问题。有时候,记者会觉得对方的谈话几乎不留间隙,则需要直接打断对方的话头。为了不让这样的打断招惹对方的不快,记者可以先作一个道歉,比如,"对不起,我想先打断您一下,您知道那是一个很危险的情况吗?"

保持淡定的心态于记者对访谈现场的控制十分重要。也许对方公务繁忙,让你对占用对方的时间很有压力感;也许对方地位尊崇,让你有莫名的紧张。但是,在采访现场,记者要能控制自己的情绪,不要将这种压力感和紧张感带进谈话中,不要让对方体会出你的压力和紧张,否则只会造成记者在访谈中更加被动的局面。例如,曾经有记者去采访一个繁忙的商界人士,几经周折才约定下来。见面后,记者问:"您现在是不是很忙?"结果对方毫不犹豫地肯定:"很忙。"这就是记者将自己的焦虑一览无余地呈现给被访者,结果整个访谈都是不太顺利,记者始终在心理气势上输对方一截。试想一想,如果记者一开始这样说:"非常感谢您在百忙中接受我们的采访。"访谈的心理格局就会很不一样。其实,不管对方是一个怎样身份的人,一旦他答应接受记者的采访,也就意味着这个时间是属于记者支配的,记者不应自设心理规限。

有时候,面对一些经验不多的年轻记者,一些精明的被访者会设法在谈话中设置一些打压记者心理气势的内容。例如,他们会告诉你,他从来没有听说过你所供职的媒体,或者他跟你所在领域的诸多大牌人物是朋友之类。对于这些与采访无关的内容,记者只要淡然处之即可,无须解释。如果记者由此而心生不自信,那恰恰是掉进对方设置的"陷阱"。

(四)问出敏感的问题

出于各种各样的原因,总有一些问题是被访者所不愿意谈及的,但是因为事关公众兴趣或者是关键性事实,记者必须提问,我们把这样一些问题称为敏感性问题。问出敏感性问题是相当考验记者提问能力的地方。

在提敏感问题前先"打预防针",是防止被访者不快的一个比较有效的办法。当你准备提一个对方可能会比较难接受的问题时,可以先这么说:"有一个可能比较隐私的问题,不知道是否可以问您?"有了这样一个铺垫,后面的敏感问题所带来的冲击力就会被削弱很多。

如果记者需要向被访者求证某些事实,但又确信对方不会正面回答,也可以采取假设式提问来套取对方的答案。

不过,如果记者的假设不正确,假设式提问也很容易冒犯被访者,影响访谈气氛。例如,曾经有记者去采访一位成就突出的女科学家,在不了解对方家庭背景的情况下,就贸然提问:"您是如何处理好事业与孩子和家庭之间的关系的?"结果对方回答:"我没有结婚,也没有孩子。"这种场面是十分尴尬的。因此,假设式提问要慎用,通常只在一些关键性事实上用来克服访谈障碍,而且记者应该对假设有相当大的把握。

用"连环问"来问敏感性问题也是不错的办法。所谓连环问,就是将记者想要问的问题分成几段,由彼及此,由一般而具体,由前提而结果。从容易的前提和他物开始提问,削减问题的冲击性,避免被访者对问题产生直接的抵触态度。例如,你可以先问对方:"您一直都主张回归自然,保护生态,对不对?"在得到肯定的答复后,就接着问:"那您怎么会在云南砍去那么多杜鹃花?"

对于敏感性问题也可以直接提问,但是记者应该表示自己是没有恶意的,争取对方的理解和信任。记者也可以将自己的提问归因于其他人,给被访者一个为自己辩护的机会。比如:"有人说您从这个活动得到好处了,您对此有何想法?"值得提醒的是,不管被访者有怎样的行为,也不管这些行为从法律或者道德方面来看是如何值得批判,记者只要就事实本身提问,不要在问题中添加评价性因素,用语要平和。

有时候,记者提出了一个重要的问题,但是对方不愿意回答,顾左右而言他,或者只是避重就轻地部分作答,记者可以暂时将这个问题放下来,谈其他的问题,过一会儿,再换一种表达就前面的问题再提问。如果回答还是不能让人满意,也可以再下一轮提问。也许,在问到第二遍、第三遍的时候,对方就改变了主意给予回答。但要注意,重复提问有时也会惹怒对方,记者要适可而止。对于对方不愿谈的问题,记者也可以通过错问的方式来刺激对方,从而获得想要的回答。错问也称激问,即明知事实不是如此却故意向对方提问,以刺激对方进行自我澄清。不过,在获得想要的回答之后,记者应该就错问的原因对被访者进行解释,并尽量争取对方的理解。

有时候从反面来提问,问问对方为什么不愿意谈,也可以收到意外好的效果。有些人不愿谈是因为不了解记者,怕记者会捕风捉影胡乱写作,或者怕说了记者也不会明白其中真正的关键。让对方谈出自己的顾虑,一方面可以给记者补充很多原先可能没掌握的材料,也打开了对方的话头。

也有几类问题是记者不应该提问的。一是记者自己可以通过查资料来获得的问题,这样的提问只会暴露记者对被访者无所了解,招致被访者的反感。二是不要随时随地问对方的心情和感受,有些心情和感受是人人皆可体会,不需要提问,更多心情和感受则可以通过观察来感知。三是不要惹怒对方,记者可以对被访者所谈到的事实进行质疑和追问,但是要把握分寸,不要让对方产生记者是站在其对立面的感觉。

(五)追问细节

通常提到追问,人们容易想到质疑和获取核心事实。但实际上,记者在访谈时经常需要追问来获取可以丰富报道的细节。这些细节未必多么核心和重要,但可以让报道生动真实有温度。很多想象中应该会有的细节,记者不能推论更不能虚构,都要一一询问确认之后才可以写出来。

有质感的故事细节很多时候要依靠非常枯燥的追问来获取。曾任《南方人物周刊》记者的林珊珊说过,为了确认一个癌症病人早上起来照镜子的细节,她花费了半个小时来询问。一方面是因为病人起初没听懂记者的问题,更因为在一般人眼里这是个非常奇怪的问题,病人早上有没有照镜子实在无关宏旨,跟任何要讨论的话题都没什么关系。所以,病人在搞明白问题之后很自然回答:"我照镜子了,那又怎样呢?"确实不怎样,但对记者来说,只有采访确认了这个细节,才可以写进报道中。因此,林珊珊说:"你看起来特别小的那些东西,其实是需要你做非常细致的采访的,这些采访可能没什么意义,但你有时候问了一个小细节,你为了饱满一个故事的细枝末节,你要付出可能是一般采访的三四倍的时间去获得这样的东西。"①

保持好奇心对记者来说非常重要,对那些看起来合情合理的解释和描述多想想多问问,有时候会有意外的发现。一位美国记者曾去采访一名观鸟者,很自然会问到对方何以成为一名观鸟者。但是,对方的回答并没有消除记者的好奇心,一层一层追问下去,才发现这名妇女的观鸟爱好背后竟然藏着一段幼年的不幸经历。坚持不懈的追问帮助记者发现事实背后的事实,使报道更深入故事也更有张力。这一段问答如下:

答:我爸爸、妈妈都是观鸟者。
答:在我六岁的时候,爸爸送了我一个双筒望远镜。
问:你为什么能坚持下来?你才六岁,可以去跑,去爬树,去玩玩具,等等,可为什么能坚持不断地去观鸟呢?
答:因为他们告诉我我会失明。
答:我因为眼睛有问题,之前从没见到过红毛边的红眼雀。
问:为什么你想看到那种鸟?
答:因为我从来没看到过。我想继续活下去,在眼睛瞎掉之前看到那种鸟。所以我一直坚持不懈地寻找,一直没看到。直到最后终于发现了一只。我的眼睛也没有瞎掉。②

前《南方周末》记者南香红是个非常擅长追问细节的人,被称为"补救式采访的高手"。她能通过访谈还原现场的各种细节,即使没有去的现场,也能让报道呈现非常强的现场感。她认为其中关键是记者不仅要关注事件过程,还要在访谈时设想事件发生时的场景,思考推动事情进展的因素,记下自己的疑惑并适时提问。例如她在采访野马搜救队员在荒漠搜救野马的故事时,即联想到:队员们在大沙漠中

---

① 林珊珊.人人都会讲故事[M]//周逵.非虚构:时代记录者与叙事精神.北京:清华大学出版社,2017:238.
② 杰里·施瓦茨.如何成为顶级记者:美联社新闻报道手册[M].曹俊,王蕊,译.北京:中央编译出版社,2002:45—46.有删节。"答""问"标识词为笔者所添加。

搜救怎么辨别方向,会不会迷路,迷路了怎么办?① 如此追问下去,就有了下面生动的描写:

> 两辆北京吉普在荒原上划着巨大的"之"字艰难前行。夜晚天空没有星星,只有风在抽打着大地。他们又一次迷路了。
>
> 野马中心主任曹杰跳下车,差点被风掀倒。他蹲在地下,用皮大衣遮着风打着了打火机,借着微光,观察草根倒伏的方向和雪在草根下堆积的厚薄情况。
>
> 他上了车,告诉王师傅方向,两辆车继续向前行驶。②

二、几种类型的采访

(一)随机采访

假设某著名品牌在搞一次大规模的促销活动,活动现场人很多。记者要报道这一活动,有一块内容是不可缺少的,即那些被促销活动吸引而来的人们是怎样来看待这个促销的。那么,到底该采访谁呢? 显然那些现场参与的人们都是潜在的采访对象,记者可以随机从他们当中挑选若干来访谈。我们把这种采访对象限于一个范围但并不确定于某个(些)具体个人的采访称为随机采访。

在不少题材的报道中,记者都要做一些随机采访,以获得某一类人的看法和意见。这些人大多数是某一个现象或活动中的当事人。只是这些当事人数量庞大,记者不可能一一采访,因而只从中选择若干访问,以了解一般状况。例如,记者要报道市场米面油菜价格上涨这一现象,就应该采访一些普通消费者的感受;若是报道有人在城市绿地上挖野菜,就应该采访挖野菜的人;若是报道城市公交站点设置的问题,就应该采访这一线路上的乘客和居民们的看法意见,等等。

由于随机采访的对象是不确定的,因而不可能像普通采访那样通过事先约定来采访。记者必须到活动现场去寻找采访对象。哪里是活动现场呢? 就是采访对象最容易聚集的地方。比如记者要采访公交问题,就可以到公交候车站去采访等车的人们;采访粮油涨价问题,记者就应该多跑跑大型超市,问问那些正在买粮买油的人们;采访旅游问题,记者可以去一些有名的旅游景点,问问在那里信步远眺的人们。

随机采访一般都比较简短,由两三个问题构成,通常都是询问对方的动机、见

---

① 谢春雷.揭开真相——《南方周末》知名记者报道手册[M].杭州:浙江人民出版社,2004:82、85.
② 南香红.野马危急[N].南方周末,2002-1-10(4).可见①第77页.

闻、感受、评价之类个人化的信息。从提问的角度，随机采访没有太大的难度。但是，由于随机采访对被访者来说是毫无心理准备的，在极短的时间里要赢得对方的配合，记者需要注意一些表达技巧。首先是对对方的称呼。如果对方是年轻人，记者可以采用"先生""小姐"这样比较正式和职业化的称呼。但如果对方是老年人，记者可以称呼为"大爷""大妈"，营造一种较为亲切的人际聊天氛围。其次，记者应该简要介绍自己的身份，比如，"我是××报（电台）的记者"，介绍身份其实也是为后面的提问作了一个解释和铺垫，间接告知对方记者提问的用途。

随机采访遭到拒绝的概率比较高，而且对方往往是不等记者说完话就一言不发地离开，不会给记者解释的机会，甚至会以眼神来表示厌烦。如果在一般的人际交往场合，这样的情景确实很难让人接受，但是记者应该有更好的心理承受能力。我们做很多事情都是经历挫折才能成功的。记者的采访也是一项工作任务，而别人的拒绝就是记者工作中的挫折，所以，这是再正常不过的事情。在这种情况下，记者应该抱有的态度则是坚持，以坦然的心境去采访下一个人。就像有拒绝的人一样，也一定有愿意开口和记者说话的人。

虽然拒绝是难免的，但也有些办法可以使记者遭拒绝的概率降低一些。一是选择合适的人来做随机采访。尽量寻找那些看起来比较空闲的人们做采访，如没有生意的店家、刚刚购好物的人、等待的人等。如果记者去找那些正忙于谈生意的店主、忙于跟店员砍价的消费者、孩子正在哭闹的母亲，那么，可想而知，对方是不会有心思来回答记者的问题。二是记者的态度要自信和专业。保持微笑会增强记者的亲和力，以一种职业化的态度去接触对方，不管对方有何种态度，都怀抱体谅和宽容，相信对方的不配合有其理由，也相信自己的采访是需要坚持和努力的。人们的心理是相互透射的。如果记者害怕接触陌生人，这只能让对方更易产生拒绝的情绪；如果记者态度大方自然，对方也会受到感染而更易配合。

从某种意义上，随机采访有点类似于抽样调查，记者通过访问若干人来了解某个人群对事件、话题的一般看法，只是不需要统计学上的精确度。因此，随机采访对象虽然随机产生，但记者还应该尽可能选择一些有代表性的人物进行访谈，也要注意采访不同类型的人，比方，既要采访女人，也要采访男人；既要采访老人，也要采访年轻人。另外，记者还应该尽量多做一些采访，也许报道中只需要引用两三个人的话，但是随机采访可以做到十几个人。多采访些人有助于记者把握真正有代表性的意见是什么，也容易获得好的引语。

（二）电话采访

虽然面对面的采访是我们一直所鼓励的，但有时候，由于距离的阻隔，或者出于时效的考虑，电话采访仍然是次优的选择。电话采访的特点与面对面采访十分类似,如口语化的交流,互动性强等。从提问的技巧来说,两者并无殊异。不同在于,电话采访的互动只有声音这单一的管道,而面对面采访还包括表情、体语等丰富的非语言暗示;面对面采访的双方处于同一个空间环境,而电话采访的双方隔着遥远的空间距离。

判断对方所处的情境是记者在电话采访时首先要做的事。如果电话采访需要比较长的时间,而非三两句话可以说完,在接通电话后,记者除了介绍自己和采访意图外,还应该询问对方是否方便接电话。重要的采访,记者应该提前预约时间,同时也给被访者一个准备的时间。有时候,对方所处情境发生变化,已经不太适合电话采访,但是对方未必会直接告诉记者,这时就要依靠记者的敏感去进行判断,比如对方说话有些不连贯,或者说话风格发生了变化,语意含糊或者突然变得急促。在这种情况下,记者应该主动询问对方,中断采访,并和对方另外约访谈的时间。

电话使记者失去用眼睛观察的可能性。如果要通过电话采访来完成生动的人物报道,那么记者应该养成将细节用嘴巴"问"出来的习惯。比如,你可以问对方接电话之前的那一刻在干什么,他身在哪里,他的面前有些什么,他今天穿着什么样的衣服,梳了什么样的发型,他那里的天气怎么样,等等。在面对面的采访中,被访者会用许多体语来辅助自己的表达,在电话中,对于对方所介绍的事物,记者要询问更多的细节,要求对方作更多的场景描述。

维持对方对于访谈的注意力是电话采访面对的新问题。打电话并不是一种很舒服的姿态,因此,不宜在电话里作太多的寒暄,简短的有礼貌的问候即可切入正题。将问题尽可能表述得简明,控制采访时间不要太长。面对面的采访,一个小时往往在不知不觉中过去,但是,一个小时的电话足以让人头晕耳胀。因此,有人建议,电话采访的时间在20分钟左右是比较合适的。在电话里听对方讲话时,不能长时间沉默,要记得时时给对方回应,不需要完整的句子,只要"对""嗯""好"这样简单的词,表示记者在认真听对方讲话。

电话采访另外一个很大的风险就是,对方可以随时挂断电话,访谈在瞬间就会被结束,而记者却几乎不能有所作为。如果记者就一些对方敏感的题材进行采访,这种风险概率就会大大增加。为了预防这种风险,电话采访中,记者应尽可能创造和谐的谈话氛围,不要让对方对记者的真诚和善意有所误解。如果被对方挂断电话,隔上一两分钟,记者再打个电话过去,介绍身份和采访意图后,给对方的挂断电话找一个理由,比如,电话线路不好,电话机好像有点问题之类。有些人会在第二次电话的时候回心转意,重新愿意接受记者的采访。但是,如果对方仍然挂断,那也就没有再挽回的可能,记者可以放弃。另外,在电话采访中,记者不能将重要的问题放到最后来问,而应在访谈的较前部分问掉。

电话采访中,记者要注意用理性去辨析对方所说的话。有些人很善于表达,能把事情和经历表达得很生动,但仔细分析,可能实质性内容甚少,或者要素不全。记者不能仅仅为表达所吸引,更要注意用理性去推敲,整理对方谈话的逻辑关系,对于有疑问的地方要及时追问,对于要素不全的地方,要及时请求对方补充。

三、一般礼仪和其他细节

(一) 一般礼仪

穿着打扮是人们首先会关注到的东西,人们也往往据此形成对对方的第一印象。记者应该根据被访者的身份特点和访谈环境来选择自己的着装。如果是去办公室、会议室之类比较正式的地方采访,那么记者应该和在那个地方工作的人一样穿正装,或者至少是比较正式一些的衣服。如果是去别人的家里采访,则服装可以休闲一些。如果去采访政治人物或者商业人士,服装应该传统一些。如果去车间采访工人,或者去田头采访农民,记者则应该穿着朴素。采访悲伤的人应该衣着素净,采访盛大活动,则衣着活泼。总之,记者的着装应该有助于被访者对记者产生认同和信任。

守时是记者起码的礼貌。跟对方约定时间的采访,记者一定要记得不能迟到。在路途所需时间的基础上再加上放量,以备意外情况。你可以提前一两个小时到达约定的地点,但如果是去对方的家里或者办公室,那么宁可在屋外溜达,不要过早进门,因为过早的拜访很可能会给对方正常的安排添加麻烦。

在采访的开始要对对方的接受采访表示感谢,这会让对方更容易接受记者。即使在预约采访的电话中,记者已经作过自我介绍,到正式访谈时,记者还是应该就自己的情况再作一次完整的介绍。你应该先告诉对方自己所供职的媒体的名称及自己的姓名,还要就自己的采访意图和大概所需要的时间作一个解释。记者应该随身携带名片,采访之前向对方呈上名片,既是一种自我介绍,也是一种礼貌。另外,记者也经常会有跟别人交换名片的需要,因此,多带几张备用的名片可以避免很多尴尬。

怎样来称呼被访者也有一定讲究。如果是在办公室之类的正式场合采访,被访者一般也是以职业身份来接受采访,记者应该采用正式称呼,称呼对方的职衔,如"×局长""×总"之类,或者采用"×先生""×小姐"这样的通用称呼。如果是在家庭这样的私人场合,记者的称呼可以稍微亲近些,对于年长者可以称呼"伯伯""阿姨"。不过,正式称呼仍然是比较保守、不会犯错的称呼办法。

几乎没有人会喜欢接受一个对自己一无所知的记者的采访。了解也体现了记者对于被访者的尊重。在正式访谈之前,记者应尽可能搜寻被访者的资料,你对对方知道得越多,你就可能从他那里获得更多。有一些基本资料是记者在访谈前必须知道的,比如对方的姓名及其正确的写法、对方的职业状况、对方职位头衔等。有时候,采访任务突然降临,记者可能来不及作任何准备,那么这时的采访就有赖于记者平时的积累了。但是,如果记者确实不清楚对方的基本资料,那么,将这些有可能会让对方不舒服的问题放到访谈结束之后再核实。如果对方是一个有一定知名度的人物,那么,记者在提问中尽量不要提生平经历、主要成就这样的问题,因为这些一般已经是公开资料,记者的提问只能暴露自己缺少准备。

(二) 值得注意的细节

面对面访谈中的落座方式十分值得记者关注。虽然我们经常使用"面对面"这个词,但在访谈中,这实在不是一种很好的状态。坐在被访者的正对面,会使记者的所有动作被对方一览无余,甚至记者记了什么、没记什么,都会被对方轻易窥见,这将直接影响到现场的互动。比较理想的落座方式是记者和被访者座位呈90度直角,既可以保持良好的交流状态,又可以维护个人空间。如果记者和被访者之间隔着小几坐成一排,这也是个不错的选择。

不要让对方的座位比记者高,那样会造成被访者俯视记者的状况,而这会直接影响到访谈双方的心理,容易使被访者滋生出优越感,将记者视为下属,不利于记者对采访局面的控制。

电视访谈使记者"挑起冲突"成为很吸引人的一种采访方式。在电视上,尖锐的提问能使静态的访谈平添许多情节和曲折,可以增加收视率。但如果是平面媒体的采访,虽然可以追问和质疑,但记者实无必要采用强硬的访谈模式,那样并不能帮助记者获得更多的事实和真相。平视的眼光和平和的态度有助于记者的问题被对方接受。如何既提出尖锐的问题,同时又能保持友善的态度,这是真正值得仔细琢磨的采访技巧。

"此时无声胜有声"。不少记者都发现,访谈现场中,记者运用沉默有时也会收到特殊的采访效果。当被访者作完陈述,如果记者觉得似乎意犹未尽,或者觉得对方的谈话有所保留,记者不要马上接过话头,可以先沉默片刻。有时候,你会惊奇地发现,被访者又开始说话,就他刚才的陈述补充更多的细节和内容。当然,这个沉默的时间不能太长,不能让人产生冷场的感觉。英国学者认为,合理有效的沉默时间为四秒钟,也就是一个人在心里默念"一只羊、两只羊、三只羊、四只羊"所需的时间。[①]

记者在访谈时还要特别注意被访者在谈话中所可能设置的一些"陷阱"。有

---

① 亚当斯,希克斯.新闻采访:第一线采访手边书[M].郭琼俐,曾慧琦,译.上海:上海三联书店,2004:51.

时,被访者为了回避一些敏感的问题,会有意给记者提供一些模糊的信息,记者如果想当然地将对方的模糊信息按照自己的假想来理解,则正好落进对方的圈套。例如,对方说他来这座城市不到十年,记者不可以想当然地将"不到十年"理解成"八九年";又如,对方说他1970年代在某大学读书,记者不要想当然地以为他是某大学毕业的本科生,也许,对方只是在该大学进修了一段时间。如果这些事实对报道比较重要,记者应该通过追问来确认。

记者应该了解自己的报道对被访者所可能造成的影响。有些事有些意见,私人间可以交流和传播,但是,一旦记者将这些内容写进报道,这些事情和意见就脱离具体的情境,具有了相应的公共影响。这种影响可能对被访者和相关人产生巨大的伤害,记者应该对此有所评估。例如,记者去采访一个企业老总,聊天之际,老总可能会开玩笑地提及自己的某一项产品是垃圾。如果将这句话做进报道里,那将对该产品的市场产生不可挽回的影响。

如果被访者以私人的聊天式的语气谈出一些事情和意见,记者应该慎重抉择是否将这些事情和意见报道出来。例如,记者去采访一个老太太谈他儿子的故事,老太太也许说着说着,就会对儿子的朋友做一番评点,甚至指名道姓说某个人是个骗子。这并非记者采访的主题,被访者可能也并不准备对某个人进行公开的抱怨和指责。这个时候的记者可以对被访者进行确认,问她是否同意将这些内容写进报道中。

被访者的表达往往是立足于一个具体的语境,记者对被访者的引述不应该违背特定语境中被访者真实的语意。例如,有记者采访某企业的公关人员,了解该公司的工人疾病情况,该公关人员为了解释工人的生病并非公司工作所致,而是招进来的工人身体素质本身差,遂称:"招进来1000人,500人身体本来都有病。"这显然并非精确的统计数据,而只是概约化的表述。作为应该有丰富媒体接触经验的企业公关人员的表达,记者直接引用这句话虽然不会有法律上的纠纷,但是,并不严谨。记者调查采访的目的在于寻找事实、寻找真相。记者其实可以请求对方提供更为精确的证明材料。如果,对方拒绝提供更有说服力的材料,记者也可以明示对方将引用这句话,以给对方一个斟酌的机会。

准确报道是记者的优良品质。断章取义的报道不仅会给被访者带来伤害,也会为记者的职业生涯带来许多负面影响。许多被访者选择媒体选择记者接受采访,关键看对方是否能够作出精确的报道,而非其他。反过来,记者也应该努力维护自己的声誉。

第六章 观察

记者采访其实就是一个收集新闻素材的过程。除了访谈外,观察也是常用的采访手段,其对于报道的重要性丝毫不亚于访谈。如果从所获材料的可靠程度来说,观察甚至高于访谈,因为观察所获材料属于第一手材料,而访谈所获材料属于第二手材料,甚至有可能是第三、第四手材料。凡是有经验的记者都对采访中的第一手材料极为重视,因而十分注重运用观察这种"用眼睛采访"的方式。我国著名记者范长江曾经说:"报道的时候,别人提供的材料要尽量少用,只能占三分之一,其余三分之二应该是记者自己的积累和观察。"[1]这也正是从材料的可靠性角度而言。

细致、认真的观察可以发现很多问题,也可以回答很多疑问。日常的观察多是无意而为,当你有意识地调动注意力来观察一些事物时,即使是在每日寻常的场景中,也可能发现一些"新鲜"的耐人寻味的信息。《纽约客》专栏作者凯瑟琳·博曾说:"我所做的,不仅仅是听他们讲的故事,我还观察他们过日子的方式。我要发现的真相,其实就存在于他们的言行之间:存在于他们的所说和他们生活方式之间,存在于两者的辩证关系之中。"[2]亲身观察可以帮助记者真正理解访谈所获得的信息,也可以在观察的细节中,赋予人物和事件以实在感,而不是扁平的叙事。

一、细节的力量

对于社会公众来说,记者的作用是中介。公众看不见的事物,记者代他们去看;公众听不到的声音,记者代他们去听;公众想问而无法问的问题,记者代他们去问。新闻报道是记者就所听、所看、所问的情况向社会公众所作的汇报。为了让受众对所报道事物有准确、清晰的认识,记者在报道中要尽量减少个人因素的影响,尽量不用描述个人感受性的语汇,而代之以比较客观的描述;不要笼统地讲述某个事情,而是要提供丰富的细节,为受众创造身临其境的体验。

---

[1] 张晨,卢冰.新闻采访艺术[M].福州:福建人民出版社,2001:83.
[2] 凯瑟琳·博.巨好玩的难度新闻[M]//马克·克雷默,温迪·考尔.哈佛非虚构写作课:怎样讲好一个故事.王宇光,等,译.北京:中国文史出版社,2015:23.

一位曾获普利策奖的美国警事记者布坎南说:"一名记者需要的就是细节、细节和细节。"她本人的报道即以注意细节而闻名。[①]

细节让新闻表达更准确。生活中的我们比较习惯用个人的感受来代替对事物本身的描述。但是,这种感受通常是因人而异的。新闻的细节要能给受众以准确的认知。

比如,我们会很自然地对别人介绍:"今天这里的天气十分寒冷。"但是"寒冷"是一个相当不确定的词,它只是表示说话的人觉得冷,换一个人在同样的天气里,也许只是觉得很凉爽而已。所以,像"寒冷"这样的形容词并不能准确地揭示气温的状况。为了消除这种不确定性,记者的报道尽量不用这些带有很强主观色彩的形容词、副词,而倾向于使用受众在认知上更为一致的数量词和名词。比如,表达天气状况,相较于"寒冷"这种笼统的表述,记者的表述更可能是:"天气预报说今天气温在3摄氏度—5摄氏度,晴朗的天空挂着几丝白云,很多人觉得寒冷。"温度这个细节限定了人们对于寒冷的解释范围。

细节让新闻表达更清晰。新闻的细节也不同于为了让文章变得生动的细部修饰。新闻的细节总是有清晰的表达意图,为一定的报道对象和主题而服务,不是为细节而细节,为虚饰而细节。

一般写作时,我们会努力寻找优美的词语来让文章变得生动。比如,写医院的护士,我们会说:"她们戴着洁白的口罩。"看起来,"洁白"使文章生动了。但是,如果这样的表述用在新闻报道中,人们很自然的一个问题就是:洁白的口罩能说明什么呢?除非护士们的口罩一般不是白颜色。即使这是真的,新闻也只会说他们戴着"白口罩",而不是"洁白的口罩"。如果是在"非典"疫情的时候,记者要写口罩,更大的可能是写人们戴着"七层的纱布口罩",因为科学研究认为,只有七层及以上的纱布口罩才能够有效阻断"非典"病毒的传播。

细节体现真实的力量。没有什么比细节更具有让人信服的力量了。人们可能会怀疑记者的判断、记者的概括,但是当记者能够呈现事实的细节时,人们没有理由不相信这些细节,以及根据这些细节而形成的概括。

比如,记者去报道一场球赛,失败一方的球迷很伤心。如果记者只是泛泛地说"伤心""悲痛欲绝"之类的话,可能只会被受众看作是平常的修饰,不会形成深刻的印象。如果记者说,当他深夜11点走出酒店时,还看见一个女球迷手里拿着球星的大海报在哭泣,球迷的伤心就被生动地摆在受众的面前,让人很难忽略它,很难不为之动容。同样地,如果记者说一个人很"激动",仅仅有"激动不已"这个形容词是不够,记者至少要采访到一个有关"激动"的细节来,才能表明"激动"并非虚言,

---

[①] 吉布斯,瓦霍沃.新闻采写教程:如何挖掘完整的故事[M].姚清江,刘肇熙,译.北京:新华出版社,2004: 230.

比如说"激动得一夜没有睡着觉",等等。

2019年5月江苏盐城东台市人民医院发生血透患者感染丙肝事故,《中国新闻周刊》记者深入调查的结论是:事故发生的重要原因在于,医保覆盖血透治疗后,血透患者爆发性增长,而基层医院人员配备与管理水平却远远跟不上。记者除了用宏观统计数据说明这个问题,也用医院和患者的微观细节来呈现。如:"以李强的治疗费用为例,每次透析400元,报销80%,抗血凝、防贫血(促红素和左卡尼汀)的三支药物自费,为150元,那么单次透析只需支付230元。"①这句话里包含了患者具体的治疗项目、用药情况和费用信息,这些事实和细节具有极高专业性,方便读者核实其准确性,提高了报道的可信度,也给了读者关于患者治疗费用的直观感受。

细节带来现场感。通过对现场细节的展示,记者让受众对其所报道的事物产生深刻的印象,并且让受众真正有身临其境的感觉。

图片之所以会对受众形成比较大的冲击力,原因在于人们从图片中可以读出丰富的细节。文字报道也要有细节的展示,才能让受众如睹其事,如闻其声。

《南方周末》记者李海鹏非常擅于通过细节来展现事实发展,他曾说:"好的记者会采用场景与画面组合的结构来描写事件,用较小的篇幅叙述发生了什么,用较大的篇幅叙述它是怎么发生的。"②记者有出色的观察能力,就会有丰富的细节来展现事件的现场和演化的过程,使文字报道不仅能抽象概括出事件过程和特征,也能像图片影像一样,能帮助人们比较直观地了解事件是怎样的,人们是怎样互动交往的,在怎样的环境中互动,在这些场景和互动中感受到推动事件发展的力量。

对于细节的追求将新闻与很多其他形式的写作区分开来。小说之类的叙事作品注重描写,但比较强调修辞和文采;散文的笔触也很细腻,但更多是从个人感受的层面落笔。新闻可以描写,但要不事修饰的白描,新闻笔触的细腻则来自对细节的捕捉。没有细节的支撑,新闻是很难写得生动和有说服力的。例如,对于一个受伤的人的描写,一般作品也许只要用上"一路鲜血淋漓"这样的语汇,就显得很生动。但是,美国有名的刑侦记者会这样来写:

"布朗被数次射中后,摇摇晃晃地走出了公寓,经过两个房子后到了维吉尼亚街上的'路站'便利店。在他经过的人行道上,可以清楚地看到41个五分镍币大小

---

① 李明子.基层血透的困境与突围[J].中国新闻周刊,2019(902).可见于微信公众号"中国新闻周刊"(微信号:chinanewsweekly),2019.6.5.https://mp.weixin.qq.com/s/1tQGGntiG4cUS2dhjxvwBg
② 李海鹏.我写作是为了光阴流逝使我心安[M]//邓科.南方周末·后台(第一辑).广州:南方日报出版社,2006:178.

的血迹。"①

这"41个五分镍币大小的血迹"不是坐在书桌前凭空想象出来的,是记者在案件现场一个一个数过来,并且真的用硬币比量过而得到。

一个优秀的记者总是善于通过观察和收集细节来讲述他们的故事,细节使他们的报道显示出独特的风格,也让被报道事物的特性得到鲜明的体现。

有些富有表现力的细节来自记者深入的访谈,但更多时候,记者要有良好的观察能力,才能发现和捕捉那些有特色、有表现力的细节。观察也不仅是用眼睛看,记者为了搞清事物的样貌,可能要调动各种感官的力量,比如,用耳朵去听,用鼻子去嗅,用手去摸,甚至还要用嘴巴去尝一尝。也可能需要借助一些工具来测量,如用仪器来测量封闭空间里的甲醛浓度,用脚步去测量距离长度等。

下面几段文字描写的是《中国青年报》记者第一次登门拜访一对父母的情况。22岁的儿子因遭遇车祸而不幸离世,他们无偿捐献了儿子的遗体,却无力承受封闭的熟人社会里质疑的目光。记者几经辗转获得了这对父母的同意而前往采访。记者在现场观察记录了男女主人的穿着外貌表情,屋子里的家具陈设、空间面积,也有记者触觉和嗅觉的感知,再现了一个普通家庭的日常状况。

父亲张天锐今年49岁,穿着一件深蓝色的旧背心,又黑又瘦,满脸胡渣,总是皱着眉,额头上的皱纹就像是用刀刻上去的。当我主动向他伸出手时,感觉像握着一块粗糙的石头。母亲胡久红48岁,是个矮小的女人。当她撩起裤腿时,我看到她的右腿只有左腿一半粗细,小儿麻痹症影响了她的一生。她走起路来很慢,一脚高一脚低。

在一间门市房前,张天锐拉起卷帘门,神情木然地说:"这就是我们的家,所有的家当。"

事实上,这是一个30多平方米的铺面,屋子被一个小木柜象征性地隔成两半。外面半间几乎被几十桶脏乎乎的煤气罐塞满了,仅仅留出一条通道。屋里到处都是煤气味。

里面10平方米左右的半间屋才是这个家庭真正生活的地方。张天锐坐在一张可以半躺着的竹椅上,胡久红拉过砖头大小的木凳坐下来;我是客人,被让到仅剩的一张靠背椅上。②

---

① 卡罗尔·里奇.新闻写作与报道训练教程[M].钟新主,译.北京:中国人民大学出版社,2004:87.
② 赵涵漠.生命的礼物[M]//杜涌涛,徐百柯.永不抵达的列车.北京:中央编译出版社,2012:163.

二、观察现场

1. 采访到现场

应该说,发达的现代科技为今日记者的采访创造了很多有利的条件。电话和网络沟通使记者轻易可以和远方的人取得联系。对于盛大的比赛和演出,如果记者没有机会亲临现场,坐在自家的客厅里看电视现场转播,也可以写出像模像样的现场目击记。但是,这些高效的技术只是为记者提供了获取资讯的更为快捷的手段,它们不可能取代记者亲临现场的意义。

20世纪50年代,声名显赫的美国将军麦克阿瑟从朝鲜战场回国,并回家乡探望。当地举行了游行欢迎仪式。美国的一位教授曾经利用这个机会做过一个很有名的试验。他将学生分成两组,一组学生到大街上观察,发现街道很冷清;一组学生在教室看电视实况转播,认为欢迎气氛十分热烈。造成这种差别的原因在于,待在教室的学生所看到的场景是经过他人筛选和剪辑过后的图像,尽管是实况转播,它离真实的场景已经有距离了。所以,很多时候,高科技的手段很难代替记者自己的眼睛,在有条件有可能的情况下,记者应该尽量亲赴现场,才能获取更为准确、更为可靠的新闻素材。

20世纪90年代我国新闻业务改革曾经提倡过"现场短新闻""视觉新闻"的概念,都是强调记者要深入到新闻事件的现场,因为只有到现场,记者才能获得丰富的细节,才能将报道写得生动。比如轰动世界的"9·11"事件,仅仅说这是个灾难或者这是恐怖事件,无法让人对事件形成真正的、具体的体悟。只有到现场,看见那些四散逃离的人们,看见高楼上不顾一切纵身跳下的人们,看见庞然大物的高楼轰然倒地的情景,只有在这些惊心动魄的细节中,人们才能真正感受这一突发事件的悲惨与恐怖。同样,优秀的新闻报道也应该尽力为受众还原这些细节。

到现场,目睹现场的真实的境况,也有助于深化记者对事件的认知,有助于记者辨识真正有价值的材料和报道主题。2004年上海《东方早报》记者董小恒关于阜阳毒奶粉事件的报道就是一个例子。[1]

根据董小恒事后所写的采访体会,他是在听广播时偶然发现这一线索的。由于对国内乳品行业所谓的内幕有一些了解,这个简短的关于劣质奶粉的广播新闻引起了记者的注意。记者获得线索后,在上海曾根据朋友提供的电话采访了一个受害婴儿的家长,了解了事件的基本情况。但是,正如记者所说,"因为对婴幼儿生

---

[1] 毒奶粉是指那些营养成分严重不足的伪劣奶粉,这些奶粉曾经一度泛滥于安徽阜阳农村市场,导致众多婴儿营养不良,甚至受害死亡。《东方早报》在2004年4月16日对这一情况进行了深入报道,并引起全国性关注。

长情况基本没什么概念,对于空壳奶粉的危害也只是一些数字的感觉,没有一个理性认识",飞到安徽后,在太和县中医院见到婴儿时,"才真正理解了数字背后的罪恶"。是这样的一些具体的情景深深触动了记者:一个5个月大的婴儿长着一个圆润红通的胖脸,可是一双小手却只有我中指的两节指头那么大,体重也只有8斤。记者在采访札记中写道:"这就像5个月的脑袋配上了一双新生儿的手","我立时被震慑了,一个字眼迅速从脑海中蹦了出来——恐怖!这种违背自然规律的不对称性,使我深刻感受了这个词语的含义,也真正理解了空壳奶粉的危害。从这时起,刚刚接触事件的一种因兴奋而产生的原动力消退了,而转换成了一种更为持久、更为深沉的愤怒和理性思考。"①

2. 观察场景

俗话说:亲眼所见,亲耳所闻。记者是代替受众到现场去看的那个人,因此,捕捉现场信息,交待现场环境和气氛是很多题材的新闻报道不可缺少的一个环节。现场的环境和气氛是新闻事件所依存的情境,是被报道人物所活动的环境。环境本身就可以透露出许多关于事件和人物的信息。例如,记者去别人家里采访,应该观察一下室内的布置和格局,这些往往透露出主人的情趣爱好和生活习惯。去一个企业采访,记者应该注意观察企业所在的位置、内部环境、工作人员的工作状态等情况,这些都可以给记者有益的提示。

对于那些有确切发生地点的事件、活动,特别是突发事件来说,事件和活动的现场状况本身就具有相当突出的新闻价值。基于现场观察的细节描写对于受众把握现场极为重要。现在,大多数突发事件都能寻找到目击者拍摄的现场视频,或者可以调阅现场监控画面。但是,这些仍然不能替代记者的现场走访和观察。一是现场视频记录瞬间,但不能自动叙述事实经过,二是记者现场观察的专业性和描述性有独立的价值。

2019年6月5日晚上7:50左右,黄浦江上的一艘大船撞上徐汇滨江岸堤,当晚10:25,《新民晚报》微信公众号推送报道《惊险!今晚一艘大船撞上徐汇滨江岸堤》,获得6.5万阅读量。② 这条报道包含一条43秒的视频和简短的文字报道,皆简短描述了目击者视频所记录的大船撞岸堤的瞬间场景。但是这个瞬间并不能自动提供关于事件前因后果的信息。记者在事发后立刻赶往现场,亲眼见到事发现场的场景,并通过目击者还原了事发情况,才建立了关于事件过程的完整叙述。该

---

① 董小恒.在阜阳,感受震撼和责任[J].新闻记者,2004(5):41—43.
② 周慧婕,萧君玮.惊险!今晚一艘大船撞上徐汇滨江岸堤.刊于微信公众号"新民晚报"(微信号:xmwb1929),2019.6.5. https://mp.weixin.qq.com/s/WTB1FqzxVwC3v8nsHN09dw,阅读数据截止2019.6.8.

报道全文如下：

今晚7点50分左右,一艘大船撞上徐汇滨江岸堤。

现场视频画面显示,江堤上往来纳凉、锻炼的市民很多。在一阵惊呼声中,船只撞岸,发出巨响。目前,暂无人员受伤的情况。

记者晚上9时许赶到瑞宁路的徐汇滨江,事发现场已被封锁。现场目击者向记者表示,晚上7时50分左右,江面上有两艘货船有相撞的迹象,其中一艘为避让另一艘货船,往岸边靠的时候,将岸边的防护栏撞掉了约20米。

此前5月25日下午,也有货轮在黄浦江杨思河口水域失控,有撞向徐汇滨江的危险,当时海事部门派出海巡艇及时处置,转危为安。

对于许多现象报道来说,记者对某个具体时间、具体地点的现场的观察也是十分必要的。因为,只有通过对这些点上的情况进行清晰准确的描述,受众才有可能真正对现象形成感同身受的认识。

《南方周末》曾报道辽宁2001年在三年大旱之后蝗灾现象,记者写了很多自己走在干旱土地上的场景,这些场景和面上的统计数据一起使读者对辽宁大旱有了深刻感受：

"沿着辽西的小凌河行走,看见的是干涸的河床,河套里癫痫头一样的田地,以及旱死的果树林。"

"和邸支书走在干涸的河里,石头在脚下哗啦哗啦作响,农田里,矮小的玉米苗安静地站在太阳下。"

"邸支书领着记者去田地里看虫子。寂静的田野里,有刺耳的声音。邸支书说,那是蝗虫在磨翅膀。走过田野,土蝗迅速地跳跃着。它们土黄色的身子在草丛中和玉米地里出没。"[1]

一则关于上海新开通的轨道交通线人流拥挤状况的报道,记者在上班早高峰乘坐该线,并记录下一路上交通拥挤的状况。其中一个典型的场景描写如下：

8:06,东靖路站上的四五十名乘客终于等来了缓缓进入站台的列车。透过列车的门窗玻璃,记者看到,车厢内虽然已经没有空座位,但仍显得相当空旷,站着的乘客并不多,每节车厢仅有10人左右。

记者随人流进入车内,原本就不大的车厢顿时"满"了起来。列车随即驶离站台,但2分钟后,让乘客意料不到的事情发生了,列车行驶速度突然大幅减慢,与人

---

[1] 江华.三年大旱之后[M]//谢春雷.揭开真相.杭州:浙江人民出版社,2004:214、215、217.

步行的速度相差无几,直到2—3分钟后,其车速才恢复正常。从东靖路站到巨峰路站,仅仅一站的距离,原本只有3分钟的路程,整整开了近6分钟。

(材料来源:东方早报2008-1-3,作者:尹炜等)

细节是进行现场观察的要领之所在。记者不能笼统地说现场的队伍排得很长很长,而要目测出队伍大致的长度,甚至去估算一下排队的车辆到底有多少。时间和地点都是对观察结果有重要影响的因素,记者必须准确交待。时间通常要精确到分,对应特定的时间和地点,所观察的场景才有确定的价值和意义。

观察不仅仅是用眼睛看,很多时候,记者还要一边看一边在心里计数,甚至要对着手表,对现场进行计时。一节仅坐着一两个人的车厢固然是空旷,一节坐着10个人的车厢也是空旷。所以,记者的观察不能仅仅满足于获得一个"空旷"的印象,而要能告诉受众到底有多少人。在场景观察时,计数和计时有时是一道用的,比如,精确地描述一个交通路口的繁忙状况,记者可能要测量出在一定的时间范围里,通过路口的行人和车辆的数量。

3. 观察人物活动

人物活动也是现场观察的一个重要部分。如果记者能够有意识地对一些有特色的人物进行连续的观察,记录他们的表情、言语、活动,往往能够获得许多胜过访谈的细节。西方学者说新闻报道应该显示,不要告诉。[①] 比如,如果你要写一个尖叫的老太太,你不要说老太太尖叫了,要让老太太自己尖叫起来。这就是观察给新闻报道所带来的特殊魅力。

《南方周末》记者李海鹏曾经写过致富后回乡为村民盖新房的山东富豪梁希森的故事。梁幼年艰辛,致富后仍然生活简朴。文章用了一个自然段的生活细节来写他的日常生活情况,完全由细节构成,仅抽烟一项,就有抽烟的数量,香烟的牌子、产地、价格,还有一日三餐的具体内容,饮食的喜好。信息丰富却很连贯,富豪的生活状况跃然纸上。

"鲁西牛业公司的一头牛每天的'伙食费'是10元钱,这倒比梁希森的日常消费额还多。他每天要吸一包半的山东产的'将军牌'香烟,花6块钱。早上吃碗面条就行;中午吃两个糖饺子,喝一碗粥;他爱吃甜的,晚上就再来一碗糖饺子。当然,请客花几千块钱也是经常的事,但是'那不是为我自己花的'。"[②]

[①] 吉布斯,瓦霍沃.新闻采写教程:如何挖掘完整的故事[M].姚清江,刘肇熙,译.北京:新华出版社,2004:225.
[②] 李海鹏.农民富豪的乌托邦[M]//李海鹏.大地孤独闪光.广州:南方日报出版社,2011:96.

观察人物活动也可以帮助记者更深入地了解人物,并进而完成报道。《南方人物周刊》记者徐琳玲2006年采访时任湖南广电局局长魏文彬非常不顺利,魏也没有给记者完整采访的机会。记者对访谈对象的观察和判断,在极大程度上弥补了访谈不顺所带来的不足。徐琳玲曾将这次访谈描述为"职业生涯中最艰难的40分钟",在这40分钟里,记者不断地被采访对象质疑,"无论抛出什么话题,他都以一种缓慢低沉的调子、柔和的湖南口音给予否定,并不断地纠正我的问题。这比咄咄逼人、口气强硬,更能敲打提问者的职业自信。"①但是,面对这一场艰难的谈话,记者同时也在观察和判断访谈对象,"我盯着他嘴中吐出的烟圈,琢磨着他说的每句话,观察着他的表情。"而这些观察和好奇最后凝结成一个核心问题:这样一个性格直率的人怎么在官场生存下来,他凭什么推动改革。访谈虽被中断,但记者通过观察已经对魏有很明确的判断:这是个有真性情的人,有点清高和傲气,但绝不同于常人印象中八面玲珑的政府官员。②后来,记者通过外围采访和资料研究,对魏文彬和湖南广电十年改革历程形成较为系统的认识,并完成了一篇优秀的人物报道。

人物活动总是和其所处的环境情况息息相关,甚至人物所处的环境状况很大程度上反映了人物本身性格特点和所思所虑。因此,观察人物不光是观察其言语行为表情,也要仔细观察其所处的环境状况。

2009年,我国南方很多工厂受金融危机影响而倒闭,数千万农民工失去工作而被迫大规模返乡。经济萧条给农民工群体和全社会带来怎样的影响?《南方人物周刊》策划报道深入调查留在城市和返乡农民工的生存状况。在记者的采访提纲中,除了对农民工的工作情况、打工历史和感受、经济、生活习惯、社会交往和价值观等提出访谈问题外,还包括了一组观察的问题。这组问题就是意图通过农民工的居住环境、值钱的家具电器情况,以及农民工的自身穿着用品来了解他们实际的经济状况和对未来的预期情况。这组问题不妨罗列如下:

(1)你家房子盖了几年了?分别住哪个房间?还有其他住房吗?
(2)电视机是什么牌子的?什么时候买的?多少钱?这是家里最贵的电器吗?
(3)这些年买的最大的家电或家具是什么?有无改善家里居住条件的打算?
(4)购买家电国家补贴,近期会买吗?
(5)鞋子、衣服,什么时候买的?值多少钱?手机什么牌子型号?值多少钱?

---

① 徐琳玲,魏文彬.打造电视娱乐帝国[M]//徐列.重新打量每个生命——《南方人物周刊》任务报道手册.广州:南方日报出版社,2009:75—76.
② 徐琳玲.敲开心门,就是一段真实丰富的人生[M]//徐列.重新打量每个生命——《南方人物周刊》任务报道手册.广州:南方日报出版社,2009:85.

(6) 观察其他家中物品、床,等等。①

4. 转换场景

一个事件或活动往往有不止一个现场,而且随着时间的推移,现场的景况也会发生变化。记者应该在现场"活动"起来,边走边看,才能较为完整地还原现场的状况。

例如,一篇关于上海嘉年华开园的动态报道,主要报道记者在现场的所见所闻。② 记者描写的场景并非一处,而是有四五处之多。一是开园之前,在嘉年华的入口,记者发现"在此等候的游客不到百人"。二是开园之后记者在园内之所见,分成三小块:18个座位只有5个人的游艺机、吸引较多目光的惊险刺激项目和正在安装调试的项目。此外,记者还描写了现场的医疗中心的场景。

活动现场也有台前和幕后之分。一般的活动参与者只会关注台前,记者还应当关注幕后。像嘉年华报道中所描述的医疗中心现场即属于幕后。幕后虽然不像前台的活动那样夺人眼目,但却与前台表现存在千丝万缕的关系。有时候,幕后的状况会直接影响到前台表演的成败。对于幕后的报道让受众可以更好地了解前台。

值得一提的是,对于像开园、招聘会、咨询会这样有明确开始时间的活动的采访,记者应该提前半个小时到现场。这样可以帮助记者捕捉许多活动正式后很难捕捉到的信息。例如,嘉年华报道中,记者发现现场等候的游客不到百人,开园后就很难做这样的估算。

2005年《南方周末》曾刊发深度报道《380公里,一块煤的利益之旅》,试图"从北京循着一块燃烧中的煤出发,回溯它从挖出、运输到燃烧的辗转路线,试图在这条复杂的链条中,提供一个与煤有关的社会图景的缩影"。其时,中国矿难高发,安全生产问题成为全国两会关注的焦点话题。一吨煤在产地山西大同矿上的价格为130元,经过380公里的短途运输到达北京市场,价格就上升为295元。从生产到消费,每个环节都有不少宏观统计数据可以支撑起描述,但是记者在追踪之旅中,采矿、运输、交通检查和罚款、北京煤市场交易,每个重要的环节都有具体的场景描写。也正是在这些场景描写中,报道生动地展示了中国煤矿生产和消费现状的多元驱动力。

例如下面几段文字描写了大同的国有大矿四台矿的生产场景,恶劣的生产环

---

① 谭翊飞.小人物,大命运——普通人物的调查报道[M]//徐列.重新打量每个生命——《南方人物周刊》任务报道手册.广州:南方日报出版社,2009:71—72.
② 徐运.激情嘉年华昨晚悄然开园　部分设备仍在安检未开放[N].新闻晨报,2005-10-1.可见:http://sh.news.sina.com.cn/20051001/095456064.shtml,回溯日期2019.6.11.

境为安全事故埋下了巨大隐患,但这却不是一个资本剥夺和伤害工人的简单故事,事实上,迫于生活的压力,工人也和其他利益链条的参与者一样卷入这样一场不计后果的逐利行动中:

"3月2日下午,在四台矿地下140米深的巷道里,综采四队的工人们蹚过地下水造成的30厘米深的黑色溪流,穿过仅容一人通过的狭窄通道,到达了采煤工作面。综合采煤系统正在吼叫着。"

"下午,综合采煤系统的直径1.8米的金属切割轮迅速地陷到煤层和矸石之中,发出巨大的噪音。仅仅一分钟之后,我们就置身一个完全由黑色粉末充斥的空间之中,到处都是密集、剧烈翻滚的煤尘。一些体积较大的煤块被切割轮高高抛起,更多的煤碎成了小块,落进传送带,开始向井口的方向流淌。空气很热,每个人都大汗淋漓。矿工们更多的是把呼吸器挂在脖子上,而不是罩在鼻子上。"

"支架工刘旺站在操作台旁边,随时准备挪动液压支架。他每个月可以赚将近3000元,因此虽然每天上班10小时,经常置身漫天煤粉之中,而且充满各种危险,这在矿上仍然是令人嫉妒的好工作。"①

三、观察人物

记者和采访对象接触,通常关注的焦点在于如何访谈、如何获取所需的回答。实际上,观察的地位也是十分重要。俗话说,人如其面。观察是记者对人物形成认知和判断的第一个环节。在访谈过程中,观察也可以帮助记者更好地分析人物心理和回答状况,从而更有效地完成访谈任务。

"我们用声音说话,但是沟通却用到肢体全身。"从心理分析的角度,英国学者亚当斯和希克斯曾经比较详细地罗列了访谈过程中,记者应该观察的六大类项,包括:外观、眼神、表情、手势、头部、仪态。② 他们甚至还精细地列举了不同动作表情在访谈过程中所对应的心理含义。

这些心理涵义的解析并不总是可靠,但是在访谈中对被访者外表和肢体语言的观察确实常能给记者带来有趣、有益的发现和判断。例如,从外表上,一身名牌的人比较时尚,也可能比较奢华和高调。但是,如果一个人一身名牌服装,但却只用了普通的配件,如手表、拎包等,这就是一组矛盾的现象了,其中详情很值得记者去深挖。又如,受访者的安静的双脚开始抽动或叩击地面,这表明受访者觉得不自

---

① 李海鹏,徐彬.380公里,一块煤的利益之旅[M]//李海鹏.大地孤独闪光.广州:南方日报出版社,2011:149—150.
② 亚当斯,希克斯.新闻采访:第一线采访手边书[M].郭琼俐,曾慧琦,译.上海:上海三联书店,2004:89—90.

在；如果受访者把脚尖移向房间门口或出口的方向,那表明受访者潜意识想离开现场。心理学家认为,人的身体部位中,脚是较难受控制的部分。①

从准确、客观地进行新闻报道的角度来说,对人物的观察通常要涉及人物的外貌表情和语言动作这两个环节。

1. 外貌表情

外貌包括人物的服饰打扮和神情态度。外貌既是我们了解对方的第一步,也是记者用客观化的方式来展现对方某些方面特征的比较有效的手段。

例如,前文所述"东台血透事故"报道,《中国新闻周刊》的调查报道在开头部分首先描写了一个感染丙肝的血透患者的形象。这段不长的文字没有渲染,没有使用哪怕是很简单的比喻之类的修辞手法,主要由数量词和名词构成,包含了患者身高体重、外形、衣着习惯三个方面的细节。这些非常具体的事实性细节主要来自记者观察,以及基于观察基础上的补充性提问,如患者的体重信息、长袖长裤着装习惯的原因等。虽然没有情感性的修辞和描写,这些"硬邦邦"的事实仍然具有极强的阅读冲击力,使读者对抽象的疾病感染有了直观感受。

> 今年35岁的李强看上去要比实际年龄老一些。将近一米八的个子,体重只有130斤左右,并发症导致的胸椎与大腿骨变形,让他看上去略显佝偻。因为怕冷、怕感冒,他常年穿着长袖长裤,在炎炎夏日也是如此,同时这也是为了遮掩手臂上因常年打针留下的针眼和鼓包。李强开玩笑地说,有一次去澡堂,他还被误以为是吸毒人士。②

在一般文学作品中,作者为了刻画人物形象,可以调动很多文学手段来描写人物,也可以直接进行心理刻画。新闻报道受制于客观性原则,很少直接描写人物的性格,但通过外貌描写,还是能够对受众形成暗示,从一定程度上展示人物的性格和心理特点。

《南方周末》记者李海鹏在其名作《举重冠军之死》中,致力于还原主人公才力在猝死之前的生活境况,特别是之前一天的经历。他想办法进到才力的房子,在这个房子里,他可以直观地感受才力的经济状况,他还拜访了才力父母所租住的房子,从而也可以感受到才力所处的人际环境背景。这些都被写进报道中,很有感染力。不过,在这些走访中,记者也形成对才力性格的判断:"才力是个忍让而含糊的

---

① 亚当斯,希克斯.新闻采访:第一线采访手边书[M].郭琼俐,曾慧琦,译.上海:上海三联书店,2004:95.
② 李明子.基层血透的困境与突围[J].中国新闻周刊.2019(902).可见于微信公众号"中国新闻周刊"(微信号:chinanewsweekly),2019.6.5.https://mp.weixin.qq.com/s/1tQGGntiG4cUS2dhjxvwBg

人,他的性格决定了他的个人命运完全听凭外部世界的安排。"在才力最后一天来到父母家时,才力已经有身体不适,感到头疼,和妻子有点儿口角,记者描写了他的外貌打扮:"才力到达是在差 5 分钟 9 点。他穿着蓝色无袖 T 恤,白色棉短裤,趿拉着一双 37 码的廉价白胶鞋,有点儿轻咳,但看上去精神不错,像往常一样非常乐观。"①这几句外貌描写虽然朴素,却非常契合才力的性格特征。

对受访者和新闻人物的观察并不需要从头到脚、巨细毕备。通常来说,记者应该重点观察对方有特色的一些外表特征,这些细节可以很简洁地展示人物的个性和特点。它可能是服饰,也可能是眼神、表情,或者是头发、胡须之类的细节。这些细节要显示出一定的特色来,比如一个大牌明星穿着一身普通的 T 恤和牛仔裤,或者人物有特殊的表情习惯之类。

2007 年 12 月底,《中国新闻周刊》曾经刊发报道,访谈几位厦门市民,讲述他们是年五六月间反对在厦门建设 PX(一种化工产品)项目活动中的经历。对于三位访谈对象,报道中只提到一个人的外貌:"李义强不时抚摸胸前标志性的大胡子。""大胡子"不仅非常有特色,还牵扯进人物一段非常特殊的经历里:在当年 6 月,被访者一度被关进看守所,进去的犯罪嫌疑人都必须剃头刮须,被访者因为提出抗议,才得以将这一尺多长的胡子保留下来。

观察要细致。如果觉得对方的服装有特色,要记住这衣服的颜色、风格、款式细节,有可能的话,还应该辨识其品牌、质地。因为报道是靠细节来体现的,记者不能在报道中泛泛地说"衣服有特色",对于没有见过该人物的受众,这样泛泛的说法等于什么也没说。

2. 语言和动作

一个人有一个人的表达习惯,对一个人语言特征的观察往往也能有一些有趣的发现。比如,有记者去采访一个曾经留学海外的科技专家,双方初见面握手寒暄时,对方说了一句:"很高兴见到你。"从访谈的角度,这句话并不包含什么有价值的信息。但是,它却让记者在心里咯噔了一下,这并不是一般中国人见面表达的习惯,倒更像欧美人见面的招呼语。后来在访谈中,记者果然了解到,这位专家从欧洲回来才一个礼拜,所以,中文表达里还夹杂着许多欧式的语言习惯。

即使是说同样的话,有的人语速很快,甚至会"吃字",有的人语速缓慢,字斟句酌;有的人说话直截了当,有的人则语气婉转。还有些人可能还会有些口头禅式的表达。这些都从某个侧面体现了一个人的个性特点。

仔细观察和分析,许多人的表达里都会渗透着个人经历的背景性因素。分析

---

① 李海鹏.举重冠军之死[M]//李海鹏.大地孤独闪光.广州:南方日报出版社,2011:21、8.

语言的细节,也是一个相当有趣的发现过程。例如,有记者去采访一个在上海工作的老外,对方说着一口流利的普通话,在大陆待了很多年,对大陆文化风俗都很熟悉。但是,记者注意到一个小小的细节,对方每次表达类似"上学""学习""读书"这样的概念时,都是用一个词"念书",这不太不符合当时上海办公室的一般表达习惯。记者有些好奇,于是询问,原来这个老外之前在台湾工作,他的普通话主要是在台湾学的,而台湾人比较习惯于说"念书"。

在跟被访者接触时,许多人将注意力集中在对方所说的话上,而往往忽略了对方是怎么说这些话的;特别关注对方所说的"有用的"话,而忽略那些随意的、似乎也不具有多少信息价值的话。其实,一个人的语言习惯和性格特征往往就体现在这些看起来无用的、随意的表达中。优秀的记者会努力去把握对方的这些语言特征,并因此而加深对对方的了解和理解。

动作差不多是最能体现人物个性和特征的环节。莽撞的人、谨小慎微的人、热情的人、冷漠的人,往往都能在他们的动作里发现端倪。而那些不太被人注意的细微动作,则常常能有力地折射人物的真实状态和心理情感。例如前文所述的《南方周末》报道《380公里,一块煤的利益之旅》中,写到大型运煤车司机的疲劳驾驶现象,记者跟随采访的一辆运煤车"由连续两天没吃没睡的任江驾驶"。记者在写这位司机时用到一个典型动作:"任江不时使劲地揉着通红的眼睛,但是还撑得住",并且用这个典型动作过渡到司机疲劳驾驶的收入状况,"这也正是老板愿意付给他每月2 800元薪水的原因。他的搭档张艳是老板的亲戚,负责一路上的现金收支,每月只能赚到700元"。① 一个典型动作将司机的疲劳驾驶状态和他为了收入而心甘情愿都交代得十分到位。

四、培养观察的习惯

1. 要有好奇心

观察并无特别的技巧,人人皆会观察。对于那些让人感兴趣、跟个人有紧密联系的事物,人们自然会投入高度的关注,力图把握其中的每一个细节。而对那些不感兴趣的事物,人们则会视而不见。成人司空见惯的草地,儿童可能会兴致勃勃地观察上半天。引导我们认真观察的是我们的好奇心。好奇心是记者十分可贵的品质。它引导我们关注那些有趣的事物,也引导我们在寻常的事物里发现其不寻常之处,引导我们探根究源。

2006年春节后不久,网络上曾经有一个帖子吸引几十万网民的关注,也吸引了

---

① 李海鹏,徐彬.380公里,一块煤的利益之旅[M]//李海鹏.大地孤独闪光.广州:南方日报出版社,2011:144.

众多媒体的转载和报道。帖子的内容并不是什么新闻事件,而仅仅是网友从新闻图片中辨认出的一点细节:时任国务院总理温家宝仍穿着10年前的羽绒服。这个帖子的题目叫《温总理相隔10年后来山东农村,还穿着那件冬装!》。

这是好奇心和寻根究底精神的产物。

2006年春节来临之际,温家宝总理到山东农村视察,新华社发布了多张新闻图片。一个细心的网友在看新闻时发现,照片看起来似曾相识。于是,联想起十年前的冬天,自己曾随温家宝前往山东,并在一个蔬菜市场拍下的照片。将两张照片放在一起细细比照,这位网友发现,2006年照片上总理所穿羽绒服竟和10年前所穿羽绒服一模一样。网友将这个发现连同新华社那几张前后时间跨度十年的照片一起发布到网上,使网民信服,并引起网民的热议。

这个帖子的内容具有显而易见的新闻价值,而且也确实引发了传统媒体的跟进报道。好奇心以及由此而来的细心的观察是发现这个新闻的前提。国内有学者认为:"新闻采访中的观察,不单单是一个获取材料的问题。观察,对记者是一种锻炼,能够锤炼出记者识别新闻价值的能力,能够锤炼记者新闻的敏感。从某种意义上说,记者的整个工作就是观察生活、观察事物、反映生活、反映事物。"[1]这个看法十分有道理。

2. 事实与观念

容易做概括和下判断而没有很好的耐心去了解真正的情况如何,这是人之常病。比如,当你说"他很伤心",这就是一个判断;或者说"现场一片混乱",这则是一个概括。这样的判断和概括可能正确,但很难让人信服,因为没有提供相应的事实依据。由于判断和概括的主观性比较强,我们不妨称之为观念性的表述。

新闻应该尽量多地用事实,尽量少地用观念。养成用事实思考的习惯,会促使我们更认真更仔细地观察。比如,当试图用"伤心"来判断某个人时,你不妨先问自己,是哪样一些因素使你形成"伤心"的判断?这样你势必要更加仔细地观察对方,表情?态度?语气?泪痕?你一定能够找到可以支持这项判断的细节性事实。那么,你就可以直接用这个事实来描述对方,报道也会显得更为生动和可信。受众可以通过报道形成自己的判断。

如果记者觉得某个事故现场"可怕极了",不妨留神去观察现场的其他目击者有何反应。他们有的人也许在瑟瑟发抖,有的人在呕吐,有些人彼此交流观感,也有些人会自言自语说出自己的感受。他人的这些反应会比记者的单一的"可怕"的感受要丰富、生动得多。在一起严重的建筑物火灾中,有目击者说:"火像会跳高一

---

[1] 张晨,卢冰.新闻采访艺术[M].福州:福建人民出版社,2001:90.

样,一层一层往上跳。"在一次空难事故中,目击者说:"这个场面让人难以想象。"在另外一次空难现场,有人捂住脸不敢看,说:"晚上回家要做噩梦。"如此鲜活的表达,皆是来自现场的反应。记者所应该做的就是收集这些鲜活的反应,而不是简单地以自己的判断来概括现场。带着这样一个意识去采访,自然就会留神观察现场的一举一动,捕捉到有意义的细节。

3. 用观察发现问题

观察不仅是用眼睛看,也需要动脑子去想。细致的观察可以精细地反映出现场的状况,也可以从现场发现存在的或潜在的问题。《南方周末》记者江华在报道辽宁蝗灾时曾这样概括其新闻观察的技巧:"眼睛看了后还得去思悟,然后尽可能真实地表现出场景。我的观察稿是建立在听和看的基础上的,一定要注意细节,要迅速把控细节,才能通过被观察对象的言行,达到你愿意走的新闻途径。我的把控是通过法布尔、动物大片,将艺术化的东西附加到昆虫身上,把它们当作人来对话。"[1]

《南方周末》记者陈菊红的经验则是,记者观察一定要是态度中立的,不要对事实和现场去定性,不要影响事情的正常进展。一旦记者带着某种立场和成见去观察,就很容易影响到事情发生的状态,一则是观察失当易产生偏见,二则是也很难观察真实的生动的细节。陈菊红说她在做观察的时候,经常跟采访对象说的话是:"你爱干什么就干什么,不要理我!"而她的采访对象也真的很快会忘掉她的存在。陈菊红说她在采访一位上访母亲时主要的采访手段就是观察,她跟随那位母亲三天同吃同住,"睡满是蚊子的招待所,打扮得不像个记者。不多话,但也不目光如炬,让人家不自在。你作为一个记者的形象越明显,对你所要获取的材料就会越不利,被观察者这时可能要想着去隐藏某些细节。"[2]

---

[1] 谢春雷.揭开真相[M].杭州:浙江人民出版社,2004:222.
[2] 同上书,第100页。

第七章 记录

在各类关于新闻人的正史逸话中,往往有一些关于具有超强记忆力的记者的趣事。他们采访时跟寻常聊天没有多大不同,并不做特别的记录,事后则根据心记来回忆采访内容,并写出一篇篇生动的报道。例如,我国近代新闻史上的著名记者邵飘萍,他采访时都是跟别人聊天般的随意,但是却把谈话中所有有用的材料都记进脑子里。回到家中,他则要赶紧把心中记住的东西用纸笔录下来。传说他采访回家后,常跟家人说的一句话就是:"快!拿笔拿纸来,我的肚子快要撑破了!"①但是,有这样非凡记忆力的人毕竟是少数,大多数人都需要在现场做一些记录,以确保报道内容准确可靠。

对于视频报道来说,现场画面和现场的声音是报道中必需的要件,现场的录音和录像是题中应有之义。对于文字报道来说,记者在采访时要不要现场做记录,用什么方式做记录,则要视具体情况而定。在动态紧急的情况下,现场转瞬即逝,做笔记和现场观察发生冲突,或者笔记会影响到采访节奏,记者在现场则只能依靠心记,事后再尽快将现场的情况通过回忆记录下来。除了这些极端特殊的情况外,记者应该在采访现场做笔记,因为俗话说:"好记性不如烂笔头。"

记者可以用纸笔来记录,也可以用录音笔之类的工具来记录现场谈话。不同的记录方式有自身的特点,其效果和影响也是有所不同的。总体上,在全程录音越来越简易方便的情况下,我们倾向于访谈做全程录音,同时也不能忽视手工笔记。全程录音可以为新闻业的新手提供很多方便。不过,每个记者有自己的工作习惯,具体的采访任务和采访对象的情况也有一些特殊要求,记者应根据情况选择合适的方式。

一、做笔记

1. 做笔记是省时的办法

对于文字报道的记者来说,做笔记是一项基本功。美国的资深记者说:"报道

---

① 邝云妙.当代新闻采访学[M].广州:暨南大学出版社,1998:338.

的质量与笔记的质量有关。"①许多报道的错谬可以直接追溯到笔记。一份好的笔记应该可以提供许多报道的细节,还应该确保所记录的内容准确无误。

尽管日新月异的数字技术为我们提供了非常便捷的录音技术,做笔记在绝大多数的采访场合都依然是最高效的记录方式。一个显而易见的好处是,做笔记会强迫性地锻炼记者在采访现场的思维能力。录音是被动地记录现场的一切声音,笔记是记者主动地对现场信息进行筛选的结果。因此,做笔记的过程就等于在采访结束之前,记者已经就采访内容进行了一遍梳理和概括,这是单纯的录音所无法替代的。

记笔记对于记者来说也是一种省时的办法。如果不记笔记,采访结束之后,记者势必要通过听录音来整理采访所获材料,也就是记者还要再记一遍笔记,只不过是根据录音。假如记者的采访维持了两个小时,采访结束后,记者还得再用两个小时来整理材料,这对于那些截稿时间很紧迫的采访任务来说,是很浪费时间的。即使截稿时间很宽松,这样做也显得过于奢侈。

笔记还是帮助记者在现场思考问题的一个拐杖。记者可以很轻松地回顾前面所提出的问题及所得到的回答,也可以很容易查阅被访者所提供的一堆的数据和事实,借助笔记,记者可以更容易厘清它们之间的逻辑关系,更容易发现它们之间所可能存在的矛盾和漏洞。

有人说,记者拿出笔记本来做记录不需要道歉,因为笔记本就像记者的名片一样,是再正常不过的事物。② 不过,这也是看情况而定的。对于那些经常接受记者采访的人来说,记者记笔记是让他们安心的事情,因为这会让他们觉得记者对他们的报道会较少出错。但是,对那些不习惯接受采访,特别是来自社会底层的人士来说,记者记笔记的行为往往会让他们觉得紧张和不自然。面对后者,记者应该为记录做些预热工作,比如先跟被访者聊些不紧要的话题,等被访者进入放松的谈话状态后,才开始正式的采访和记录。

2. 如何记下大量的信息?

写字速度快对记笔记是非常有用的。记者经常会遇到要记大量笔记的采访场合,特别是一些专业性比较强的领域的采访,记者可能需要比较完整地记录句子和专业化的表述方式。有些人可能会为了适应这种快速的书写去学速记,但是大多数人都是在日常工作中积累经验,建立适合自己的快速书写和缩写习惯。

在需要快速记录大量信息的时候,大多数人的字迹都是十分潦草,充满简写和

---

① 卡罗尔·里奇.新闻写作与报道训练教程[M].钟新主,译.北京:中国人民大学出版社,2004:120.
② 亚当斯,希克斯.新闻采访:第一线采访手边书[M].郭琼俐,曾慧琦,译.上海:上海三联书店,2004:146.

省略,还会用上一些替代性的符号。记者应该养成一个好习惯,那就是在采访结束后尽快回看笔记,趁自己还能想得起来的时候,辨认那些潦草的符号,对笔记的内容进行补充和修缮。

对于那些语速比较慢的被访者,记者也许可以比较完整地记录下谈话内容。但是,大多数时候,这是不可能的。因此,从记录的一开始,记者就应该明白,不可能记下每一个字,不要试图像抄写作业一样,为那些没来得及写下的字词留下空间,等着过一会儿回头来填空。采访中,记者基本上不可能有时间来回头填空。如果你真的在采访中忙于为前面的重要信息填空的话,那也是一种很糟糕的状态,因为势必要在采访中三心二意,影响到后面的交流。因此,记者要学会记录谈话中的重要信息,而不是所有信息。

使用关键词做记录,不要记录完整的句子。被访者所提供的大部分信息,记者都不需要做直接引语,对于这些内容,记者只需要用关键词记住对方所述核心思想,帮助自己事后回忆被访者所陈述的要义即可。关键词应该是记者做笔记的主要方式。

记录时间、地点、数量、人名、头衔、物名等信息。这些都是人们容易遗忘和记忆不准确的地方,在新闻报道中属于细节,也是经常要使用到的材料。没有这些细节交代,报道会显得空泛乏力;细节上不准确,则给新闻报道的错谬留下后患。1994年,美国西北大学研究人员在芝加哥地区的调查发现,读者最关心报纸的准确性。报纸上那些看起来无伤大雅的小小失误,是导致公众对报纸的信任度下降的主要原因。[1] 因此,在这些看起来很小的细节方面,记者一定要注意记录的准确性。如果记者没有听清楚,或者对自己记录的结果不是很放心,应该毫不犹豫地立即向被访者核实,或者请求被访者再复述一遍。

在记录人名、物名、地名这些名称性的信息时,要记得向对方核对具体的用字,不能想当然地根据发音来写字。在记录这些细节性的信息时,要尽可能具体,不要试图用概述性的词来替代。如果对方告诉你,他抽了一支中华牌香烟,你不要只在笔记本上写下一个"烟"字,一定要写下"中华"这个香烟的品牌。如果对方告诉你,他当时开车在路上,你一定要询问并记下他当时开的是一辆什么品牌什么型号的车子。新闻的感染力和说服力就在于这些看起来不那么紧要的细节中。

辨别有特色、有价值的引语,并设法完整记录这些句子。在被访者的陈述里,有些属于背景性的信息,记者可以重新组织语言来进行表达。但是,如果被访者说出凝练雄辩、富有个性或者是别致有趣的句子时,这就可以直接被引用到报道中,使报道变得生动活泼。什么样的句子是值得完整记录的?这依赖记者在工作中慢

---

[1] 海曼,韦斯廷.最佳方案:公平报道的美国经验[M].郭虹,李阳,译.汕头:汕头大学出版社,2003:13.

慢锻炼出来的辨别力。为了这些有特色的句子,记者宁可放弃其他一些不那么重要的信息。记者有时候也会对后面的信息保持半听的状态,而全力去记录前面的一两句重要的话。

如果对方说话比较快,而又有比较多的内容需要记录下来,记者可以通过一些方法来为自己的记录赢得更多的时间。一是有意识地放慢访谈的节奏,在提问题前不妨稍作停顿。不管对方的语速有多快,记者不要被感染得似乎也很着急,完整记录重要的信息是首先要考虑的。二是如果需要较长的时间来记录,而又不宜停顿时间太长造成冷场,记者可以先抛出一个无关紧要的问题来做缓冲,记者边听后面的谈话,边追记前面的重要信息。三是对于非常重要的内容,记者可以一边记录一边就自己记录的情况向对方核实,也可以就其中的核心部分,请求对方作进一步的阐述。

有时候,在不破坏采访气氛和不打断被访者思路的前提下,记者可以委婉地要求对方稍作停顿,以供记录。比如,你可以跟对方说:"我觉得你的这段话说得特别到位,我要每个字都记下来。"一般来说,对方是乐于看到记者如此认真地对待他的陈述的。记者也可以礼貌地直接要求对方放慢语速。但是这个要求通常效果不大,因为说话速度是一个习惯,被访者也许在一开始能够说得稍微慢一点,但说着说着又会回到自己的速度惯性上,而记者则很难一而再、再而三地要求对方放慢语速。

创建自己的速记方法。记者可以创造一些自己的缩略语来提高记录的效率,比如可以将"传播学院"写成"传院",将"松江大学城"写成"松城",只要记者事后能辨认出它们的内涵即可。也可以用英文字母和符号使书写更简便,如地铁一号线可以写成"M1","信息"可以写成"Info","电话"可以写成"T",等等。

3. 一边记录一边整理

在进行访谈前,记者一般都要准备一个提问提纲,有些人会将这个提纲写在自己的采访本子上,这并无不妥。但是,不要试图在每一个问题后面留下一段空白,以备记下访谈对象给的回答。稍有采访经验的人就会知道,这样不但不能提供方便,反而会给记录带来很多障碍和束缚。真正的访谈过程中充满变数,大多数时候,被访者都不会按照提问提纲来回答问题。另外,被访者对问题的回答往往也会超出记者的预期。有些问题,被访者可能会提供大量信息,远远不是留空所能记录的。

记者可以将提问提纲集中写在某一页纸上,方便在采访过程中翻看,也可将提纲写在单独的一页纸上,作为访谈提问的参考。另外,有经验的记者还提醒,记者可以在采访本之外,另备一张纸,以记录自己在访谈中临时产生而又不能及时提问的问题。记下这些疑问,以防稍后自己会忘记,可以在访谈的某一个合适的段落插入这些问题。

做访谈是个一心三用的工作,记者一边倾听,一边记录,还要一边整理对方的回答,结合已知的背景,试图从中发现新的问题。一心多用意味着要高度集中注意力。记者在记录的同时可以给所记录的信息做一个简单的分类和整理。对于那些完整记录的被访者的陈述、可以用来做直接引语的句子,记者不妨用引号将它们圈起来,以区别于那些经过记者改写的记录内容。记者可以在有疑问或不理解的内容旁边画上一个大大的问号,以备随后提问。

记者还应该及时对被访者讲述的内容进行概括,分出层次,给其中的小要点做上"1、2、3、4"的标记,等等。这会给记者回头整理笔记带来很多方便,也方便记者及时向被访者提出疑问,弄清细节。在采访的过程中,记者可以随时翻翻前面已经记下的内容,看看前面记下的要点是否齐全。比如,笔记上的一句话可能写着"三个原因",但是接下来记者只记下两个要点,有了这样的标注,记者就能很方便地发现自己漏记或被访者漏谈的内容,可以及时要求被访者进行补充。

4. 记录要从容不迫

采访的过程中,记者不能只顾埋头记录,应张弛有度。在提问的时候,记者应该抬起头来看着采访对象,要保持访谈的交流感。即使在记录的过程中,记者也要经常抬起头,和被访者要有目光接触。因此,记者要练习不看采访本做笔记的本领。

记者要养成一个习惯,在采访结束前,快速翻看一遍自己所做的笔记,看看访谈中是不是有什么问题被遗漏,是不是所有的问题都得到回答,是不是有一些情况需要再补充提问,等等。对于采访中所涉及的一些关键性的、基本的细节,尽管已经做了完整的记录,记者不妨提出来,跟被访者再进行一遍核对。

记者应该保持从容不迫的姿态。采访结束后,不要匆匆合上采访本,接下来就说"再见"。记者应该一边合上笔记本,一边尝试再跟被访者随意交谈点什么。这个时候的被访者处于比较放松的状态,往往会有些生动、有趣的表达,也有可能会说出一些真心的感慨,可以成为记者以后采访的线索。不过,即使有这些有价值的信息出现,记者不应该再次打开自己的笔记本尝试做记录,而是应该在心里牢牢记住这些信息,等到走出被访者的视线,再进行追记。

要用开放的心态来做笔记。就你所采访的问题,你也许已经有所判断,你抱有一种观点,认为事情的原委是这样或不是这样。但是,不要让这种既有态度影响到你对谈话信息的判断。记下你认为正确和不正确的意见,因为这是被访者的一种立场。而且,随着采访的深入,你对事物状态的判断也许会改变。这些眼下被你看作无用的信息,也许就会变得很有用。

另外,有时候记者去采访时,也许对报道的主题和报道所需要的素材已有设想。访谈中,对方可能会谈到一些情况,跟记者的报道设想联系不那么紧密,记者也应该记下这些看起来似乎是没用的材料。一是这些材料也许可以用到其他的报道上,也许能为其他采访提供线索;二是记者的报道思路可能会改变,也许全部采访做完,记者会发现一个新的更有价值的报道主题,从而推翻最初的报道设想。

记者还应该练习站着记笔记的技巧。在许多场合的采访中,可能你是没有坐着记笔记的条件的,比如火灾、车祸等的突发事件现场,或者在做街头随机采访,你甚至要一边记笔记一边走动。

做笔记的时候,记者应该养成习惯,在一开始就要记下自己实施采访的时间(精确到几点钟)和地点。

5. 需要誊清笔记吗?

对于初入行者,在采访结束后,将纸版的笔记誊清到电脑上也许是个不错的自我锻炼和自我积累的办法。这可以使你更加清楚地意识到自己笔记中所存在的问题,也可以帮助你更快地感悟做笔记的技巧之所在。誊清笔记也是一个整理思路的过程,你可以在写作之前,一边整理笔记,一边回忆更多的采访细节。另外,数字化的笔记内容在分类、存档上更加方便,记者可以这样来为自己建立一个小小的数据库,在以后需要的时候,可以快速地查询。

当然,上述做法只有在你有足够的时间时才是可以的。如果截稿时间迫在眉睫,记者首先应该写稿,而不是做这些可有可无的工作。

也有人说,对于普通的报道任务,誊清采访笔记只是浪费时间,并没有多大意义。他们认为,这些笔记内容未来的可用性也会比较小。

比较一致的意见是,对于那些重大的、深入的报道,记者在写作前先誊清笔记是十分有意义的。复杂的报道牵涉头绪比较多,采访对象众多,材料纷杂,采访的时间跨度也会比较长,誊清笔记是对采访材料进行梳理回顾的过程,这可以帮助记者从整体上把握事情的脉络,并对报道对象进行深入的思考。誊清的过程对写作是有裨益的。

直接用电脑来做笔记。随着笔记本电脑的普及和越来越精巧,也许你会想着直接用电脑来做笔记。这是一个不错的想法,因为数字化的笔记整理起来更容易。要是掌握好文字输入的技巧,记录的速度甚至比手工要更快。但是,你要做好充分的应对准备,最好在平时操练纯熟,不要在采访现场因为找不到一个合适的字而心情焦躁,也不要因为匆忙反而在输入时不断出错,既耽搁时间,又影响心情。

另外，做电脑笔记还要在技术上做好保障。电脑的电池电量足够维持数小时的采访吗？采访现场能够外接电源吗？万一电脑没电了怎么办？万一电脑死机了怎么办？当然，你在用电脑做笔记时，要养成随时保存文档的习惯。这样万一电脑出现故障，你的记录不会化为乌有。顺利完成采访后，你应该尽快将采访笔记打印出来，作为备份，因为你不知道什么时候电脑会出故障，没有这个备份，你的工作也许就要严重受影响。

6. 物质准备

有些属于常识，比如记者要随身携带纸和笔。但记者还要准备得比这更多。要让水笔有充足的墨水，要多带些笔和纸，防止笔没水了，纸用完了。如果你对将要采访的环境很不确定，那么，你还应该带上几支铅笔，在下雨的天气，用铅笔记录要比水笔好用得多。如果是外出采访，应该尽量使用硬壳的本子，这样站着记笔记就少了许多困难。尽量用本子，不要用一张张的纸来记笔记，那样换页的时候会比较麻烦，风也许会将你的笔记吹走。

在面对面的采访中，有人建议最好不要使用 A4 大小的纸张或本子，因为这显得太大，会让被访者有威胁感。[①] 可以用很小的本子，可以直接装进衣服口袋的那种，这样记者采访时可以轻装上阵，不需要专门提着笨笨的包袋；而且将小本子从口袋里掏出，要比将大本子从包袋里翻出快捷得多。

笔记本的纸张质量应该好一点。不要在翻页的时候，不小心就能将纸张翻破；不要水笔写上去，墨水会在纸张上渍染开来的那种，那会破坏记者记笔记的情绪，严重影响记笔记的效率。为防不测，记者最好还随身带有圆珠笔。

在准备不足的情况下，英国学者亚当斯和希克斯提供了一个关于创造性地利用一切工具做笔记的案例，说的是一位记者在参加有关航空的记者会上，发现自己的笔没有墨水了，而因为匆忙离开办公室，她的身上并没有其他的笔可以备用。在记者会的现场，没有一个认识的人可以借给她笔。这位女士最后想起了她的铅笔型的眼影膏，她就用这支眼影膏来完成了她的笔记。[②]

各种手机端的应用也可以被创造性地用来记笔记。在做纸面笔记条件有限的情况下，可以用手机上的"备忘录"等应用简单记下要点，也曾有同学出去采访，用给自己发语音微信的形式口头描述采访现场要记录的关键要点。为了准确记录事件中关键节点的时间，也可以用给自己发简单的微信语音或表情的方式来记录准确时间。另外，通话记录、微信聊天记录、短信记录，也都提供了时间记录。

[①] 亚当斯，希克斯.新闻采访：第一线采访手边书[M].郭琼俐，曾慧琦，译.上海：上海三联书店，2004：147.
[②] 同上书，第153页。

二、录音

1. 录音的利和弊

录音记录的好处显而易见。记者可以从手工笔记的劳作中解放出来,可以更好地观察被访者,把握其态度、表情、动作等无声语言,可以更好地与被访者有目光交流,可以适时给对方以鼓励、肯定和引导。如果被访者有了精彩的表述,这些句子都会被完整地记录下来,记者不用担心会漏记或记录不准确。如果被访者的语速过快,记者也不用请求对方重复或放缓语速。

录音使被访者相信记者对他所说的话的引用十分准确,因而很少出面来质疑记者的报道。在一些不方便做笔记的场合,例如行走中、雨天、开车时等,录音将显示其特别的优越性。

录音还是非常重要的证据,如果报道发生争议或诉讼,现场录音可以提供有力的证据来为报道的准确性和真实性进行辩护。录音也有可能帮助记者发现一些谈话现场不在意的细节和材料,这些细节材料有可能提供有价值的线索或信息。

但是,录音也有其弊端。其一就是前文所说,用录音作记录,记者还要再花数小时的时间来听录音和对录音进行整理,这在十分重视时效的新闻报道上,常常显得很不适用。

录音对访谈环境要求也比较苛刻。如果是在比较喧闹的餐厅、酒吧或街头来做采访,录音的质量会十分糟糕,事后,你会发现很多地方根本听不清楚。在对很多人同时进行采访时,也不适合用录音记录。因为你要不停地将录音笔移来移去,而且事后辨认不同人物的声音也是一件很麻烦的事情。

录音常常会"悄无声息"地给记者带来很多麻烦。比如录音到中间,录音机器没电了,但记者没有觉察,认为它还在工作,如果记者不做手工笔记,事后的补救就会特别困难,因为许多采访机会只有一次。或者设备的录音空间用完了,记者往往也会不知不觉。

有许多人发现,根据录音来写报道会不自觉地把报道写长。录音的材料要远远超过记者写报道的需求,在觉得这段话有价值那段话也有一定意义的过程中,记者在报道里塞进了太多平庸的引语。手工笔记有一个强迫筛选的过程,记者被迫一边记笔记一边淘汰那些不出色的引语,经过这样一个筛选后,写出来的报道则要精练许多。

也有记者发现,录音材料使自己对访谈核心信息的把握发生困难。记者在访谈时会对接收的信息进行过滤,直接关注核心的故事,但是在回听录音时,会发现原先把握住的访谈要点和核心故事似乎全部消失,又需要对故事要点重新进行整理。也有记者认为录音使文字报道变成了一种纸上谈话,这是一种思想的草稿,虽然信息很可靠,但是却无助于真正理解和报道好一个人,因为记者对人物的理解和呈现还要依赖于大量无法录音的持续观察,对人物活动和互动状态的领悟。[①]

2. 开始录音

如果你准备对采访进行录音,在开始之前,应该先征求被访者的意见。获得对方同意后,你才可以进行录音。不管是不是有充分的应对采访的经验,大多数人面对录音设备都会有一点紧张,说话会变得小心谨慎很多。记者可以先做一下调节气氛的工作,比如介绍一下自己的工作情况、采访意图等,也可以先问几个简单的无关紧要的问题,让被访者的注意力从录音设备上移开。

就算被访者同意使用录音设备,你也不应该把录音机、录音笔直接摆在被访者的眼皮底下和正前方,应该尽量将设备放在桌子上一个不显眼的角落。不管人们对录音设备是如何警惕,随着时间流逝,都会慢慢忽略它的存在,谈话的思路会慢慢放开。

如果在采访的现场有电台、电视台的记者,那么文字报道的记者进行录音是不需要特别征求对方的意见的,因为对方完全知道他的话是可能被录音的。

如果被访者不同意录音,记者可以去分析一下对方不同意的原因。大多数时候是因为对方有不当不法行为。也有些时候是因为被访者过于紧张、较少有被采访的经验,这种情况下,记者可以尝试去说服对方,用友好的谈话让对方放松下来。如果对方坚持不同意录音,大多数时候记者只能放弃这一打算。

如果使用电话采访,你可能会希望直接用电话机将采访录音。同样,你也需要告知对方,并征求对方的同意。

只有在极少数情况下,记者可以不征求被访者的意见而进行秘密录音。这就是我们通常所说的暗访。这在全世界都是一个富有争议的话题。秘密录音通常要求采访主题关涉公共利益,报道要能维护公共价值,在普通的采访中使用秘密录音,可能因为侵犯他人隐私权,而将记者置身于新闻官司中。

有几种场合的采访,记者最好或必须使用录音。一是记者要用答问的形式来写作报道,需要大段大段直接引用对方的原话,录音是最准确、也最安全的记录方式。二是对于那些重要的、有历史意义的报告、演讲,也要考虑使用录音,这样的文本往往具有历史档案的价值,录音是对报告原始状况的直接反映。如果记者是对声名显赫或有非凡功业的公众人物进行采访,特别是进行专访,也值得去录音,这些材料本身就会成为十分有价值的史料。

[①] 马克·克雷默,温迪·考尔.哈佛非虚构写作课:怎样讲好一个故事[M].王宇光,等,译.北京:中国文史出版社,2015:44—46.

对敏感问题进行采访,最好也要进行录音。比如有官员在半公开场合就敏感问题发言,虽然表示这些发言不供发表使用,记者也应该对发言录音。以后记者若试图就这个题材进行报道,这些录音材料会给记者提供非常有用和有利的依据。如果记者是对涉嫌违法犯罪行为的人员进行采访,那也一定要用录音。在这种场合下,准确报道对方的信息、提供准确的引语特别重要,录音也是记者自我保护的工具。

在访谈环境匆忙、简陋的情况下,如果报道需要精确的引语,记者也应该采用录音采访。在那样的条件下,记者可能根本来不及记笔记,也没有条件记笔记,录音是保险的办法。

3. 使用录音的技巧

不要完全依赖录音。如果记者在做一个比较重要的报道,将要写作一千字以上的文稿,需要比较多地使用被访者的引语,截稿时间也不是十分紧张,最好的办法是把录音和现场笔记结合起来。这样你在写作前就不需要从头到尾将全部录音听一遍。如果你需要做一个准确的引语,那你只要往前快进找到所需要的录音片断即可。

尽量使用带有计时(计数)功能的录音设备。当对方有精彩的陈述而你又不能完整记下来时,可以直接记下录音设备上的时间,回头直接按照时间来寻找这段引语的录音,这样工作起来效率会提高许多,也可以将笔记中的内容和录音作对照。

克服录音设备容易出现的故障。在出门采访之前,请确认你的录音设备性能正常,请确认你的录音设备有充足的电源。删除或转移录音笔里的文件,确保录音笔里有充足的储存空间。防止不小心的误操作使你的录音设备处于工作状态,那样,也许等你真正需要录音时,电池的电量早已耗尽,储存空间也已用完。

多带一块录音机的备用电池,或者带上两根电源充足、存储空间充足的录音笔,这是有备无患的做法。最好使用带有指示灯的录音设备,当录音设备停止工作时,记者能够及时发现。

在媒介融合的环境下,一条新闻可能既需要文字版的报道,也需要有声音版和图像版的报道。所以,记者应该学会熟练使用不同的记录手段,在有条件、有可能的情况下,尽量用多种手段来同时进行记录。

三、心记

采访中经常要用到心记,比如记者所观察到的场景、气氛,所看到的音容笑貌,大多数时候记者并不会特意将这些信息记在本子上,而是将它们记在脑子里,在写报道的时候,这些情景自动来到记者的脑海里。因为这些内容大多是自然而然被我们记住,并不需要特别的努力,因而心记也常常不为我们所注意。

在一些特殊场合的采访中,记者必须要有意识地强记住一些内容,否则,你的报道任务可能无法完成。

一是在时效性非常强的事件现场。例如火箭升空,只能持续几分钟的时间,在这个时间里,记者要观察场景、气氛,捕捉火箭在空中运动的轨迹,倾听周围人的反应,等等。在这么短的时间里,记者不可能用纸笔来记录,就必须要用心记住场景和细节。

二是在一些敏感事件的采访中,很多知情者并不愿意接受采访,如果偶尔有人愿意跟记者透露几句消息,记者绝不可以赶紧掏出纸笔来做记录,这样只会让对方更快地逃走。在这种场合,记者的明智之举是,尽力倾听,设法安抚和留住对方,从而可以多问几个问题。用心记住所有的内容,等采访结束后,再尽快追记。

三是在突发事件的初起时。比如记者走在大街上,突然传来剧烈的爆炸声。记者应该看看时间,然后直接循声奔赴现场。这种情况下,早一分钟到达现场,就意味着可以掌握更多一些第一手材料。到达现场后,应该尽快了解现场状况。只有等搞清事情的基本眉目,记者才有时间来做记录和追记。而这之前所获得的信息,如时间、人们的初始反应、原始场景等,记者都应该把它们牢牢记在脑子里。

四是在非正式采访的场合与人聊天,特别是与一些具有社会知名度的人士聊天时,你会发现有些内容颇有新闻价值,但不适合立即作记录,因为这会破坏对方谈话的气氛,或者现场也没有可供记录的条件,比如在行走中。比较明智的办法是,让谈话继续下去,记住这些内容,回头再追记。如果这些内容不足以形成一篇报道,你也可以约请有关人士,再做一次正式的采访。

心记的好处在于,被访者通常在心理上比较放松,可能会介绍更多情况,会有更真实、更生动的表达。弊端也显而易见,那就是记忆力并不可靠。所以,在采访后,记者需要尽快记下笔记。否则,再好的记忆力也无法说服法庭相信你的陈述。而在采访后迅速追记的采访笔记,法庭往往认为是可以作为证据的。

记忆是可以训练的。有些人在某方面的记忆能力会显得比较强,比如演员,他们能记住大量的台词对白,而不会出现错误,这是一般人很难做到的。记者没有时间和条件来做这样专门的训练。但是,还是有一些办法可以提高在采访中的心记水平。

一是要有强烈的意识记住一些细节。例如突发事件中,记者听到第一声巨响的时间,这是报道中非常关键的细节。意识到它的关键性,你就会牢牢记住,就像你会牢牢记住自己的银行卡密码一样,那其实也只是一串枯燥的、没有规律的数字。

二是观察要细致。打个比方,看见一个人走过来,你不仅要注意他的高矮胖瘦,是男是女,还应该看看他穿了什么颜色的衣服,脸上的表情如何,大约怎样的年纪,是否打领带,是否穿皮鞋,等等。观察得越细致,你所获得和记住的信息也就会越多。仔细地观察也就是一个强迫记忆的过程。

三是集中注意力,开发短时记忆力。对于重要的信息,可以在内心用关键词概括,在内心回忆和重复以巩固记忆。你会惊讶地发现自己能记住大量复杂的信息。不过,一旦停止回忆和重复,你也会很快忘掉这些内容,要赶在遗忘之前,用笔把它们记下来。

四、记录作为证据

即使在完成报道之后,记者也应该好好保存自己的采访笔记和采访录音,因为有可能会出现跟报道有关的纠纷和问题。采访的原始记录是记者为自己辩护和保护自己的非常有力的证据。

至于采访记录应该保存多久,人们有不同的说法。有的人建议保存一两个月,因为如果就报道内容存在争议,人们通常会比较快地作出反应。也有人建议,采访记录至少应该保存一年时间。如果有人因为觉得报道有错而试图起诉记者的话,通常情况下,他们会在一年以内诉至法院。

如果记者的报道对象本身就是一些有争议的问题,或者是揭露负面现象、反映社会问题,那么毫无疑义,记者应该妥善保存自己的笔记至更长的时间。实际上,在这一类报道中,记者采访时就应当考虑到诉讼风险,并在报道发表之前就应该积累起过硬的材料,包括记下完整的采访笔记和录音,以确保万一出现诉讼纠纷,可以有效地保护自己。

报道完成之后,记者可以对自己的采访记录进行整理和归类。在采访笔记本上标注采访日期(年月日和时间段),给录音材料贴上标签,标明内容主题和录音时间。至于数字化的文档,你可以直接将录音时间和主题作为文件名来保存。

为了不削弱你的采访记录作为法庭证据的力量,还有如下一些项目值得记者注意:

- 不要在采访笔记上写下记者个人的、主观性的评价和意见。记者可以在笔记本的空白处,在记录的旁边作标记和写下准备提问的问题,但是不可以对所观察对象和所记录内容进行评价。像"这是谎言""他是罪犯"这样的语句,会让站在法庭上的记者处于极大的不利地位。因为这样的一些句子,人们有理由相信,记者并不是站在客观、中立的立场来进行报道,而是带着强烈的主观成见。

- 要用笔记本进行记录，不要用活页纸或者是螺旋圈装订的打孔纸。一张一张散乱的纸很容易遗失，也很难理清顺序。更糟糕的是，站在法庭上的时候，记者很难证明这是原版的记录，或者记者没有在后来的时间抽走某张纸或添加某张纸。
- 不要从你的采访笔记本上撕纸，不管是已经有记录的纸，还是空白的纸。要把这一点变成你的行为习惯。如果这样做，你就是在破坏和改变原始证据。在发生纠纷时，你的这个笔记本就可能失去作为证据的价值，尽管上面有可以为你辩护的至关重要的内容。因为你难以在法庭上证明被撕去的纸张上的内容，包括自己撕纸的目的和用处。
- 如果是录音，保留记录的原始样貌，不要试图修改和编辑。如果要编辑播出，那至少也要对原始记录留底。理由同上。

如果你做了一个揭露性的报道或者仅是对有争议的问题进行报道，报道刊播后，你很可能会接到被揭露的一方或抱有争议意见的一方的电话和邀约。对方很可能会以友善的态度，向你提供解释，或者表达息事宁人的愿望。这种情况下，对方往往会带着他们的律师一道出现。不管对方表达怎样的意图和目的，记者都应该牢记一点：不要出示你的采访笔记给对方看，或者说，不要出示你的采访笔记给任何人看。对方很可能是先以友善的态度来了解记者的采访状况，为未来诉讼作铺垫。对方会非常希望从记者的采访记录中寻找到什么有价值的线索，可以作为他们未来诉讼的突破口。有时候，对方的律师也会单独提出这样的要求，其目的同样也是为了帮助他们对客户的官司作更好的准备。

第八章 核实

"真实"是新闻的立身之本,也是新闻报道和虚构半虚构的故事根本差异之所在。所谓的真实,既是指新闻报道中的每一个事实和细节都要是真实存在的,不能来自虚构想象或推论,也是指新闻报道提供给社会大众的是经过核查验证的相对可靠和可以信任的事实。这就要求新闻既不是"有闻必录",也不是提供支离破碎的碎片化信息。前者虽然客观存在,但可能是别有用心的人刻意制造出来误导大众的信息;后者则是脱离整体语境的真实,这种只见细部不见整体的真实被放大报道出来,有可能导致公众对整体情况的误解,因此,也是十分有害的。

如今,面向大众传播的门槛很低。人们在微博、微信和各种技术平台上传播着自己的所见和所闻,许多账号拥有庞大的粉丝数量,有不小的社会影响力。也有学者将这些传播者称为"公民记者"。但是,他们提供的不是专业新闻,通常也没有专业新闻的可信度,主要原因在于,这些传播者一般只是呈现自己所接触到的片断性事实,至于事实的整体是什么样,事情来龙去脉是怎样,他们一般没有时间和精力去调查,也缺乏专业的素养去完成调查。另外,他们的所见所闻是否是被别人操控的状态,是否真实可靠,或者他们自身是否在传播伪造的虚假的信息,这些都没有可靠的核实和把关。专业媒体和记者的专业性即是体现在对事件、情况的深入调查和对所获取信息的核实上。可以说,没有调查核实,就没有专业的新闻。

一、核实是记者的基本职责

因为各种各样的原因,记者在采访中获取的信息并不总是真实可靠的。记者一方面要想方设法通过各种渠道来获取信息,同时也要对所获取的信息进行核实。在一些采访中,获取信息或许并不是很困难,核实才是真正困难的地方。

我们以2002年《南方周末》关于"天津扎针传闻风波"的报道为例进行说明。

2002年初,传闻天津街头有人拿装有艾滋病毒血液的注射器扎人,一时人人恐慌,闹市倏然冷清。《南方周末》记者邓科接到采访任务赶往天津,面对的是一个谣言满天飞的环境,他至关重要的工作就是核实这些传闻是实有其事,还是恐慌情绪之下的以讹传讹。街头随机采访市民似乎是一个办法,通过这个渠道,记者获得了很多有用信息,但无法追踪一个传闻的全部传播过程,因此也就无法辨别扎针传闻的真伪。后来,记者制订方案,一方面通过正式渠道和私人渠道采访天津市政府、天津市公安局和卫生防疫部门,这些皆是具有权威性的消息来源,如能成功采访,所获消息皆较为准确可靠;另一方面通过民间渠道寻找见过或自己被扎过的人。前一个方案执行不顺利,记者的采访遭到相关部门的拒绝,但记者几经辗转从医院获得消息,确实有人在街头被扎针,只是尚并不确定针管是否有艾滋病毒。①

到这里为止,记者采访了扎针风波中的主要相关方:市民、政府和管理机构。面对政府和管理机构的拒绝,记者似乎也很难找到采访的突破口。但是,如果采访就此结束,这个报道是不能成立的,原因在于,尽管记者获得了很多信息,但这些仍然是市民的口口相传,只能反映一种情绪,并没有扎实的证据可以表明其可靠性。医院的消息似乎更为可靠一点,但是记者并没有亲眼看到或采访到被扎针的人及其就诊记录,因此,其可靠性也是存疑的。如果记者将这些并没有确凿证据的信息报道出去,一方面是不能让公众真正信服,因此也不能减少现实不确定性和减轻社会恐惧心理;同时,这些不可靠的消息事实上还会使舆论环境变得更为纷乱。

实际上,《南方周末》记者接下来的工作就是具有高度创造性的信息核实工作。一是记者设法从一份内参性质的材料中获得一名声称被扎针妇女的姓名和居住小区的信息,经过艰苦的搜寻采访到这位妇女,核实了事件经过详情,确认一部分扎针传闻是虚假的。二是记者以一个极度恐惧的天津市民身份前往卫生防疫部门咨询,从工作人员那里获知有人被扎针且公安部门已经抓获几个嫌疑人,而后在公安部门拒绝提供任何信息的情况下,记者伪装成外地游客乘坐出租车,通过出租车司机的私人关系拿到了公安部门小范围告知案情进展的"通告"文本,从而最终确认了其从卫生防疫部门获知的重要信息。前者表明确有一部分传闻是高度恐惧情境下的误会,后者表明确实存在街头扎针的行为。只有对这两个基础信息进行核实,才能支撑起这篇新闻报道的价值。

一般来说,记者采访时遇到下面几种情况要特别留心,不可轻信,对相关信息要反复核实。

(一) 谨防驳杂的互联网来源信息

尽管互联网和社交媒体给记者工作带来了很多便利,但在如何使用这些新技术平台的信息上始终存在争议,网络信息的可信度问题是主要障碍。不少人认为互联网上充斥捕风捉影的消息,而且网络消息来源大多数都是匿名的,过多地依赖网络会导致记者工作不专业。也有人认为,网络采访所得到的信息并不就比传统

---
① 谢春雷.揭开真相——《南方周末》知名记者报道手册[M].杭州:浙江人民出版社,2004:278—283.

采访所得更不真实，现实世界中也存在大量的虚假信息，问题的关键不在于网络，而在于求证。

对网络信息的使用要区分可靠性。有的消息来源相对可靠，比如各类机构的官方网站的消息，如公告、通知、文件等，记者使用这类网络信息与通过传统渠道获得材料性质一样，一般来说是可靠的，但记者要注意这些材料的发布时间，如果时间久远，则现状可能已经有了较大的改变；如果没有发布时间信息，则在线下的采访中一定要核实信息发布的具体时间。由社交媒体匿名发布的内容，大多数时候对于记者的意义相当于新闻线索或引子，需要记者做实地调查和核实后才能够决定是否真实可靠，是否有报道价值。

就像传统新闻采访一样，记者要提防和谨慎对待网络采访中的"孤证"问题。一般采访都强调要有多方证据能证明同一个事实存在，才能被记者报道。但在现实的操作中，出于对新闻独家性、时效性的考虑，有时候媒体也会放宽证据的尺度，允许"孤证"，但要求记者对采访对象有很多了解和良好的把握能力。对于网络匿名消息，这种了解和把握无从谈起，而且由于没有非语言暗示，记者甚至不能形成任何现场判断，所以，运用"孤证"是十分危险的。如果只是用一个网络消息来源来证明另外一个网络消息来源，也难以取得真正有价值的材料。要改变这种网络"孤证"的状况，记者必须配合采用传统的采访渠道，如现场观察、电话采访等。

2006年6月，上海一家知名媒体报道深圳台资企业"富士康"公司所谓"血汗工厂"现象，记者采用了网络采访手段，并且酿成了后来轰动一时的新闻官司，其中教训值得汲取。记者对工厂工作状况和管理状况的调查主要是在网络采访中完成，网络论坛发布的一些对工厂体制进行抱怨的帖子让记者对工厂情况有了一个初步了解。其后，记者在浏览一个小型的科技网页的时候，看到数个富士康员工的QQ号码，并与一位刚刚毕业的大学生进行了30多页的聊天，向其求证论坛帖子的内容。后来，记者主要就根据这些内容写成报道，虽然记者曾电话联系过富士康公司，但就网络采访的内容并没有获得对方的认可。这就给记者的报道留下后患。单纯通过社交平台的线上采访，记者很难确认采访对象的身份。记者试图通过线上采访来对论坛的匿名发布的帖子内容进行求证，其实是用一个匿名消息来源来求证另外一个匿名来源，不会有任何证据意义。假设采访对方是假冒富士康公司员工来诋毁富士康，则一方面将记者陷于假新闻的漩涡，另一方面报道也没有客观、公正可言，而成为被别人利用的工具。

（二）谨防利益相关者的陈述

新闻报道对社会舆论的形成有巨大影响，从来都是与现实利益联系紧密，因此也是各种社会力量博弈之地。每个人都希望能借助媒体传播对自己有利的信息，而尽可能隐藏对自己不利的信息。因此,记者采访时要特别注意分析信息源可能存在的利益动机,对利益相关者所提供的信息要尽可能通过其他渠道去核实,不能偏听偏信。而这当中最经常出现的是商业利益,记者对卷入商业纠纷中的当事人及其所陈述的事实要多加调查和核实,尽可能减少因信息呈现不完整或失误而带来的不良影响。

2017年3月23日《南方周末》发布调查报道《刺死辱母者》,讲述山东女企业家苏银霞被人索债凌辱,儿子于欢在激愤之中刺死索债人的故事。这是一篇非常成功的报道,所报道案件发生于一年前,一个多月前当地中院判决于欢无期徒刑,《南方周末》一纸文章为全国舆论设置议题,引起巨大社会反响。除了案件中的伦理因素外,激发公众关注的是司法机构对案件的审判结果,以及公众对当地警方不作为的怀疑。但是,这篇报道也受到一些质疑。一是网友通过中国裁判文书网查到当事人苏银霞有多起诉讼缠身,并因非法吸收公众存款而被拘,虽然这个事实与本案无关,但对读者完整理解本起案件和当事人行为是有价值的;二是报道描述了索债人的黑恶势力背景,但这个黑恶团伙实际上在2016年8月已被摧毁,遗漏这一信息给人当地警方不作为的印象。① 这些细节后来都被其他媒体的报道补充进来,但是也说明,即使那些看起来事实和过程非常清晰的事件也可能有复杂的背景和利益关系,记者采访要尽可能深入和完整,一个细节的疏忽有可能激发严重的舆论误解,并给相关当事方带来伤害。

不仅是经济领域的报道会涉及利益纠纷,诸如社会领域、教育领域的题材都可能牵涉商业利益,记者需要格外当心。例如,有同学做老年人居家养老的报道,采访某提供医疗辅助设备租赁的企业,企业告知了辅助设备的市场价格和该企业的租赁价格情况,甚至还展示了设备的吊牌,吊牌上标有价格。该同学是否可以直接将这些信息写进报道呢?不可以。因为这些信息都与企业利益直接相关,企业有可能为了显示自己租赁价格合理,而故意抬高设备的市场售价。因此,记者还需要核实该医疗设备的市场价格,比如记下设备品牌和型号,查询设备生产厂商的官方定价、经销商价格等,核实准确后,才可以将这一价格写进报道。

对采访所获取的细节和信息进行核实一般并不是很困难,但是很繁琐很消耗时间。很多时候,新闻失实都是因为记者懒得去核实,或者没有想起来需要核实。因此,记者关键是要从心理上重视起来,有核实的意识,才会有行动。

核实不仅让报道的事实基础更扎实,也是报道走向深入的重要路径。记者如果在核实时发现利益相关者造假,无疑是发现了隐藏的事实。通常来说,这些隐藏的事实更有新闻价值。例如,一名新闻专业学生曾选题报道沪上大学生购买病假

---

① 魏永征.群体智慧还是群体极化——于欢案中的舆论变化及引导[J].新闻记者,2017(11):55—56.

单逃课的情况,最初仅是因为听闻身边同学的故事,想要做一个现象报道,反映一下这个情况而已。她装作一个要请假的学生从卖家手里购买病假单,试图通过此渠道获得采访卖家的路径,了解购买病假单的花费,以及卖家如何能够提供病假单之类的信息。当她拿到假病单时,机打的病假单看起来非常真实,卖家也反复强调其真实性。但她还是去病假单上的医院进行核实,才发现不光假病假单跟医院真正的病假单相去甚远,而且在假病假单上签章的医生也查无此人。而后,卖家将其病假单解释为急诊病假单,于是,该同学再次去医院核实,确认其也不同于医院真正的急诊病假单。这两次核实费时费力,但也给该同学提供了深入调查卖家病假单来源的线索。

(三)谨防单方面陈述

通常一个事件总是涉及至少两个当事方。记者要采访到所有当事方和相关者,不能只挑最容易接近的一方来采访。这既是新闻报道公正、中立的基本要求,也是避免报道失实的基本方法。

2018年9月15日,《环球时报》报道中国游客曾先生一家三口在瑞典斯德哥尔摩市入住旅店的遭遇,引用中国游客的单方面叙述,将故事叙述成旅馆拒绝了提前到达的游客付费在大厅休息的请求,旅馆报警后,当地警察又粗暴地将一家人送到郊外墓地。在此报道的前一天,中国驻瑞典大使馆发布旅游提醒,称中方已就中国游客事件向瑞典方面提出交涉。大使馆的消息似乎在为曾先生的叙述提供某种证实。但是,《环球时报》的报道还是迅速激起了舆论的强烈质疑。瑞典本地媒体在当天傍晚提供了事件的第二个版本,瑞典旅店和警方对事件过程的描述与中国游客的描述相去甚远。很多自媒体也都提供分析,认为中国游客的叙述夸大情节,不符合事实。①

这个报道遭受质疑的根本原因在于只呈现单方面事实,对游客方提供的信息没有从其他渠道进行过核实。由于是跨国新闻,媒体采访中国游客容易,而采访瑞典警方和旅店则较为困难,但在今日的互联网环境下,这个困难也并非不可克服。比如,通过地图网站来查看事发旅店与郊外墓地的距离,搜索涉事旅店的背景和了解其网上评价等。记者若能通过这些简单的方式对游客提供的信息进行核实,就会发现其中的疑点,从而进一步深入调查,而不会被游客单方面叙述所误导。

如果记者获取的是转述来的信息,要设法与初始消息源进行核实,而不能偏听偏信。比如,一位母亲对记者介绍女儿的情况,女儿酷爱画画,天分不一般,并且给记者展示了女儿的画作,这就是母亲在转述女儿的情况,真正的当事人是女儿,而

---

① 年度传媒伦理研究课题组,王侠,等.2018年传媒伦理问题研究报告[J].新闻记者,2019(1):21—22.

不是母亲。因此，从采访核实的角度，记者必须要见到女儿本人，亲眼看到女儿绘画的情况，才可以采用这个故事。很多假新闻得以出笼，就是因为记者听信了辗转流传的故事，而没有对故事的直接当事人和初始消息源进行核实。

有时记者采访一个事件的当事双方，不同方面对同一事件的描述相互矛盾，记者要设法采访第三方来对双方提供的信息进行核实，不能简单地两面呈现，让读者自行去判断。例如，一起冲突事件，双方都指责对方先动手伤人，在警方介入调查希望双方能私下和解时，双方又分别指责对方拒绝和解。谁是谁非，记者当时不在现场，无从分辨。这时，记者就需要采访第三方来对事实状况进行核实。关于谁先动手伤人，记者要尽可能寻访目击者，如果有现场录像、监控录像也是非常有说服力的证据。不过，在寻访目击者时，记者还要注意目击者与冲突双方的社会关系，如果目击者是其中一方好友或敌人，其说法的可靠性都是需要怀疑的。关于谁拒绝调解，警方则是见证人，也是有权威性的消息来源，记者需要去向警方求证。

二、多重消息源交叉核实

消息源是记者获取各种信息的源头，不同消息源所提供的信息皆有自己的一些特征，记者需要明辨慎用。一般来说，人们熟悉自己的专业工作和日常生活，在这些领域提供的信息较为可靠，超出这些范围的信息则需要仔细审核。例如，记者让一位菜农来谈种菜的各种成本和销售情况是合适的，但是要让他来谈论政府对农业的扶持政策，菜农可能会说不上来，或者认为政府没有扶持，因为这个话题超出其日常认知的范围了。就政策话题来说，更合适的采访对象应该是主管农业农村发展的各级政府部门和机构，如省市区县的农业技术推广站、蔬菜技术推广站、农业农村委员会等，这些机构部门负责制定和贯彻农业政策，熟悉一方农业的具体形势和问题，是有关较为宏观的农业问题的消息来源。

但是，即使消息源提供的是自己熟悉领域的信息，记者也要当心，消息源有可能因为一些各种各样的原因而提供虚假不实的信息，如果记者不加核实而报道出去，轻则损伤记者和媒体的声誉，重则有可能给社会带来诸多损失。因此，西方的一些知名媒体皆强调"多源核实原则"，即在一般情况下，媒体对所报道的信息要反复核实，尽量有不止一个的相互独立的消息源都来印证同一个事实，则这个事实相对可靠和值得报道。[①] 例如，针对上面菜农提供的信息，记者还要去采访化肥、蔬菜种子的卖家，了解蔬菜批发市场行情等，既补充了新的消息来源，也和菜农提供的信息形成相互印证。如果记者发现几方消息来源互有矛盾，在排除刻意造假之后，

---

① 张宸.当代西方新闻报道规范：采编标准与案例精解[M].上海：复旦大学出版社，2008：13.

则意味着有潜藏的环节需要深入调查。

记者对各种消息源的可信度要有一个基本的评估。通常来说，事件的当事人和目击者是新闻报道必须要采访到的，可信度也较高。但是，要注意两个问题。一是当事人皆是利益相关者，其提供的信息易有偏差和争议，新闻报道要保持公正和中立，给当事各方以均等的采访和报道机会。二是不同消息源的叙事能力和叙述准确性是不一样的，记者要尽可能多采访目击者，寻找到有较强叙事能力者。比如，一起化学爆炸事故，同样是目击者，受过专业训练的媒体从业者会比一般市民在叙事上更为可靠，化学专业的师生在描述上则有可能更为专业。

有一些消息来源在特定信息提供上是具有权威性的。例如各种冲突纠纷、事故灾难事件，凡有警方介入调查取证的，警方是具有权威性的消息来源。对于这些权威消息源，记者要设法采访到，如果相关方面拒绝正面采访，记者也要设法通过其他渠道能够采访到，或者拿到书面证据，才可以进行报道。此类事件在本地通常很受关注，人们口口相传中极易产生各种错谬和误解，若没有权威消息来源的证实，引用街头访问的消息来源只是徒增混乱。

记者还要有辨别力。一是一些通常来说具有权威性的消息源，在本条信息中是否具有真正的权威性。例如，一则来自主流媒体的讣闻，似乎是可信的，可是真正能够核实的消息源应该是事主的亲属、同事这样的近距离接触者，而不是媒体。二是一些看似权威的消息源到底是否初始消息源。如果不是初始消息源，那么记者还应该设法追溯初始消息源。只有初始消息源才能最大程度上帮助记者判断这条信息是否可靠。

最常引起记者盲目信从的是所谓权威媒体消息源。例如，2003年3月国内发生的关于比尔·盖茨遇刺的假新闻事件就是一个案例。2003年3月29日上午11点左右，《中国日报》网站发布微软总裁盖茨遇刺的消息，随即被各大网站转载。11点半左右，新浪和搜狐两家知名门户网站通过手机短信形式将这一信息传递到千百万用户那里，与此同时，一些传统媒体如电台和电视台也纷纷加入信息扩散行列中。当天中午12点开始，网站陆续发布辟谣新闻，事实得到澄清：关于盖茨遇刺的消息只是国外一家网站在愚人节来临之前制造的开的一个玩笑，因其页面设计和风格模仿著名的CNN网站，而被《中国日报》网站误认为是权威消息来源。

这个案例中，众多媒体的跟随报道皆是由于相信《中国日报》的权威性，而《中国日报》的编辑则是相信了CNN网站的权威性。但实际上，此类名人去世的消息，真正具有权威性的消息源应当是名人的亲属家人，或者其所隶属的公司企业。记者既没有对CNN网站的真实性进行核查，也没有求证于权威消息来源，才酿成假新闻。

由于各组织机构信息网络公开，组织机构的网站、微博成为记者获取新闻的重要消息源。通常来说,组织机构在自己的官网官微上发布的信息是有权威性的,但是,近年媒体在引用这些消息源时也发生多起错谬。原因在于,这些机构并非专业的传播者,其网络发布的初衷可能仅是小范围公告,所发布的信息有明确的本地和本时间点上的语境性,而大众媒体未加审核直接引用,扩散到庞大的没有本地语境的公众之中,带来极大的社会误解。因此,媒体在引用官网官微的消息来源时,也务必要补充采访其他相关消息源,对材料进行核实,避免错误引用。

2018年的"中国胸痛大学风波"和"重庆政审风波"皆由媒体照搬组织机构的官网材料而引发。① 前者声称"中国胸痛大学"是中国第一所以提升胸痛教育和研究为目标的高等学校,而随后的媒体报道则显示,"中国胸痛大学"只是一个学术组织,山东省教育厅和教育部皆表示并未审批过这样一个大学。可见,记者若对所获取信息做简单的交叉审核,就能发现其中的错谬。后者来自媒体对重庆市教育考试院发布消息的引用。据网友追溯,重庆市教育考试院确实在其官方微信公众号上发布文章,将"思想政治品德考核"称为"政审",但这只是重庆历年招考中的一个常规审核,也没有增加新的审核条件。只因机构工作人员表述不规范,媒体脱离语境照搬而引发一场风波。记者若能采访考试院,核实"政审"的内涵和规范表述,就不会造成误解。

一些案例中,媒体没有对所获取信息进行交叉核实,并非做不到,而是没有核实的意识,或者因为核实过程繁琐且耗时费力而不愿意核实。例如,有些媒体在新闻报道的结尾处加了类似"此消息未经证实"的句子,或者电视新闻主持人对信息作了类似评语,也就是说,媒体是在明知该新闻可能为假的情况下,仍然积极进行传播。似乎加上"未经证实"的字样就可以使自己从传播假新闻的过错中获得解脱,并且获得"有闻必报"的权利。但实际上媒体对其所报道信息进行核实的责任是不可推卸的。

在各种消息来源中,记者亲身观察所获取的信息相对来说可信度较高。俗语云:"亲眼所见,亲耳所闻。"不过,有时候记者依据亲身观察所做的判断也会失真,也需要多重消息源的交叉核实。《南方周末》记者甄茜2001年对收养孤儿的"中国母亲"胡曼莉的调查报道的经历很生动地说明了这一点。

在正式赴云南采访胡曼莉之前,甄茜先去胡的家乡武汉做了大量的外围调查,又去胡在云南的幼儿园做过暗访。她以中立的态度收集各种相关信息,虽然有一些疑点,但是当正式采访胡曼莉时,"在武汉采访时存有的一点怀疑也被胡曼莉情感的武器冲刷得干干净净"。在这种亲身经历的感情冲击下,甄茜一度准备正面报道胡曼莉。《南方周末》副主编阻止了她,要求她再去一趟福州采访胡的母亲。而

---

① 年度传媒伦理研究课题组,王侠,等.2018年传媒伦理问题研究报告[J].新闻记者,2019(1):23—24.

这次采访成了整个调查的转折点。因为在对胡曼莉及其母亲提供信息的交叉核实中,记者获得了清晰的胡做假的证据:胡告诉记者她收养的孤儿中现在已有数不清的大学毕业生,而胡母则说只有一个大学生。① 这个细节上的疑点又促使记者做更多的调查核实,并最终完成了一篇有巨大社会影响力的报道。

"如果让我来总结调查的技巧,那也只是原则性的几条。一是记者必须有好奇心,它是你调查下去的动力。二是要舍得花时间,不要轻易放弃。三是对各种细节要落实、落实、再落实。"②甄茜对自己做调查报道的经验总结最终落在对核实的强调上。

三、专业核实

现代社会是一个高度分工和群体分化的社会,不同行业和领域都存在一些内部规范、标准和相关术语,不同社会群体也存在丰富的亚文化形态和诸多默认行为规范。媒体是沟通不同行业不同社会群体的公共平台,记者要能挣脱个人常规视野和偏见的束缚,充分意识到所报道题材的专业性,进行专业核实,才能真正沟通社会。近年不少轰动一时的失实报道事件皆是记者没有认真进行专业核实所致。其中,2016年的"徐州医学院丢肾事件"是一个典型案例。

2016年5月,安徽《新安晚报》刊发头版头条大标题报道,称一男子在医院做完胸腔手术后,第二天发现右肾失踪,而涉事医院和当地卫生部门迟迟没有调查结果。在这篇报道的暗示下,一时舆论强烈谴责医院偷肾卖肾行为。后来的调查显示,该男子的右肾并非失踪,而是外伤性萎缩。③ 这条报道失实的重要原因即在于记者将医学术语"右肾缺如"简单解释为"右肾失踪",在对医院方面的采访中,也没有就"右肾缺如"的原因进行深入调查,因此也没有给出医院方面对"缺如"涵义的更为专业的解释。对专业性和科学性极强的事实没有从专业角度进行多重核实,而是过度引用患者一方的通俗化理解,最终导致报道失实并带来社会误读。

科学报道是高度涉及专业性的领域。如果不依赖专业资料和专业采访,相关报道简直无从谈起。美联社记者黑尼做了许多关于心脏病的科学报道,他总结自己的经验如下:

"我开始查阅有关方面的资料,我想得到更多关于在手术过程中使用射线疗法的细节内容,以及更早以前人们试图防止再狭窄的产生所做的各种努力;关于医用装置的情况,我查阅了自己曾写过的保存在美联社档案中的介绍文章,并查看了一

---

① 谢春雷.揭开真相——《南方周末》知名记者报道手册[M].杭州:浙江人民出版社,2004:242—243.
② 同上书,第248页.
③ 年度传媒伦理研究课题组,周岩,王侠.2016年传媒伦理问题研究报告[J].新闻记者.2017(2):8—9.

些与心血管手术有关的网站;一些有关射线疗法的技术性内容来自三家生产商的网页及媒体报道;另外,一个好的信息源是医学刊物上登载的文章,大部分我都是在网上找到的。

"然而最重要的资源还是来自对医生进行的采访。我想找到既对心血管手术及其不足非常在行又对射线疗法所用装置有所了解的心病学专家,就是说他们目前即是这种装置研究的参与者或至少是关注着这项最新发展的医学院校的学生。

"……我列了一个18人名单,准备一一去采访,最终我和大多数人进行了交谈。(我一般采访很多人,虽然大部分都不会在最后的报道中提到。这是能够对复杂的事物作出判断的唯一途径。有了这些背景资料,我感觉就能带着权威性写作。)"[1]

从上面叙述可知,对于专业性非常强的科学报道,记者一方面要大量查询专业资料和媒体报道,还要采访相关专家。而不管是查阅资料还是采访专家,记者都必须核查多个消息源,在多重资料和叙述的比较分析中,才能建立自己的判断。依赖单一或少数的资料或专家,即使这些资料和专家的专业针对性都非常高,也是很危险的。

上文《新安晚报》"丢肾事件"的报道,虽是一则社会新闻,但是关于"右肾缺如"的医学诊断则是一个非常复杂的专业性问题,记者采访了医院的专科医生,应该说是专业性很高的消息源,但是仍然出现严重的报道失实,根本原因是采访不足。对于这样复杂的医学问题,专业人士很难一言断定其确凿原因,表述常常是谨慎保守的,添加很多小概率可能性的限制,记者要将这种谨慎保守的说法翻译成大众容易理解的通俗语言,才能实现有效传播。记者在专业问题采访上不能简单依赖个别采访对象的叙述,而是要通过阅读材料和多位专家采访的交叉核实,将自己从外行变成专家,只有对专业问题的内涵状况形成自己的判断和理解,才有可能进行较为准确的翻译。

很多看起来比较日常的报道也涉及各种各样的专业性问题,这是记者特别需要当心的。曾任美联社记者的施瓦茨在《如何成为顶级记者》一书中,将法庭审判、电视行业和政治竞选活动与科学医学并列视为专业领域的报道。实际上涉及专业性的领域远不止这些,环境保护、人口老龄化、节约能源,乃至剧院演出,都具有不同程度的专业性,需要查阅相关资料和对专业人士进行采访。专业人士既包括高校和研究机构从事专门研究的专家学者,也包括行业内的从业者、管理者等。

采访专家是记者进行专业核实的常用手段。2000年《南方周末》记者李玉霄受

---

[1] 杰里·施瓦茨.如何成为顶级记者:美联社新闻报道手册[M].曹俊,王蕊,译.北京:中央编译出版社,2002:105—106.

报社安排赴宁夏甘肃采访,要自己确定主题完成一篇深度报道。他在甘肃陇东一带奔波一周,感触最深的是当地生态环境的恶化。他走访了被沙漠吞噬的乡村,发现当地的产业政策违背自然规律,当地人生态意识淡漠。在参观张掖市一个科技农业示范园时,被当作西部大开发亮点的滴灌技术,在他看来严重破坏了生态。那么,他这些感受是否正确呢? 采风式的观察和思考是不够的,需要有权威性的研究资料和专家的观点来佐证。后来,他采访到甘肃省治沙研究所专家、中科院兰州沙漠研究所、主要研究西北生态保护问题的中科院兰州分院、国家林业局林业研究所等。这些专家提供的大量研究成果和数据给了报道坚实的基础。整个采访下来,李玉霄总结自己的材料有三类:"一、从有关部门拿来的硬资料(各种数据等);二、事实性结论;三、自己实地看到的现象及亲身感受。"① 前两者可以说都是从专业角度对记者实地走访和亲身感受的核实。

不过,"术业有专攻",专家只是在他专研的领域里是专家,跨出这个领域,不论名气有多大,地位有多高,他也只是一个普通人而已。国内媒体在采访专家上一个很突出的毛病是"滥用专家",记者往往根据自己的方便,而不是采访选题的要求来使用专家。据说,经济学家茅于轼每年接受采访约1 000次,有些采访与其研究领域毫无关系,比如股票市场。② 专家的名气、是否容易接触到成为记者选择的依据,这样的采访对事实是不负责任的。

专业核实从根本上来说,就是记者要为自己所获取的信息寻找专业的证据,一般需要同时有专业资料/文件文献和专家谈话的双重核实。即使是可信度很高的事件亲历者和当事人,他们所提供的信息也需要有额外的旁证,没有证据,就不能被确认为真。同样,记者的直观感受和专家所说的话,也有可能因为各种各样的原因而是错误的。

在科学报道上,传统意义上具有权威性的消息源也需要再核实。政府高官和企业高管在论及政府规划和企业管理时具有权威性,但在涉及科学事实上,因为利益相关或者其他原因,也会提供错误的信息。2019年5月23日,中共南阳市委机关报《南阳日报》头版刊发消息称:水氢发动机在南阳下线,市委书记到现场办公,为氢能源汽车项目的新成果点赞。③ 这条报道有政府高官背书,看起来似乎可靠,但是,报道刊发后迅速引起质疑。第二天,《新京报》刊发长篇报道,④采访到多位能源电池专家,否定了氢能源汽车的量产可行性。媒体还通过公开资料查到,涉事的氢能源汽车早在2017年就宣布全球首辆水氢燃料车下线,且该公司涉多条风险信

---

① 谢春雷.揭开真相——《南方周末》知名记者报道手册[M].杭州:浙江人民出版社,2004:166.
② 张宸.当代西方新闻报道规范:采编标准与案例精解[M].上海:复旦大学出版社,2008:3.
③ 陈琰炜.水氢发动机在南阳下线,市委书记点赞![N].南阳日报,2019-5-23(01).
④ 雷燕超,等.南阳工信局回应水氢发动机:尚未认证验收,消息发布有误.刊于微信公众号"新京报"(微信号:bjnews_xjb),2019-5-24.

息,被两家法院列为失信人。可见,媒体和记者若对企业背景进行核查,就会对其宣传的新技术多一份警惕之心,若对相关技术和产业领域的专家进行采访,就能避免失实报道的产生。

四、反思反转新闻

互联网报道带来所谓的"实时新闻",取消了传统媒体新闻报道的"截稿时间"概念。没有截稿时间也就意味着随时都是截稿时间,因为其他媒体可能随时抢先发布同样的信息,这给记者和媒体带来更大的压力。近年颇受关注的"反转新闻"现象既是这种时效压力下的产物,也是媒体在核实环节疏忽缺省的后果。我们以2015年的"大学生掏鸟被判刑十年"(下文简称"掏鸟事件")和2016年的"八达岭野生动物园老虎咬死游客"(下文简称"老虎事件")两个事件的媒体报道情况为例进行分析。

"掏鸟事件"始于2015年12月1日《郑州晚报》A10版刊登的一条600余字简讯。[1] 文章将事件概括为:大学生小闫和朋友在自家大门外掏鸟窝,两次掏出16只鸟并售卖,法院以非法收购、猎捕珍贵、濒危野生动物等罪名,分别判处二人10年半和10年刑期。当天和其后,其他媒体纷纷转发和跟进报道,采用煽情主义态度重点报道了掏鸟学生的家庭困境,得到舆论的高度同情,法院判决被认为不近人情。但是,几天后,网民曝光掏鸟学生实为"惯犯",长期猎杀、贩卖珍禽,舆论随之反转,抨击媒体报道不当。

乍看起来,《郑州晚报》的初始报道中规中矩(见案例8-1),且在主标题中突出小鸟是国家二级保护动物,但作为一篇专业性极强的有关法院判决的报道,这篇文章在细节核实和专业事实陈述上有明显错误。"报道中的诸多事实与法院审理认定的事实多有不符,在犯罪地点、犯罪情节、犯罪故意等犯罪构成要件方面造成了严重的新闻失实。"[2] 报道将掏鸟的地点从村庄"树林内"写成"自家大门外",强调事主的大学生身份,省略其重要犯罪事实,弱化其犯罪故意和牟利目的。正是因为这些细节失实和专业事实的缺失,才造成强烈的舆论反应。随着网友对事实的补充完善,舆论形成反转,也损伤了专业媒体的公信力。实际上,法院对该案的一审和终审分别发生于当年5月和8月,报道刊发于当年12月,记者完全可以依据司法机构的裁判文书来核实事实细节。

---

[1] 鲁燕.掏鸟16只,获刑10年半——啥鸟这么宝贵? 燕隼,国家二级保护动物[N].郑州晚报,2015-12-1(A10).
[2] 范玉吉,杨心怡.从"掏鸟窝"事件审视传媒法律素养[J].新闻记者,2016(2):71.

▶ 案例 8-1：

掏鸟 16 只，获刑 10 年半
——啥鸟这么宝贵？燕隼，国家二级保护动物

大学生小闫发现自家大门外有个鸟窝，和朋友架了个梯子将鸟窝里的 12 只鸟掏了出来，养了一段时间后售卖，后又掏 4 只。昨天，记者获悉，小闫和他的朋友小王分别犯非法收购、猎捕珍贵、濒危野生动物罪等，被判刑 10 年半和 10 年，并处罚款。

在家没事掏鸟窝，卖鸟挣了钱

90 后小闫，原本是郑州一所职业学院的在校大学生。2014 年 7 月，小闫在家乡辉县市高庄乡土楼村的小山村过暑假。7 月 14 日，小闫和朋友小王发现自家大门外有一个鸟窝。于是二人拿梯子攀爬上去掏了一窝小鸟共 12 只。饲养过程中逃跑一只，死亡一只。

后来，小闫将鸟的照片上传到朋友圈和 QQ 群，就有网友与他取得联系，说愿意购买小鸟。小闫以 800 元 7 只的价格卖给郑州一个买鸟人，280 元 2 只的价格卖给洛阳一个买鸟人，还有一只卖给了辉县的一个小伙子。

再次掏鸟引来森林警察

7 月 27 日二人又发现一个鸟窝，又掏了 4 只鸟。不过这 4 只鸟刚到小闫家就引来了辉县市森林公安局。第二天二人被刑事拘留，同年 9 月 3 日二人被逮捕。去年 11 月 28 日，新乡市辉县市检察院向辉县市法院提起公诉。新乡市辉县市法院三次公开开庭审理了此案。他们掏的鸟是燕隼，是国家二级保护动物。

今年 5 月 28 日，新乡市辉县市法院一审判决，以非法收购、猎捕珍贵、濒危野生动物罪判处小闫有期徒刑 10 年半，以非法猎捕珍贵、濒危野生动物罪判处小王有期徒刑 10 年，并分别处罚金 1 万元和 5000 元。贠某因犯非法收购珍贵、濒危野生动物罪获刑 1 年，并处罚金 5000 元。

新乡市中院二审维持原判。

昨天，小闫的家人透露，他们已替孩子请了律师，希望能启动再审程序。

(作者：鲁燕，郑州晚报 2015.12.1)

"老虎事件"发生于 2016 年 7 月 23 日下午，受害人赵某和家人自驾车游览北京八达岭野生动物园，在东北虎园区，赵某下车遭老虎袭击，赵母下车救女并被老虎咬死。当晚，《法制晚报》微博账号报道这一事件，称赵某夫妻在车内发生口角，赵某下车欲拽司机车门致祸。这个消息在网上引起轩然大波，赵某因为"不守规则"而成为道德谴责的对象。但稍后，赵某接受采访表示自己是因为晕车而下车。事

后有媒体披露,"口角"为动物园工作人员所说,该媒体考虑无法核实没有写进报道,而《法制晚报》在第二天的报纸正式报道中也删除这一说法,但之前的口角说已经产生了巨大的影响。① 直到数月之后媒体的深入报道中,野生动物园的管理问题才被严肃讨论。

该事件反映了媒体时效竞争所带来的审核压力问题。其实,时效并非新闻的唯一目的,也不是最终目的。如果追求时效并不能帮助人们对环境形成更有效的判断,这种时效是不值得追求的。技术的发展为更快的新闻传播提供了可能性,但是运用技术本身并不能改善新闻的品质。

如果仅仅是从运用技术的角度来考虑新闻传播,则我们正好掉进韦伯所说的"工具理性"的陷阱。人们在现时利益的追求上往往高度理性,并因此而变得狭隘,从而在对长远利益的把握上变得非理性。韦伯为此提出工具理性和价值理性的概念,认为从价值理性的角度来考量,纯粹的工具合理性其实就是非理性,并且把价值合理性与工具合理性的离异当作现代社会面临的一个严重问题。新闻的传播也同样如此,追求时效不能脱离新闻报道的根本目的,否则不但不能产生良好影响,反而在社会上制造混乱,甚至会给社会和人类带来不幸。而从现实的功利的角度来看,只有时效没有准确性的新闻,最终也会伤害媒体在公众中的信誉。

还有一类反转新闻源于媒体通过裁剪事实所进行的故事重构。每个事件都包含很多小的事实,合起来构成人们对于事件的某种理解。如果对这些小事实进行裁剪,突出一些而忽略另一些,就有可能导致人们对同一事件产生完全不同的理解。这也就是传播学上所谓的"议程设置"效应。人物报道是记者最常进行故事重构的领域。一个人的人生经历各种大大小小的事件,相互影响而决定个人的选择和现状,但是一篇报道既不能容纳所有这些事件,也很难真正还原出事件的相互关系,记者的报道必然是一种重构,重新赋予其意义。近年若干事实重构的报道案例引起广泛争议,其中,《人物》杂志2018年5月3日刊发的特稿《奥数天才坠落之后》是一个典型案例。

该文讲述"奥数天才"付云皓被保送北大后,因沉迷游戏而无法毕业,后来在一所二本师范学校任教的故事。文章的主要事实和一些细节是准确的,但是却通过事实的剪辑和重新组合,"虽然未直接给付云皓的人生扣上'失败'二字,但却处处渗透着与世俗成功观两相对比下的失意与落魄。"② 文章发表的第二天,付云皓本人即公开回应,认为文章对他进行了选择性报道,不符合事实,也否认文章所体现的价值观,即一个在科学有天赋的人如果没有从事学术研究就是坠落。付云皓本人的回应使这篇文章在网络上引起广泛讨论,大多数网民认为该文预设立场,批驳了

---
① 年度传媒伦理研究课题组,周岩,王侠.2016年传媒伦理问题研究报告[J].新闻记者,2017(2):10—11.
② 年度传媒伦理研究课题组,王侠,等.2018年传媒伦理问题研究报告[J].新闻记者,2019(1):20.

文章中所体现的流行成功观。

从表面上看,这类故事重构在事实核实环节上似乎没有问题,舆论的反转仅仅是因为价值观的冲突,实际上,根本原因仍然在于记者没有遵守关于事实需要交叉核实的基本报道规范。根据付云皓的回应,报道在一些细节上是失实和不准确的,如文中说付云皓的母亲是清华附中教师,而付云皓声称其母从未供职过清华附中;文中说付云皓高中成绩"语文一直拖后腿,英语也挤不进年级前列",但付云皓回应初中和高一成绩均是班级前五。① 记者对重要事实的模糊处理和对一些细节的错误呈现,违背了新闻报道真实性和客观性要求。更重要的是付云皓在自白书中的追问:"这篇采访到底是记录我本人,还是记录大家口中的我呢?"作为一篇人物报道,记者忽视当事人的自我陈述和自我感受,而是以外围采访为主,这严重违背了新闻核实的要求,外围采访毕竟是旁观者的眼光,应该也必须得到当事人的核实。

国内有学者认为,在新媒体语境下,"每个个体都是事实真相显现过程的参与者、阐释者和监督者",②反转新闻是"新闻真相的别样呈现,体现了新媒体环境下社会现实的复杂性"。③ 在新媒体环境下,核实事实的难度大大增加,这些说法或许有一定道理。但是,这并不是说,记者在事实的核实上就无可为了,实际上,绝大多数反转新闻皆是记者初始报道不充分和报道失实所致。新媒体环境要求记者具备更高的专业性来赢得社会公众的认可和尊重,而不是为自身报道的不专业寻找借口。

2019年5月10日,江西上饶发生一起小学女生父亲在校园内持刀行凶,杀死一名小学男生的恶性事件。事发后,不少人很同情杀人者,认为男生长期霸凌女生,无人管束才导致凶案。但是,很快媒体的后续报道显示,不存在所谓长期霸凌,行凶家长存在严重性格问题。这些信息公布后,更多人倾向于认为,女生父亲可能存在精神障碍,而杀人事件更可能是一起小概率事件。看起来是公众对这个事件经历了态度的反转,实际的原因是前期报道不充分,关键事实和情节没有交代清楚。一位媒体从业者认为,少经历反转新闻的关键是记者要"预先存疑","一旦追溯素材来源、交叉验证信息、搜集延伸资料、平衡不同视角、考虑多元阐述成为本能或者下判断前的必备流程,所谓反转很难出现。"④

两位美国学者科瓦奇和罗森斯蒂尔认为,随着信息技术的发展和信息发布门槛的降低,我们所处的信息环境越来越复杂,以各种机构制作的新闻来说,就有确证式新闻、断言式新闻、肯定式新闻和利益集团式新闻之分。针对此种境况,两位

---

① 付云皓的回应可见知乎文章《奥数天才坠落之后——在脚踏实地处 付云皓自白书》,可见网址:https://zhuanlan.zhihu.com/p/36397449,回溯日期:2019.5.29.
② 陆学莉.反转新闻的叙事框架和传播影响[J].新闻记者,2016(10):41—49.
③ 宋祖华.新闻真相的别样呈现:反转新闻与新闻真相关系的再思考[J].新闻界,2017(12):39—43.
④ 张森.为什么经过思考的新闻不会"反转"?.刊于微信公众号"新闻实验室"(微信号:newslab),2019.5.1.https://mp.weixin.qq.com/s/dm64-DVXvwNL74LHjsO73Q

学者提出公民应该建立"怀疑性认知方式",即"看到不等于知道,发现真相并不仅仅意味着掌握一两个事实然后就把它们传播出去"。[①] 实际上,这种怀疑性认知也是在复杂环境中记者核查事实必须要有的思维品质。保持怀疑的精神看起来很容易,但实际操作起来需要记者有高度的反省精神和坚持的毅力。新闻核实的过程也就如两位记者所言:

  写你能证明的东西,而不是你认为是真实的东西。就算你认为自己理解了这个东西,证据有所暗示,你还是要保持怀疑。"差不多肯定"还不够,必须要"知道"它一定真实。你要能在具有怀疑精神的公众面前,在驳斥官方蔑视时展示、确立、辩护和证明它是真实的。[②]

[①] 比尔·科瓦奇,汤姆·罗森斯蒂尔.真相:信息超载时代如何知道该相信什么[M].陆佳怡,孙志刚,刘海龙,译.北京:中国人民大学出版社,2014:36—37、110.
[②] 同上书,第101页。

第九章　突发事件采访

突发事件是指那些事先无法预知的突然发生的事件，人们一般很难为应对它们作出充分、有效的准备。社会上每日发生的诸多事实，有不少都是事先未曾谋划、难以预料的突发事件，其影响也有大有小，大的如美国"9·11飞机撞大楼"，改变了国际关系格局；小的如邻里吵架、火灾事故等市井故事。大的突发事件往往成为全国乃至全世界关注的焦点事件，围绕它们的新闻竞争也异常激烈。那些市井琐细的故事则成为不少都市媒体着力开发的新闻资源，报纸和电视都纷纷开出新闻热线，接受受众的报料，而这些报料的线索大多是突发事件。

突发事件都有鲜明的时效性，有确定的而且易逝的事件现场。但是，记者却无法预先获知消息，相比于可预知的事件，记者很难亲身遭遇突发事件，因此，它特别考验记者的捕捉事实和细节的能力。不少突发事件都是硬新闻，而那些灾难、事故、冲突常常就是突发事件的核心内容，这给记者的采访带来了更大的难度和更多的危险。另一方面，对突发事件的报道成为媒体市场竞争能力的一种折射，是记者必须具备的业务素质。

一、快速反应是关键

没有什么比突发事件的报道更能展现新闻时效竞争的激烈。在那些举世瞩目的重大突发事件报道上，时效的竞争真可谓争分夺秒。2003年3月20日，伊拉克战争爆发。抢发开战消息成为世界各大媒介机构的角力点。当时，新华社聘请的驻巴格达报道员贾迈勒通过电话向新华社中东总分社口述信息："巴格达上空响起警报声。"随即又报告："巴格达城响起巨大的爆炸声。"这两条信息都以英文特急快讯发出去。而第一条信息的发出则比世界著名的美国有线电视公司（CNN）快10秒，新华社因此而获得伊拉克战争报道世界第一的地位。[①]

有时候，因为种种偶然的机缘，记者可能会亲身经历突发事件发生的那一刻。由于思想上毫无防备，并非所有人都能把握住这些突发事件。因此，记者的现场反

[①] 马胜荣.时效的魅力[J].中国记者，2003(5)：4—6.

应和决断能力,就成为能否把握新闻事件和赢得竞争时效的一个非常关键的因素。有人说,记者的工作是24小时的,正是从突发事件这个角度来说的。记者的新闻神经应该是时时刻刻绷紧的,因为不知道在什么时候、什么地点,一旦有事情发生,记者就要能非常快速地意识到,这有可能成为新闻,并投入采访调查中。

1986年9月韩国汉城(现名首尔)亚运会开幕之际,汉城机场候机楼突然发生爆炸。中国新闻社记者第一个对外发出了这次爆炸的消息。① 当时的情况是,这位记者去机场接同事,机场候机楼一层左侧发生爆炸事件,当巨大的爆炸声传来,他本能地看了一下手表,记住了时间,随后冲往现场拍照、采访。为了抢时效,记者首先通过长途电话将消息口述给中新社香港分社,而后再补发了一篇比较详尽的现场目击通讯。这篇短短的100多字的口述消息后来获得了当年全国好新闻一等奖。(见案例9-1)

▶ 案例9-1:

中国新闻社汉城9月14日16时电(记者谢一宁)今天下午3时12分——汉城时间,汉城金浦机场候机楼一层左侧发生一起强烈爆炸。据记者目击,现场至少1人死亡,5人受伤。爆炸地点附近周围10米所有玻璃窗、物件全被炸毁。警察立即封锁了整个机场,包括邮局。驱走新闻记者,警方拒绝回答任何问题。炸弹爆炸后,整个一层候机室烟雾弥漫,当局出动大批警察封锁现场。伤亡人员被立即送往医院。

突发事件会以各种各样的形式、在各种各样的场合与记者碰面。当你清晨拉开窗帘,窗前意外地雪花飞扬,在美丽的雪景背后也许就藏着新闻。当你坐车或开车在繁华的大道上,因为堵车半小时而郁闷烦躁的时候,也许你正是跟在突发事件的后面。因此,记者需要保持对平常事物的敏锐的观察力,保持对周围场景的好奇心,这样才不至于跟突发事件失之交臂。

曾经参与创办《东方时空》《焦点访谈》《实话实说》《新闻调查》等一系列著名栏目的电视人孙玉胜,在其著作《十年》中讲述了一个自己经历的日常突发事件报道的失败故事,其中教训值得深思。②

2001年12月7日,北京下起了入冬的第一场雪。这场雪并不大,但由于雪后天气迅速转冷而地面上冻,结果导致了北京整个市区交通系统的瘫痪。那一天有140多万辆机动车被困路上,下班的人们回不了家,幼儿园的孩子没人接,成百上千的乘客误了飞机和火车。有的人放弃机动车交通工具,在雪地上走三四个小时的

---

① 蓝鸿文.突发事件的采访与报道[J].新闻界,1999(4):16—18.
② 孙玉胜.十年[M].北京:三联书店,2003:491—492.

路程而步行回家。那一天下午，孙玉胜和他的同事忙于工作，晚上也和普通市民一样被困路上，通过电话和家人联系。他们都没有意识到这是一个突发新闻事件，中央电视台的几个主要新闻栏目均无反应，而其他媒体却做出《风雪夜归行路难》《北京交通经受"雪"的考验》等生动报道。事后，孙玉胜曾说："这个事件本身就可以做深度报道，更何况它还暴露了一个城市在管理和应急能力方面的隐患——在2001年的冬天，这个问题具有格外引人关注的收视需求。"

在另外一些案例中，记者则因为及时对异常情况进行关注和分析，在较早时间掌握了突发事件的信息，并跟踪深入采访下去，从而赢得了报道先机，并在激烈的新闻竞争获得成功。1999年4月15日下午4时许，一架韩国货机在上海莘庄镇坠落，上海《新民晚报》的三位记者对这一突发事件的及时报道就体现了这种快速反应能力。他们当时分别坐在回家或出门采访的汽车上，因为发现道路交通的异常状况而跟踪下去，从而捕捉到了这一突发事件。其中一位记者在事后写的采写体会中是这样来描述她在下班回家的路上的情景：

"不料在沪闵路上，不时听到身后呼啸声大作，不断有警车、消防车和急救车超车，开到梅陇时，交警干脆禁止所有常规车辆通行，为特殊车辆让道。这种异乎寻常的景象，很令人惊诧。我们尾随一辆消防车，急速开到现场附近，才明白过来，是飞机失事。"①

由于记者赶到现场的时间较早（距坠机时间大概只有二十分钟），在现场还能看到解体的飞机在燃烧，因此，他们在报道中能真实、具体地记录下事故现场的概况、场景和气氛，并且可以赶在截稿时间前做多方位的深入采访。

当然，快速反应也是需要一些物质条件作支持的。录音机、照相机和摄像机是记录现场的非常有力的工具。所以，记者出门，不管是为工作，还是休闲度假，或者是去机场车站接人，都应该随身带上这些器材，以备应急之需。如果觉得这些器材累赘，记者至少要有一个具有较好录音、拍照和摄像功能的手机。另外，在紧急情况下，记者可能需要及时联系外界，也可能需要金钱来为自己的采访赢得方便。记者出门还应该随身携带通讯录和一定数量的金钱。

大多数时候，记者没有那么幸运，没有机会亲身经历突发事件，往往是在事件发生后，由别人来为记者提供新闻线索。对于线索价值的判断能力就成为记者快速反应的一个前提。

2007年暑假，上海发生一件颇有影响的事。上海师范大学的一位教授在带领

---

① 陈竹. 尽记者之责[J]. 报刊业务探索, 1999(22).

学生科研考察时,因为救学生而不幸牺牲。这个事迹经《文汇报》率先报道后,得到上海市各大主流媒体的关注和跟踪报道,后来,新华社等中央级媒体和外地媒体也加入报道行列中。仔细分析《文汇报》最早的报道情况可以发现,记者之所以能抓到这个独家新闻,与他的新闻判断能力和快速反应能力都是息息相关的。

根据新闻报道和记者事后所写的采访体会,①贺宝根教授舍身救人的事情发生在 8 月 8 日晚 7 时许,两天后的 8 月 10 日下午 2 时半左右,记者从上海师范大学一位教师朋友的短信中,偶然获知贺宝根在崇明东滩湿地考察时不幸遇难的信息,但是具体情况不明。记者意识到这不是一个普通的事故,而是包含显著的新闻价值。他立即打电话找熟识的相关人员核实,没有结果。于是,又联系崇明东滩自然保护区的负责人,基本事实得到确认。后来又辗转联系上负责处理这一事故的派出所所长,了解到准确的情况。3 个小时后,记者已经确认可以拿到事件的第一手材料,并且可以制作新闻。此后,记者又采访到熟悉贺宝根的人,了解贺的平素为人、专业研究和教学水平。第二天,《文汇报》以头版显著地位刊发了这条报道,贺宝根的事迹迅速在社会上产生广泛影响。

对于突发事件报道来说,记者甚至应该连赶路的时间都应该好好计算一番。因为不少突发事件采访都会受到一定的限制,早半天到达,甚至早一分钟到达,记者往往就能因此而占据有利的采访条件。1996 年亚特兰大奥运会期间,奥林匹克公园发生爆炸。新华社记者听到巨响后,本能地抱着照相机冲出办公室,向公园方向飞奔。当记者到达公园围墙外,拍下几张照片后,警察就开始驱散人群。记者拍到了距第一现场最近的照片。随后,警方封锁圈不断扩大,记者只能不断后退。②

关于赶路的时间对于记者报道的影响,《文汇报》的资深记者曹家骧曾经写过下面一段文字,很生动地展示了采访突发事件时的时间观:

"2004 年 1 月 23 日,黑龙江鸡西发生了 1.23 矿难,中午 12 点多发生的。新华社 13:50 发了一条快讯;报社 14:20 通知我;我 15 点离开报社回家做准备,并咨询飞机航班动态、订票到浦东机场候机,18 时许坐在了飞机上。20:30 抵哈尔滨机场,进程 1 小时 10 分钟;21:40 找到火车站一个宾馆,没有宽带;再找,放下行李,去省经委采访,23 点回宾馆,发稿。这样,就比别人多了一条稿子。如果,你当天晚上坐长途汽车去鸡西,6 个半小时,清晨 4 点钟到,上不着天,下不着地,你会浪费好几个小时,少发了一条稿子。"③

---

① 洪崇恩.有仗平时积累　得来仍需心思[J].报刊业务探索,2007(17):1—2.
② 周凤桥."我庆幸早到一分钟"[J].中国记者,2004(5):73.
③ 曹家骧.让我们一起,走遍中国[J].报刊业务探索,2005:19—20.

二、打有准备之仗

突发性事件一般都是猝不及防、难以事先准备应对的,要对突发事件采访打有准备之仗,这似乎是矛盾的命题。其实不然,不少突发事件是有"前兆"的,例如名人去世、洪水决堤等。事物发展有一个累积的过程,最后由量变到质变,就出现我们眼里的所谓的突发事件。如果记者事先能够用心观察,把握"前兆",在"量变"的阶段就对事物进行跟踪和调查,则有可能预测到后来的"质变",并事先做好应对预案,到真正的事件发生时,就可以从容不迫,应对有序。也正是在这个意义上,著名电视人孙玉胜说:"抓住新闻线索,跟踪新闻事件发展进程,尽早作出突发事件的应对预案,选择好介入的角度和时机……这应该是新闻媒介和新闻记者必备的职业素养。"①

在各类突发事件中,名人去世是媒体和记者能够而且应该事先有所准备的。对于那些有卓越声望而且年事已高的政界、学界、文化界各类名人,记者应该早早准备其生平资料,甚至包括一些相关的外围采访,提前准备一部分稿件。这样,突发事件来临,事前的准备稿件也可以配合主要稿件而刊发,不至于应对无措。

1997年2月19日邓小平去世,作为世界瞩目的风云人物,该消息甫一传出,世界各大著名新闻机构就推出连篇累牍的报道。央视新闻中心在半年多以前就成立两个时政摄像组值班,以应对突发事件,并着手整理编辑邓小平生平资料,以备急时之需。而美国的CNN电视网着手准备的时间甚至更早,准备工作也更细致。作为当时央视新闻中心的负责人,孙玉胜曾感叹:"如果我们事先准备得再周密和具体一些,对小平逝世的电视报道效果也许会更好。特别是《焦点访谈》可以做得更深入,更具感染力,而不是简单地采访一些群众反应。"②

现在,已经有越来越多的国内媒体和记者意识到对名人去世新闻提前准备的重要性。2005年我国著名人类学家费孝通去世,北京《新京报》对这一事件的报道就是一个例子。费孝通在4月24日深夜的22时38分逝世,享年95岁。新华社25日发出讣闻电讯,日报一般是在26日出现报道。大多数报纸都是刊发单篇的讣闻报道,有的只是简单引用新华社电讯,有准备的媒体则会在报道中添加一些人物生平资料和费家祭奠的现场情况。《新京报》在26日则推出一组5篇报道,包括消息性的讣闻、费孝通生前所工作的北大法学院悼念活动的现场报道、长篇的费孝通生

---

① 孙玉胜.十年[M].北京:三联书店,2003:290.
② 同上书,第288—289页.

平介绍(包括图片资料)、江村①老人对费孝通的追忆报道、对江苏吴江市开弦弓村村委会委员的专访等。可以看出,这些报道牵涉大量的背景资料,以及对于相关人物的寻访工作,绝非一日之间可以完成,只有在事前做过精心的准备工作,才能在很短的时间里组织起层次丰富、内容充实的报道。

俗话说"础润而雨""月晕而风",有些突发事件其实是一个渐进发展的结果。如果记者能够对突发事件前的形势有所关注和预判,就可能为突发事件的来临预先作好准备。1998年夏长江中下游发生的特大水灾就是这样一个例子。水灾险情出现在当年的7、8月份,但是早在4月7日,新华社记者就曾发出电讯,推测当年可能出现大洪水。其依据包括长江中下游干流和洞庭湖、鄱阳湖水系反常地在枯季出现高水位,以及头年冬天和当年春天的大雨暴雨现象等。在当年6月长江沿线一进入警戒水位,中央电视台就派记者奔赴沿线进行跟踪报道。对水情形势的密切关注和提前准备工作,为后来及时、充分的报道提供了基础。

确实有一些事情事先毫无征兆,对于记者来说是无法预测的,比如火灾、地震、恐怖袭击等。但是,对于训练有素的媒体和记者来说,对于这类事件的报道往往也可以看出提前准备的痕迹。原因在哪里呢?

其实,我们仔细分析会发现,现实中的突发事件有不少是主题重复的,如矿难、集体中毒、地震、火灾等。记者虽然不能预测事件发生的时间和地点,但对于同一主题的事件,其在发生、发展上往往都有一些共同性,记者在采访报道时所面对的问题、可能存在的困难、需要联络的人员,乃至报道的结构和重点,往往也是有共通性的。因此,有些媒体会根据本地区的特点,总结出一些频发事件的应对方案,为不可预测的未来提前做些准备。

美国东南部的佛罗里达州濒临大西洋,是个频频受到飓风袭击的地方。位于佛罗里达劳德代尔堡的《太阳前哨报》就制订有详细的方案,供报道灾难特别是飓风时使用。"该方案列出了在报道灾难时每位编辑要负的责任、分派给每位记者的任务(包括去医院、市区和各种相关机构),另外还有警察局、消防队救援机构、医院等公共事业单位和其他一些地方的电话号码,这些在灾难报道中有重要作用。"②

在通过应急方案应对突发事件并成功组织报道的媒介中,美国的《圣何塞水星报》可谓典范。1989年10月17日美国发生旧金山大地震,波及地区广泛,造成超过100亿美元的损失,成为美国历史上最严重的灾难之一。《圣何塞水星报》所在的圣何塞地区也因为地震而电力中断。但是,第二天早晨该报不仅出版了完整的报纸,而且出版了12个地震专版,地震专版甚至还得到加印。此后三四天的时间

---

① 江苏吴江市的一个乡村,费孝通生前曾20多次走访该地。20世纪30年代,费孝通主要根据对该村的调研而写成名作《江村经济》,费孝通的结发妻子在彼时的江村调研中不幸遇难。
② 卡罗尔·里奇.新闻写作与报道训练教程[M].钟新主,译.北京:中国人民大学出版社,2004:474.

里,该报又每天推出12到16个不等的地震专版。之所以能够做到这样,是因为报纸设计有一整套的涉及方方面面的灾难应急措施,从采访到印刷、发行都被包含。后来,《圣何塞水星报》因为本次杰出的地震报道而获得当年的普利策奖。①

对于突发事件的报道准备甚至需要延续到事件发生之后。不少突发事件报道都不是以个人之力可以有效处理的。突发事件本身的重要性与投入报道的力量应当是正相关。越是重大的突发事件牵涉的头绪越多,投入的人力也应当更多。那么,在奔向现场采访之前,在记者和记者、记者和编辑之间要有一个分工和配合,背景资料的搜索、报道层次的安排、相关人员的联络,甚至具体的采访工具的调配等,都需要有一个统筹规划。如果说突发事件是对现存秩序的破坏,给现实带来混乱的话,那么,这些准备和规划就是力图将混乱变成有序,使采访报道工作能够有条不紊地进行。

一位美国教授在大陆的新闻业务培训课上,曾介绍美国报纸对突发事件的通常应对方法。他认为报纸首先要做的不是让记者涌向现场,而是在报社编辑部立即召开紧急会议,进行讨论、分配工作,然后将合适的记者(比如记者所在位置距现场最靠近等)快速派往现场。在现场的记者应通过电话和后方的编辑和决策者随时保持联系,报告现场情况,供后方判断和决策。报社里要根据情况随时召集中小型策划会,在主要人员之间交换信息,调控记者的采访报道工作,防止报道的撞车现象。②

三、突发事件的现场

1. 还原事件现场

突发事件都是在确切的时间、确切的地点发生的事情,会有一个清晰的现场,这个现场的状况直接影响到人们对事件本身的认识和判断,而且由于突发事件是对事物常态的一种破坏,受众通常对事件现场也充满好奇心。记者采访突发事件所负载的一个相当重要的任务,就是为受众还原现场。记者的眼睛就是受众眼睛的延伸。

如果记者能在距事件发生较短的时间里获知线索,通常,事件发生时的状况还有或多或少的保留,记者应该尽可能快地奔赴现场,通过照片、录像和文字等多种手段尽可能记录下原始现场状况。如果是自然灾害、交通事故、火灾之类的突发事件,波及面比较广,记者甚至还应该记录自己逼近现场的路上的所见所闻,以及对

---

① 莱特尔,哈里斯,约翰逊.全能记者必备(第七版)[M].宋铁军,译.北京:中国人民大学出版社,2005:318—319.
② 曹立.美国媒体对突发新闻的应对预案[J].报刊业务探索,2004(20):10.

于事件现场的感知过程。2005年11月吉林石化公司发生爆炸事故,新华社记者报道的"现场目击记"就在这方面做得相当出色(见案例9-2)。记者记下采访途中高速公路上疾驰而过的消防车,然后又分三个距离节点给读者展示了逼近现场的一路见闻和现场状况,层次丰富,描述清楚,展现了记者良好的把握现场和细节的能力。

大多数时候,记者都是在事件发生后的某个时间介入现场,无法亲历事件发生的始终,很少目睹事件发生那一刻的状况,而这恰恰是受众最关心的时刻。作为一种弥补,记者到达现场后应尽力寻访事件初发那一刻的目击者,通过目击者的眼光来还原现场的初始状况。

记者到达现场的时间越早,就越容易寻找到目击者,因为现场围观的人们可能还未散去。如果记者到达的时间较晚,或者一两天后到达,对于车祸、火灾、爆炸之类的突发事件,寻找目击者就成为一项艰苦的工作。记者要善于根据蛛丝马迹,判断目击者可能的来源,有时甚至要翻动户口簿和居民档案,才能找到需要的采访对象。

有时候,现场目击者对于突发事件的认知来说非常重要,记者的采访必须找到目击者,否则报道就会显得没有说服力。

有可能的话,记者应该尽量寻访多位目击者、寻访不同身份的目击者。因为目击者所提供给记者的现场状况属于第二手材料,因为观察不精细、主观成见、个体能力差异等种种原因,其中难免有粗疏、错讹之处。将不同身份、年龄、性别的目击者提供的材料相互参照,有助于还原真实的现场状况。如案例9-2中,记者记录了三位有代表性的目击者(大学生、记者、市民)的说法,而记者实际采访的目击者应该多过文中所记录。

▶ 案例9-2:

巨大的蘑菇云笼罩在城市上空
——吉林石化公司双苯厂爆炸事故现场目击记

新华网吉林市11月14日电(褚晓亮、迟海峰)11月13日下午1时45分左右,中国石油吉林石化公司双苯厂发生着火爆炸事故,事故地点位于吉林省吉林市东北方向的龙潭区。下午3时许记者从长春市赶往现场采访途中,见到4辆吉林省消防总队的消防车也在高速公路上疾驶,紧急赶往爆炸现场救援。

在离吉林市还有十几里的路上,记者看到在东北方向一朵巨大的黑色蘑菇云笼罩在城市上空。距爆炸现场两三公里时,开始闻到刺鼻的气味,看到路上有居民正向外撤离。在距离爆炸装置不足200米的位置,可以清晰地看到有数团巨大的火光在夜色中闪耀。事故现场有数十辆消防车和警车,近百名消防队员正在紧张忙碌。

据吉林化工学院2005级化学专业学生覃琴回忆,当日下午快2点时,她正和同学在校园内散步,突然听到一声巨响,仿佛大地都在颤抖。她和同学纷纷跑出校园,看到吉林石化公司双苯厂方向浓烟滚滚,街上的很多商店和住宅房的窗户都被震碎。下午5点左右,她和同学接到学校通知,要求全体学生务必转移出学校,她和几名同学乘出租车迅速转移。

当地一位电视记者说,爆炸发生后,他们在第一时间赶到了现场,刚走到双苯厂大门外,又听到一声巨响,同时有一些爆炸的碎片从厂区向外飞溅。他们身后的一棵大树被碎片击中,树枝砸落一地。

一位姓姜的市民向记者介绍,爆炸连续发生了五六次,事故现场周围一二百米内的窗户玻璃大面积被震碎。受爆炸影响,部分水电气设施发生故障,一些居民区内的水电气供应暂时中断。

截止到14日凌晨记者发稿时,6名失踪人员还没有找到,有2名重伤人员已经完成手术治疗,20多名轻伤人员正在住院观察。

对于比较严重的突发事件,如地震、水灾等,往往同时存在多个现场,记者要能选择有代表性的地点一一踏勘。

有时候,突发事件还有第一现场和第二现场之分。比如一场车祸,第一现场应当是在马路上,但是如果车祸中有人身伤害,有伤员被送往医院,则医院就成为突发事件的第二现场,虽然这个现场比第一现场的重要性稍次,但仍然包含大量的第一手信息,记者仍应尽可能前往采访。

在数字化传播时代,某种意义上,突发事件报道已非新闻记者的专职权利。博客、手机和互联网论坛都成为人们扩散和交换信息的重要管道。新闻发生地的目击者们会将自己的所见所闻写到网上,将自己拍摄的照片和录像传到网上,形成了重大突发事件中甚为壮观的互联网"草根新闻"现象。这就意味着,在采访突发事件时,记者除了要去现场看、去现场问之外,也应该充分利用互联网资源,通过互联网来寻找现场目击者和对现场人士进行采访。

这也意味着,一些在传统意义上记者无法到达的现场、无法接触的突发事件,如国际新闻事件,在互联网时代,国内媒体的记者不出国门,也有可能完成有自身特色的报道。2007年4月16日美国发生一起校园枪击案,国内媒体从17日开始陆续报道,由于案件中的一些悬念性因素,国内媒体投入的报道篇幅十分显著。上海《东方早报》的编辑记者主要通过互联网,也结合电话采访,和现场人士广泛接触,尽管不能到达现场,但是通过这些数字技术的途径,其所发报道不仅很深入,也相当权威,十分可信。

2. 关注人的因素

归根结底,事件的意义在于事件中的人。因为人,这些事件变得重要或者不那么重要;因为人,这些事件让我们觉得悲伤或振奋。因此,记者在现场采访时应密切关注其中人的因素。没有对具体的人的考量,灾难事件所造成的伤害就是冰冷的统计数据;没有对具体的人的考量,人们也难以从突发事件的破坏性影响中看见希望和未来;甚至,没有对人的关注,我们也难以对事件的新闻价值进行评估。

收集现场人们的反应。假如是突降一场大雪,记者在街头会看见种种景观,看见匆匆赶路和雪中工作的人们。记者不妨去问问这些人,就会得到他们对于这场大雪的评价和感受。如果是一场地震,记者采访受灾的人们,就会在残垣断壁之外发现对于损失的具体的感受方式,它可能是由一串串的故事连成,包含许多生活起伏的感慨。

如果是一场灾难性事件,记者还应该关注与突发事件相关的各个职能部门的活动,以及对灾难中的人们的处理情况。如果是一场车祸,记者应该关注什么时间人们报警,警察什么时间来到现场;如果有伤员需要急送医院,记者就应该了解人们拨打120救护电话的情况,以及救护车花了多长时间到达现场。或者,这些相关职能部门在处理突发事件时也有自己的难处,那么这也是值得记者去报道的内容。灾难中的受害者得到有效安置了吗?他们被安置在哪里?伤员是否被及时送往医院,伤情是否稳定?寒冷的天气里,人们是否足够的御寒之物?等等。

如果是空难,记者应该设法得到一份乘客名单。民航机构有,但是他们可能不愿意及时提供给记者,有可能遇难者的亲属会更容易索要得到。但是,这要被包含在记者的采访策略中。

记者在现场还应该关注和寻找突发事件中那些"有故事"的人,或者是关于这些人的线索。新闻要写故事。突发事件报道不仅要告诉人们关于事件的基本信息,也应该写出事件中的人的故事。那些灾难中的遇难的人、获救的人,救他们的人,那些因为突发事件而被改变生活的人,那些迁移的人、离开的人,还有那些在犯罪事件中害人的人,等等。文学理论家说,那些经典小说所讲述的故事往往体现了对时代特征的深刻的洞察和概括。在人物的故事里,人们可以获得对于突发事件,特别是灾难事件的社会影响的深刻感知。

2007年12月10日凌晨零时多,湖北境内发生岩崩事故,导致湖北出入重庆的重要干线交通中断,所幸无人员伤亡。当地的《三峡晚报》记者在采访中发现,在距岩崩的山体甚近的公路旁有一个加水站,而岩崩发生那一刻,曾有两辆卧铺客车经过该路段,恰是由于开水站的一名农妇及其妹夫的及时拦阻,客车停行,才使两车乘客得保安全。救人农妇的故事成为岩崩事件中最让人感动的一幕,而记者能迅速寻找到这位农妇,也与他们的现场分析和判断能力相关。

有时候,这些人物故事本身也可以为受众释疑解惑。2001年,石家庄发生"3·16"特大爆炸案,造成100多人死亡和30多人受伤。这一事件也给人们带来巨大的疑惑和思索。3月23日,犯罪嫌疑人靳如超在广西北海落网,新华社在争取获得公安部同意授权发布这一消息后,还以犯罪人为着眼点,采写了深度报道《靳如超供述石家庄"3·16"特大爆炸案犯罪经过》《靳如超为何如此疯狂犯罪》,这些报道回答了当时群众中存在的疑惑,产生了良好的反响。

要有人文关怀精神。灾难事件常常是和死亡连在一起的,如空难、火灾等。在这些场合的采访中,记者要有人文关怀精神,不可以过度打扰亡者的亲属,特别是在灾难的现场,面对悲痛的亲属,记者没有权以新闻为理由来让别人承受更多的痛苦。面对这种情况,《人民日报》一位采访空难的记者的做法值得称赞,他的思考也很有道理:

"来到接待家属的宾馆前,对灾难报道毫无经验的我本想写个特写:家属怎么盼亲人归来,有关部门怎么热情接待。然而,到那儿一看,家属哭天喊地,撕心裂肺。显然,采访家属不合时宜,渲染悲惨气氛更不应该。于是,我给'人民网'发了一条《北航失事客机乘客家属陆续抵达大连》的消息后就离开了。此后,我一直没去打扰家属。但也有许多媒体对采访家属很感兴趣,结果遭到家属的抵制,有的记者的胶卷还被曝光,差点挨打。有社会责任感的媒体,应该从人文关怀的角度做深度报道。"①

四、气象事件和火灾车祸

1. 气象事件

天气是人们日常见面聊天的最常见的内容。每个人都关心天气。一旦天气发生剧烈的变化或者出现反常的情况,就足以引起这个社会大多数人的关注,构成和形成所谓的"气象事件"。冬天里下的第一场雪是新闻,下了十年里最大的一场雪也是新闻。当人们一觉醒来发现莹白的世界,他们也希望能从当天的早报、早晨的收音机和电视上看见关于这一场雪的报道。对于记者来说,下雪就是一场突发事件,具有突发事件猝不及防、时效性极强的特点。

---

① 王科.我在大连报道"5.7"空难[J].新闻战线,2002(7):28.

有些时候,气象事件的影响不限于气象本身,还会在现实生活中产生一连串的反应。例如,大雾的天气可能制造很多交通事故,骤冷的气温会让汽车里的汽油凝固,让汽车无法启动,大雪甚至会导致城市交通系统的瘫痪,等等。这个时候的气象事件就演变成非常重要的新闻了。如果特殊的气象跟某个特殊的日子(如节日、纪念日等)叠合在一起,这就足以使媒体派出一个报道组来进行专项报道。

2006年12月23日的清晨和上午,上海出现浓雾天气。这一天恰逢周六和冬至,上海人普遍有出城扫墓的风俗习惯,于是这一场大雾就成了十分重要的新闻。上海的都市报《东方早报》第二天用了整版的篇幅,刊登了长长短短7条相关报道,以大雾对交通的影响为落脚点,记者采访了解了上海有代表性的交通地点的交通状况,收集了大雾对扫墓影响的统计数据,还采访了气象部门,为大雾现象提供解释,对未来天气走向进行预测。下面是其总括性的两段文字,从面上介绍了大雾对扫墓的影响及未来天气走向。

"昨天是冬至后首个休息日,不少申城市民选择在昨天外出扫墓。但早晨一场局部能见度低于500米的浓雾阻碍了市民扫墓的脚步。据来自本市民政部门的统计数据显示,受到昨晨大雾的影响,昨日前往各大墓园祭扫的人群相比前日99万人次而言,减少过半,只有43万人次前往各个墓园祭奠亲人。

"上海中心气象台提醒,今天早晨局部仍然有雾,相关部门和外出扫墓的市民仍得注意交通安全。"

反常的、罕见的气象尤其吸引人们的注意,具有特别的新闻价值。例如下面这篇2005年的报道(见案例9-3),当降雪和雷电同时发生,就是非常特殊的气象,这样的新闻可以构成报纸的头条,或者一天中最重要的新闻。记者不仅报道了现场和市民的反应,还报道了灾难性天气所带来的破坏和社会影响。而对于未来天气走向的预测则是这类报道中理所应当的内容。

▶ 案例9-3:

山东威海烟台雷电交加迎来第三场强降雪

中广网济南12月21日凌晨消息　橙蓝色的闪电、沉闷的雷声伴随着七八级西北风的吼叫,暴雪纷飞。从20日8点开始,今年入冬以来第三场强降雪深度袭击了地处山东半岛最东端的威海、烟台两市。大冬天雷电交加,这在北方十分罕见。

20日晚上9点,记者在威海市文化中路上看到,一个小时前还是清理得干干净净的路面,现在已经被厚厚的积雪覆盖。暴风雪在霎时间让夜色中的威海能见度不到10米。夜行的司机纷纷给车轮装上了防滑链,路上行人只好捂着脸、低着头走路。一位行人告诉记者:"这雪下得还没完没了了,以前没见过威海这么大的雪,这么猛,又打雷打闪,挺吓人的。"

面对大雪,威海交巡警上路顶风冒雪现场引导交通,并随时准备紧急救助。一位交警说:"看来这场雪又很大,路上的机动车跑起来很不方便,我们交警基本都上路了,要尽最大努力保证道路畅通和行人安全。"

雷电交加的暴风雪在中国北方十分罕见;接二连三地遭受暴雪袭击,也打破了威海、烟台的气象记录。这场雪灾的主要成因就是来自蒙古中部的强冷空气急速、持续南下造成的云层剧烈运动。目前,大雪已经给威海带来3.7亿元的直接经济损失。

大雪已经考验威海、烟台半月多时间,两市人民群众已经深谙应对之道。这场大雪来临之前,威海、烟台提前发布了雪灾橙色预警信号和道路结冰红色预警信号。目前,两市蔬菜、燃油等部门提前调度,储备了充分的生活等物资;水电暖等城市基础设备部门利用前两天晴好天气对设备、管道等进行了检查和维修;民政、社区居委会等部门单位为贫困家庭、老人、残疾人送去了棉衣棉被、米、面等过冬用品;市政、环卫以及公路交通等部门已经做好雪天应对措施。

当地气象部门预报,这次强降雪将持续3天时间。此前,暴雪天气在胶东半岛已经盘旋了半个多月。这场暴风雪的到来,将给威海交通、工农业生产和中小学教育带来更加严重影响。威海、烟台两市已经紧急启动雪天应急预案,应对这场自然灾害。

天气的变化还会引发其他的新闻。冬天里城市的气温第一次降至零下,这可以做成一条气象新闻。但是,如果因为降温而引发了其他的反应,这些反应可以成为更好的新闻。下面这段文字是2005年《东方早报》所做报道的导语部分,那是上海入冬后的气温第一次降至冰点以下。记者报道的对象不是气温,而是加油站排队加油的场景:

"昨天,上海的温度降到'冰点'以下,低温不但让人们不得不穿上了厚厚的棉衣,而且它还迫使一些特殊群体更换了'血液'——本市以及外地使用0号柴油的货车、客车为了避免被冻住,大多更换-10号柴油。昨天,申城不少加油站挤满了加-10号柴油的车辆,部分加油站的柴油销售量超过日常加油量的200%。而一些司机为了能加到-10号柴油,甚至半夜排队。"

2. 火灾车祸

火灾和车祸是突发事件中经常会碰到的类型。这都是让人悲伤的事件。在这类事件中,人们除了需要知道有关事件的时间、地点、类型这些基本要素外,最关心的莫过于事件带来了怎样的破坏和伤害,例如,有多少人受伤了或死亡了,他们是什么身份,造成多大程度的财产损失,引发了什么样的后果,造成事故的原因是什么,等等。

大多数的这类事件,记者只需要发一条消息,介绍清楚基本情况即可。如果这些事件牵涉公众人物、外国人、知名企业,那么这些因素都可以使事件变得更加让人瞩目,记者还需要就这些人物、企业的背景做更多的采访,公众人物如何介入到悲剧事件中,将成为人们乐于知晓和传播的故事。

如果事件的情节比较离奇,例如,事件中出现本不可能出现的人,或者世俗中认为不相关的人却一起出现等,而这些人又有一定的社会知名度,那么,突发的悲剧事件可能就是将一些本来不为人知的复杂故事牵扯到公众的视线里,记者要以突发事件为线索来做更深入的调查和采访。

如果事件的情节比较严重,造成重大伤亡或财产损失,那么,这就是非常重要的新闻,记者需要追踪采访、连续报道。现场的救援工作、事后的善后工作都是采访报道的重点。特别是紧张的、惊心动魄的救援工作和参加救援的人员,都是值得记者深入采访和深度报道的。

对于城市的交通事故来说,记者也许还可以通过对此前类似事件的回顾,从中找出一些潜藏在偶然性之后的现象、规律。假如某一路段经常发生车祸,则也许是路段设计不合理,记者可以通过报道敦促相关管理部门改善路段状况。如果某一类型的房屋频发火灾,则也许需要政府来改善房屋设施和质量,也许需要政府加强对某些经营性企业的消防设施的监管。

下面是一篇2007年的火灾报道(见案例9-4)。在时效性的前提下,记者介绍了着火建筑物的情况、获救和死亡的人数,记录了火灾现场场景,重点报道了灭火救援状况,通过采访目击者获知火灾的起因,采访到了获得救援的人和被困者的亲属。这都是人们对这类突发事件普遍关注的内容。

▶ 案例9-4:

温州28层高楼失火至少19人死亡

中新网温州12月12日电(记者李飞云 朱小央 杨鎏晖)今天上午8:20,浙江温州市中心人民路28层的商住楼温富大厦发生大火,楼内有数百人被困,记者追随一辆增援的消防车到现场。

记者在离火场五百米的温州小南门即能闻到刺鼻的烟味。记者赶到现场时,已经有十几辆消防车及救护车到场,街道上到处是水,留下灭火后的痕迹。目击者告诉中新社浙江分社记者,火是从一楼东面的花店开始的,随后蔓延到二楼;记者看到着火的温富大厦二楼是一家娱乐城,娱乐城正不断往四周冒着浓烟,还有消防车架起云梯从东面和南面用高压水枪往着火楼层里喷水灭火。

大厦的北面和西面各有消防车架起云梯不停往外搭救人员,一位被解救下来的年轻女子杨小姐,手拿湿毛巾,双眼通红,不时咳嗽道:"我被困了两个小时,从六楼被他们(消防战士)救下来,里面烟很大。"还有一些家属在楼上的居民,正焦急地向消防人员反映楼内人员的状况,大厦的入口处,还有消防人员背着氧气瓶随时待命准备进入火场营救被困居民。

被解救下来的居民接受简单检查后,立即被救护车送往医院。截至记者发稿,已经有一百多人获救,至少19人死亡,温州市委市政府主要领导已经赶赴现场指挥救援,目前大火已经被基本扑灭,救援工作仍在进行。

五、细节和伦理

1. 关于细节

突发事件所造成的破坏和伤亡状况是受众非常关心的细节。在事件的一开始,记者所获得统计数据常常是不准确的,或者记者从不同消息来源所获得的数据彼此是有矛盾的,这些都是很正常的情况。只要记者是从官方或有权威性人士那里获得材料,都可以用到报道中。如果后来的情况证明前期的数据有误,记者只需要继续报道即可。另外,如果有可能,记者在发稿前应设法再核对一遍数据,也许情况又有了新的进展。

如果记者不能从官方获得数据,记者可以根据自己的观察来报道。但是,要注意把握分寸,就记者所见来判断"至少"会是怎样的状态。在抢时效的报道中,对于不明情况,记者应该慎重用词,不可不经核实而下结论性的判断。

在事件的一开始,官方一般不会提供关于事件原因的解释。记者可以采访目击者,但他们的说法是没有权威性的。如果有比较明显的关联物而使记者和现场人士有所猜测,记者可以告诉受众,但是要让受众知道这仅仅是猜测。下面是美联社记者对一场空难的报道中关于原因的一段文字,记者对于原因的猜测处理得就非常巧妙:

"航空公司和联邦航空局都没有马上解释是什么原因导致飞机在起飞过程中坠毁,也没有说明坏天气是否导致事故的一个原因。国家交通安全委员会已经派人到现场调查。"[1]

---

[1] 卡罗尔·里奇.新闻写作与报道训练教程[M].钟新主,译.北京:中国人民大学出版社,2004:485.

如果是事故性的突发事件,记者不要尝试指出谁应该为事故承担责任。即使责任关系十分明显,记者只需要告诉人们事实是什么样子即可,受众会从这些事实中形成自己的判断。灾难性的突发事件报道,如果报道不慎,有可能引发新闻官司,而纯事实的客观报道是记者自我保护的有效途径。

如果是凶杀案件,记者可以交待事件发生的大致方位,除非是公共场所,记者不宜在报道中透露案件发生的具体地址,特别是属于私人寓所性质的地址。在伤亡情况、事发地点这样的基本事实方面,最权威的消息来源是公安机关,围观者的说法不足以取信。

要记得随时核对时间,养成经常看表的习惯。突发事件的时效性,以及人们对现场的关注,要求记者能够准确地交待,记者在什么时间获知消息,在什么时间靠近和进入现场,在什么时间看到什么样的场景。因为,在突发事件场合下,同样的场景,如果时间不同,对事实的涵义也许就要作出不同的解读。这个时间通常要精确到分,甚至到秒。

2. 报道伦理

记者不能自然主义地再现自杀凶杀场景,不宜过度展示其中细节,不宜不作任何处理地直接展示现场影像。这样的细节和影像虽然具有冲击力,但也因为冲击力太大而容易伤害到受众的基本生活常识和自我心理保护底线。对于幸存者和死者的亲属来说,那些对细节和场景的展示,则是对他们内心的再一次刺激和伤害。

记者还应该考虑到自杀凶杀事件所可能产生的模仿效应。心理学家认为,存在一种叫"感染性自杀"的自杀行为,在一个比较类似(如年龄、所面临环境、压力、情绪等的相似性)群体中,如果有一个人采取了自杀行为,很可能会感染群体的其他成员采取效仿行为。另外,也有学者的研究表明,当新闻媒体对某地发生的自杀事件过度渲染和报道后,该地区的自杀率有明显上升的情况。因此,对这类事件报道记者不宜简单地重复事实,更不能渲染气氛。

如果这类事件情节比较严重,或者牵涉显著性因素,得到受众比较高的关注,记者应该通过采访专业人士,对这类事件提供分析和解释,或者对回避类似的事件提供建议和应对措施。

对灾难性突发事件的报道不应增加人们恐惧情绪。突发事件应当保证信息的畅通,减少流言谣传,但是传递灾情信息,不是为了传达恐惧,而是让人们可以更好地判断形势,采取决策。媒体可以而且应该报道损失、危害、受困和死去的人们,但是不应该将恐怖的场景展示给受众。日本是地震、台风、火灾等突发事件频发的国家,在报道这类灾情方面,日本媒体从来不去展示血腥的悲惨的画面,不会在荧屏报端出现尸体,相反,大多数时候,他们会把死者生前的照片和影像材料展示出来,来传达生的美好的信息。① 记者和媒体应当具有这种人文关怀精神。

在恐怖性事件中，记者的报道如果处理不当，反而容易被恐怖分子所利用。恐怖策划者的目的之一就是让社会和人们感到害怕，从而使自己的目的得逞。2004年俄罗斯发生别斯兰人质事件，为了尽可能避免因报道不当而带来负面效果，俄媒体曾签署自律公约，内容包括不直播对恐怖分子的采访，恐怖事件期间不采访受害人家属，不报道部队调动情况等。其做法可以为鉴。一位俄国电视台主持人甚至建议聘请安全机构专家进驻媒体，为如何报道恐怖事件把关。②

在犯罪性质事件的报道中，记者和媒体对犯罪分子、凶手应该实行有限制报道，防止媒体成为犯罪分子和凶手的传声筒，以及伤害受害者及其家属的感情。2007年4月美国一起严重的校园枪击案，造成33人死亡，20多人受伤，举国为之哀伤。美国媒体对事件过程和原因做了大量报道。其中，全国广播公司（NBC）播出的一段录像引起极大争议。该录像内容是：凶手穿着一身黑衣，挥舞着手枪，怒骂学校里的有钱学生。很多人认为这样的内容不宜公开，NBC的高层认为，这是难得的独家新闻，通过它可以更加接近凶手的内心世界。美国警方认为，这些内容被民众看到，容易使人效仿。而受害者家属则以取消事先和电视台预约的采访以示不满。③

---

① 何德功.日本媒体突发事件报道的原则[J].中国记者,2004(10):10—11.
② 郭建国."别斯兰人质事件"中舆论力量调控的启示[J].中国记者,2004(10):11.
③ 李明.准确稳妥　勿忘责任[J].新闻战线,2007(6):27—29.

第十章　现象新闻采访

大千世界,事端百出。有些事情一旦发生便备受瞩目,事情从发生到结束皆有明确的时间节点。这些事情一望便知是新闻,如美国总统特朗普与朝鲜领导人金正恩的见面会。也有许多事情发生时平平淡淡,不管是参与到事情当中的人,还是事情的过程都没有特别惊人之处。但是,当许多类似的故事和活动汇聚到一起时,却足以让我们觉得,社会、生活的某一个环节发生了变化,其中的涵义值得探究,有一些问题需要引起重视,有一些情况需要切切实实地调查。我们把关于这样一些变化、问题、情况的报道称为现象新闻。

现象一般是由许多微小的或不那么显著的事实构成,这些事实在一段时间里广泛存在,没有明显的时间特点,也不限于某个特定的具体的地点、机构。不少时候,人们对这些事没有清晰的觉察。记者以自己敏锐的触觉捕捉到这些事实,通过采访和调查为受众指明现象的存在,描述其过程、状况,分析其意义,揭示其中可能存在的问题、影响,等等。

也有些事实在一段时间里延续存在,最初微不足道,不为人注意,慢慢成长、发展,并且产生比较大的影响,才为世人所关注,忽然之间成为人们眼里所谓的现象,但人们对其来龙去脉往往并不清楚。记者通过深入的采访,为人们揭示事物成长、演化的过程,分析其中的种种因素、条件,帮助人们对这些现象有一个更为清晰、准确的认识。

现象有大有小,也有软有硬,既存在于与百姓比较贴近的工作、生活领域,也存在于比较宏观、抽象的经济领域。有些现象存在于明处,人人皆可观察到。有些现象(如不合法或不合情理的事情)比较隐蔽,只有少数人知晓。也有些现象在单个的事实中不容易辨认,但是将许多同一领域或同一性质的事实汇合到一起,其中存在的趋势、特点便浮现出来。有些现象事实简单,普通受众即可形成判断。有些现象牵涉因素较多,记者需要经过大量采访,搜集背景资料,结合对有专门知识的人士的访谈,才能作出较为准确、到位的解析。

2019年8月7日是农历的七月初七,中国传统文化中的七夕之日,玫瑰花销售紧俏。"界面新闻"当天发布报道《一支七夕玫瑰和四个男人》就是一篇颇有新意的现象新闻。① 就这个商业时代的应景民俗而言,花价暴涨和消费纠纷已经没有多少新意,但是,大众对支撑消费狂欢的背后环节所知甚少,文章以此为切入点,向读者展示了鲜花热销背后的云南斗南地区的花市交易情况。斗南鲜花交易市场供应了全国70%的鲜切花,作为报道对象很有典型性。报道以围绕鲜花交易的四类人群为主体结构展开:鲜花经纪人、拍卖师、鲜花商人和种花人,重点描写了其中四人在七夕前的8月2日的工作状态,既揭示了鲜花交易中的各个群体的工作程序和所面临的压力情况,也在故事的讲述中提供了国内鲜花交易的丰富知识。例如,斗南花市拍卖采用的是降价的"荷兰拍卖"模式,拍卖师会先给一个略高于市场价的价格,而后价格开始往下掉,在这个过程中首先按下按钮的经纪人就得到这批拍卖的鲜花。这缘于鲜花作为农产品是一个时间的产品,交易周转耗时尽可能短,产品价值才能最大程度体现。对斗南鲜花交易参与者而言,报道内容是他们多年的日常工作状态,所见所闻和所行波澜不惊,但是每个人的日常行为汇聚起来则展示了云南鲜花产业的专业化经营现状,体现了农业发展的一种新现象。

"冰冻三尺,非一日之寒",一个现象的形成是一段时间内事物变迁累积的结果,尽管很多人习焉不察,但其影响和内涵往往并不简单,需要深入调查和梳理。至于那些已经成为社会问题的现象,处理和解决通常也需要综合的方案,并不能一蹴而就。因此,现象报道可繁可简,简单的报道只要讲清楚是怎样的现象和存在于怎样的环境等基础要素即可,深入的报道则需要梳理清楚现象背后的成因和可能的社会影响。很多看似简单的现象实际上很复杂,许多相关纠缠的事实相互作用相互影响才形成现在的局面,其中一些可能仅仅就是现象,无所谓是非对错,有些则可能是社会问题,需要社会关注和直面处理。

例如,《南方周末》曾报道国内大城市里的临期进口食品折扣特卖现象。② 2019年京沪等地涌现 些售卖临期进口食品的实体店,选址靠近居民区、学校和商圈,推行加盟开店模式,加盟条件十分优惠。对接近但还没有到保质期限的食品降价促销是商家很正常的经营方式,只要不存在违规违法的现象,并没有什么特别值得关注的地方。因此,这是个很简单的消费现象,报道主要目的在于告知公众这一新现象,简单访问购买者和商家,了解临期食品的来源和销售情况,顾客的购买心理和习惯等就可完成报道任务。但是,《南方周末》没有止步于此,深入采访发现临期食品的流通、消费尚存在不少制度和观念障碍,导致其在国内成为一门灰色生意,规模不小但是规则模糊。报道采访了积极布局临期食品市场的电商,也采访了食

---

① 张钦.一支七夕玫瑰和四个男人:云南斗南的鲜花生意如何运转.刊于微信公众号"界面新闻"(微信号:wowjiemian),2019.8.7. https://mp.weixin.qq.com/s/D1wruvGdom9-H6AXvWhhBw
② 崔慧莹."临期"进口食品一折特卖,灰色地带还是新时尚.刊于微信公众号"南方周末"(微信号:southernweekly),2019.8.7. https://mp.weixin.qq.com/s/al3ITpZsHhwKJBDcz7IzQQ

品和营养专家对临期食品的看法,反映了线上线下的临期食品销售现状,开展相关回收和经销业务的企业或个人对此讳莫如深,一般消费者顾虑重重,购买者也往往认为此举"寒酸"。深入的采访使报道不仅陈述现象,也反映了现象背后的深层矛盾,正如文章所概括:"世界范围内,吃临期食品、减少食物浪费正成为一种时尚。关键是让顾客买得明白,食品厂商、经销商和供应商卖得坦荡,不再遮遮掩掩。"

如果说在传统媒体时代,受制于版面和节目的空间时间限制,很多现象会被简化报道的话,在互联网传播环境中,此种客观限制已不复存在。充分开掘和展示一个现象的内涵和关系,使感兴趣的受众不仅知其然,而且也知其所以然是媒体应该承担的责任,因此,许多现象报道越来越接近传统意义上的深度报道。

事实上,如果拉长时间段来看一些事件冲突,其背后也有各种值得关注的社会现象。例如,2019年3月21日,江苏盐城响水县发生化工厂爆炸事故,被国家地震台网测到震级为2.2级,造成至少78人死亡和600多人受伤,一时舆论震惊。短期里,事件进展、搜救伤员、事故处理和问责成为报道重点。但实际上事故所造成的伤害和后果在一个较长时期里都将持续存在。2019年8月凤凰网记者回到事故发生地陈家岗镇,寻访死者家属和伤者在过去几个月的经历,报道他们"如何背负着被震碎一地的生活继续前行"。[①] 时效不强的后续报道在敦促社会关注事故的长期影响和受害者困难方面有重要价值。

有些事件冲突的发生根源于人群之间存在某种认知偏差,记者如果能从现象的角度深入报道,而不是单纯强调事件冲突,或许能更好地促进社会沟通,从而帮助问题得到更好的处理。在这方面,《新民晚报》2019年8月的一篇报道是个很好的案例。

上海奉贤金海社区有一块废弃多年的数千平米荒地,栖息着大量萤火虫,是上海已被发现的最大一片黄脉翅萤栖息地。早在2016年昆虫专家和奉贤区有关部门就关注到这片林地,但是,2019年7月,野生动植物保护志愿者却发现挖掘机在荒地施工,林地不保则萤火虫有可能面临灭顶之灾。当时,曾有上海都市媒体报道,遵循一事一报的策略,内容比较简单。《新民晚报》记者也去了现场并拍到挖掘机停留在附近的照片,但并没有立即将施工事件本身作为主体进行报道,而是在长期观察之后,将这片林地成为萤火虫聚集地作为一个现象进行报道,解释了林地生态圈情况和黄脉翅萤聚集的原因,提供了萤火虫生长轨迹等知识性内容,也叙述了施工和附近居民活动对林地的破坏,以及社区和村干部在得知详情后对林地的保护措施和对附近居民的宣传工作情况。现象报道不是聚焦于某个孤立的事件,而是致力于叙述现象的成因,以及围绕该现象的各方力量的行动情况,展现了一个比

---

① 刘博文.响水伤痕.刊于微信公众号"在人间 living"(微信号:zairenjian11),2019.8.8. https://mp.weixin.qq.com/s/54KP0ogKRn8lOXU3f_QMuw

较完整的图景,更能起到沟通社会的作用。正如报道中所言:"之前发生的种种问题,都是因为信息不对称造成的,一旦媒体、志愿者、管理者、主管部门、当地居民能够坐下来好好协商,其实很容易达成共识,毕竟谁都不希望这块家门口的生态宝地消失。"①

一、捕捉新事物、新流行

虽然现象新闻没有明显的时效性,构成现象的单个事实一般也没有太大的影响。但是,这并不意味着,常规的工作总结、情况汇总、统计材料都可以被处理成现象新闻。和其他类型的新闻一样,现象新闻的主题要有新鲜性,不能是受众司空见惯的常识;要能体现事物和社会发展的新情况、新特点,不能仅仅是例行公事的反映;要能发掘出事物发展的新倾向、新变化,要从常态的社会生活中发现其不寻常的地方。

这是一个快速变革的社会,伴随着经济转型、技术发展、具体政策的调整,乃至一些影响广泛的事件活动,社会往往滋生出一些新的行为倾向,形成新的选择习惯。社会生活中涌现出来的这些新流行、新事物是现象报道的主要对象。

2019年8月,《南方周末》曾报道医院自制药成网红现象,就是一个互联网传播发展带来的新流行。② 由于历史原因,医院自制药在我国由来已久,作为医院内部针对病人细分情况的辅助用药有不错疗效,因此,其中不少制剂也在当地人的口口相传中有良好声誉。互联网传播使这种口口相传的效应放大并产生扭曲变形,一些院内制剂因人们在网上的个人经验介绍而被奉为"神药",跨省求购和代购一方面将价格低廉的院内制剂价格炒到畸高,另一方面,院内制剂本是在医疗机构内凭处方使用,违规扩展到院外自行使用也带来很大的安全隐患。《南方周末》的报道分成四个部分,第一部分描述了院内制剂成网红的现象,如网上高价求购、公安机关对倒卖窝点的整治、医院方面对自制药的解释和限购情况等。通常来说,第一部分内容大致可以支撑起一个简单的现象报道。不过,互联网时代,简单的现象报道已经不能满足真正关心此话题的读者需求,媒体需要更多采访调查来帮助公众深入了解现象发展的来龙去脉和政策规制情况。报道第二至四部分追溯了院内制剂的发展历程,以及国家对院内制剂的管理思路和管理规定情况,特别是2018年中药制剂管理新规(中药制剂注册管理由审批改为备案)所带来的争议情况,以及一

---

① 李一能.上海最大萤火虫栖息地险被挖掘机挖掉!能否保住还是未知数.刊于微信公众号"新民晚报"(微信号:xmwb1929),2019.8.7.https://mp.weixin.qq.com/s/7dBCG1s1xm93CLZR1u7yaA
② 马肃平,仝冉冉.被神话的医院自制药:争议重重,却成"网红".刊于微信公众号"南方周末"(微信号:southernweekly),2019.8.9.https://mp.weixin.qq.com/s/y9no2JyZ1dGsEpGiBN6Ccg

些试点省份情况,并探讨了院内制剂的两个可能转型方向(药企收购和转型功效型化妆品)的发展情况。

记者对于新事物和新流行的感知最初一般是来自一些具体的情境和事实,例如,上网时看见一个介绍自制原子弹方法的帖子,或者逛街时发现有人在给陌生人拥抱,等等。这些事物很新奇、很不寻常,但也可能它们只是芸芸世界里偶然的个案,既不是弹眼落睛的奇闻,也没有多少社会价值和意义。那么,如何来判断这些情境和事实是否构成现象,从而值得去报道呢?

一是看参与的人多不多。尽管帖子里关于原子弹的制造方法破绽百出,在科学面前不经一击,但是如果有很多人跟帖关注,议论纷纷,帖子获得很高的访问量,那么这就是值得记者关注的新事物。记者的采访报道不仅是告诉人们有这样一个帖子、有很多人关注,而且还要对帖子内容情况进行调查,为受众提供较为权威的说法。

二是看这个事物是否具有普遍性。如果一个事物、一项活动,不仅在一个地方存在,在其他地方也有存在,我们就可以说它是一个现象。记者在获得最初的线索后,不能仅仅满足于对一地情况的了解,还要多处走访,看类似情况在其他地方是否存在。如果普遍存在,那么这个事物或现象不管看起来怎样不合情理,其背后往往都存在一些深层的合理性,值得记者去探访、发掘。

既然是新事物、新流行,人们往往对其众说纷纭,认识和评价一般来说少有一致。记者在采访时不仅要了解事物发展的一般状况、流行程度,还应该了解社会公众、参与人士对该事物、该流行的意见和看法,也许这些看法还可以被整理和归纳出几个有代表性的观点。记者应该秉持客观、公正的理念,给不同说法和意见一个平等的表达空间。

记者还要善于读新闻,从读新闻中发现一些倾向性的事物。涉及知名企业、机构的事件通常都会被作为重要的个案性的事件单独报道和深入分析,但是,如果在一段时间里,有多家知名企业、机构发生类似的事件,这说明事物可能发生了某种趋向性的改变,值得成为一个现象新闻的选题。"风起于青蘋之末",捕捉此类新闻选题需要记者善于积累和分析材料,不仅追逐最新的事态发展,也能回顾既往的事件和案例,在综合分析中判断现象和趋势。

2019年4月,专注做商业资讯的新媒体"虎嗅网"曾发布原创报道《那些离开大厂的年轻人》,[①]讲述了几个或主动离开或被动裁员而离开知名互联网公司的年轻人故事,展现了这些知名企业的工作状况以及年轻人对工作的考量要求,也涉及对当前互联网企业的竞争格局分析。该报道不仅在虎嗅的微信公众号上获得"10

---

① 李玲.那些离开大厂的年轻人.刊于微信公众号"虎嗅APP"(微信号:huxiu_com),2019.4.23.https://mp.weixin.qq.com/s/rNSCaD6loQS3sCbWcEEpXQ

万+"的阅读量,还被包括"界面新闻"在内诸多其他微信公众号转载。从读者留言来看,这篇报道备受关注的一个原因即是文中所说的产业背景:"最近半年,急速扩张的互联网巨头们踩下急刹车,令人艳羡的互联网铁饭碗时代突然一去不返。"而作者在文中所列举的判断互联网寒潮的依据则是自2018年9月开始媒体包括腾讯、滴滴、美团裁员消息和阿里、华为停止招新等企业动态,都是媒体公开报道的消息,可见新闻线索是公开的,只是需要留心分析才能把握得住。

经济领域的一些统计数据里往往蕴含着值得报道的重大社会变迁,但是,涉及事实通常不太明晰,层次繁多,头绪万千,不易把握,对于此类重大题材的报道需要查阅资料精心策划,才能厘清重点做出真正有价值的报道。财经类报纸《21世纪经济报道》在2015年年中策划的8个整版报道《质变中国 通往2025——中国企业皇冠50强》是一个典型案例。据该报编辑綦宇介绍,策划这组报道的依据来自一则简讯:"2014年12月5日,国际货币基金组织(IMF)公布最新数据称,当年中国实质GDP总额将达17.6万亿美元,超过美国。研究机构普遍预期,最早到2020年,中国名义GDP超越美国,成为全球最大经济体。"媒体敏感地从简洁的数据中形成判断:量变带来质变。在经济总量巨幅增长的情况下,中国经济发展发生了怎样的质的变化,这是报道策划的着眼点。在确定通过企业变迁来审视当下中国经济这个切入点后,媒体又面临如何对企业分类的问题。传统上企业分类常以行业、产业领域为标准,但本组报道意在将中国企业放在全球语境中进行比较分析,以此来描述和分析中国经济的"现在"和"未来"。编辑最后以企业规模和创新能力两个维度来考量,将所有企业分成四类:中国大象(营收最大)、隐形冠军(市场份额最大)、潮公司(颠覆创新)和追随者(追随对手),勾画中国企业在国际上的对标企业情况,描绘其创新能力和与世界先进水平的差距。该组报道不是简单地罗列事实,而是通过对纷繁复杂的事实的梳理分析,帮助读者建立了一个关于中国制造业的相对完整认识。正如该报编辑所言:"新闻不只是见证历史、为时代立传,更为重要的是,我们阐述世界的方法,也是我们为时代构建的打开世界的方式。"[1]

二、发现新问题、新矛盾

社会学家说,社会的矛盾和冲突不可避免,也正是因为这些矛盾和冲突,社会才具有保持发展和演化的张力。另一方面,在矛盾和冲突之间要有一定的化解协调机制,矛盾和问题才不会累积而酝酿社会风险。新闻媒体就是这样的化解协调机制之一。记者以其敏锐的报道为社会指明矛盾和问题所在,敦促社会力量去关

---

[1] 綦宇."质变中国"新闻操作手册——找到现在与未来的关系,构建一种打开世界的方式[M]//南方传媒研究第55辑.广州:南方日报出版社,2015:78—84.

注和解决这些问题,维系社会的平稳发展。

这些矛盾和冲突有的来自我们的社会结构和一般社会观念,是长期存在的问题,如当代中国医疗体制改革背景下的医患关系紧张,大学校园里的师生关系,求职当中的乙肝歧视,等等。记者可以通过对这些问题、矛盾的深度报道来促使社会关系的调整和一般社会观念的转变。

这些长期的矛盾和问题虽然没有明显的时效性,但是,记者做新闻仍然不同于专家学者做学术研究。学术研究求深不求新,专家努力探求问题和矛盾的根本原因和破解之道,而记者做新闻则是要致力于发掘随着时间流逝,这些矛盾和问题所可能呈现的新情况和发展,以及由此而滋生的一些新故事。例如,医患关系紧张,早期报道比较多的可能是医生的大处方问题,如没有三四百块钱看不好普通感冒等;后来是看病方发展出的职业医闹问题,发起医闹者可能为患者、患者亲属,或受雇于患方的人,以非法获利为目的,到医院吵闹,干扰医院和医生的正常工作;再后来可能就是医院和医生为自我保护可能影响到医疗决策,等等。因为矛盾关系的双方处在不停的博弈之中,所以,这些问题会不断体现出新的形式和特点,这些都是记者调查报道的对象。

有些问题可能一直存在,但是一直没有得到社会足够的关注和重视,这也是记者报道的对象。但是,这样的报道往往需要一个合适的新闻由头,如政策导向的变化、新的法律出台、特别的纪念日,或者极端、典型案例的出现,等等。

例如,我国存在多年的电话诈骗现象给社会公众带来不小的经济损失,由于没有得到有效遏制,此类案件在2016年以前的十年里每年以20%—30%的速度在快速增长。2016年8月多名大学生因电话诈骗而致死,其中被南京邮电大学录取的山东女生徐玉玉案更是令舆论哗然,公众对社会公共安全体系倍加质疑。在此情况下,《南方日报》牵头集合集团旗下媒体策划报道深入调查电话诈骗的各个环节推出系列报道,取得良好的社会影响,也为政府相关部门打击治理电信网络新型犯罪活动做出了贡献。[①] 仅以《南方日报》于2016年9月19—30日间推出的《八问电信诈骗》系列报道来说,8篇报道分析了电信诈骗屡屡得手和快速增长的原因,调查了个人信息泄露的渠道和网上非法贩卖个人信息的情况,探讨了垃圾短信和可疑电话的拦截技术、被骗后的资金追回、电信诈骗定罪等问题。深入的报道既可以帮助公众详细了解电信诈骗的手段和特征,增强公众防范风险意识;也沟通了政府机构、电信企业、银行和社会公众各方信息,有利于全社会合力有效治理违法犯罪活动。

更多的社会矛盾和问题并非结构性产物,只是社会发展过程中出现的一些碰

---

① 洪奕宜.电信诈骗害死女大学生之后,媒体如何把脉开方[M]//南方传媒研究(63).广州:南方日报出版社,2016:181—186.

撞和摩擦,是人们日常生活中遭遇的新情况。记者通过及时的报道,引起社会关注,也有利于问题的及时解决,例如2007年12月新华网记者所报道的"福州业主花巨款购买别墅后拆掉重建"现象。这种拆掉重建实属违法行为,且发生在所谓的"富人区",在社会上引起强烈反响。重建起来的别墅楼层增多,面积比原先的别墅大大增加,在房价不断上涨的背景下,这样的拆了重建可以给业主带来巨大利益,实际上也就是业主变相买地获利。记者既报道了目前所存在的现象,访谈了小区业主、物业管理处和政府管理机构的意见,也反映了一般群众针对这一现象的意见和看法。

由于问题和矛盾往往都要牵涉政策、管理、行为等多层面的因素,经常是与具体利益挂钩的,即牵涉不同群体的利益分配和利益平衡问题。记者在做这类报道时,要对问题的各相关方面都进行采访,以体现报道的公正性。如果因为种种原因而不能获得某一方面的态度和意见(如对方拒绝接受采访、对方对记者的采访联络信函没有回音等),那么,记者也应该在报道中作出交待,以显示记者中立的态度,对问题各方并无特别的偏向,也非刻意回避对某一方的采访。

不少时候,这些新问题出现在社会上,其面目是模糊不清的。有些人会振振有词,认为这是合情合理和合法的现象,也有人会表示这些行为有违规违法的迹象和可能。那么,事实的真相到底如何?记者也许不能为事实定性,但是,通过深入的走访和调查,记者最终必须要对事物的意义和影响有所判断,这个判断将直接影响到报道的面貌和报道的落脚点。很多时候,记者不仅是记录者、访谈者,还是思考者,需要对自己所面对的题材进行分析和判断。

例如,《新京报》曾在2019年8月报道的"助贷"行业乱象,就是一个不可简单论是非的现象。我国银行一直存在"信贷配给"现象,不是通过市场化的利率手段来调节借贷需求,而是在信用评级的基础上,对中小企业和个人"慎贷""惜贷",一些借款人即使愿意支付更高利率也得不到贷款,一些借款人的申请额度只会得到部分满足。这是信贷市场特殊的"逆向选择"问题导致的,那些愿意支付更高利率寻求贷款最积极的人往往也是贷款风险最大的人。[①] 银行和借贷人之间信息不对称,银行很难了解借款人真实的财务状况和还款意愿,使我国中小企业和个人借贷难一直是社会经济发展的突出问题。2009年中国银监会批准筹建首批消费金融公司,允许一些非银行金融机构为居民个人提供无抵押、无担保消费贷款,由此产生一块巨大的消费金融市场。商业银行除了控股或参股消费金融公司外,也开始与金融科技公司合作进入消费金融领域,从而形成银行借贷的"助贷模式"。

助贷现象有其存在的合理性,但是由于管理部门对助贷机构并无明确资质要

[①] 严忠,董梅生.信贷配给产生的原因及其治理措施[J].安徽工业大学学报,2003(1):74—77.

求,实际发展中出现不少问题。《新京报》在报道中反映了三种乱象:借款人通过助贷机构借出的资金不翼而飞,而助贷机构无力全部赔偿;助贷机构变相收息费,无担保资质却为借款人提供增信;网络助贷平台违规收集借款人个人信息。[①] 为了客观说明其中问题和责任,记者针对三种现象给出三个具体的案例故事,其中两个是已经进入政府监管部门申诉程序或监管部门已经作出行政处罚决定的案例,另外一个则是记者暗访的亲身经历。在所有案例中,记者都详细调查了相关的助贷机构工商注册信息和其负责人名下企业情况,通过引用正式文件(如借款人与助贷机构的服务协议、银行的借款合同、个人授信合同、行政处罚决定书等),厘清涉事各方的责任和关系。可见,对于这些性质、面貌比较模糊的事物,记者虽然不能对直接发表评价和看法,但是通过深入采访,记者应着力去除或减少其模糊性,厘清事物中的主要关系和问题,让受众对其存在状况和问题有更为清晰的认识。或者说,这也就是记者做问题性现象采访的基本要求。

三、从综合中发现倾向

有些时候,一些细小的事实零散存在,看起来彼此并无关联,也没有多少共性可言,甚至还彼此矛盾。但是,如果能够细心搜罗和整理,在众多事实中,会有一部分事实体现出某种程度的共性,或许还能从中概括出一些规律性、倾向性的东西。记者要善于对采访材料进行整理和分析,一部分现象新闻报道也是来自这样的综合和分析。

例如,2019年8月3—5日,由新浪微博主办的"2019超级红人节"在成都举行。这项商业活动展现的是互联网时代国内新兴的网红经济,因此,出席嘉宾、一些活动内容安排和颁发的很多奖项都颇受关注,大多数皆是一事一报。相比之下,成都传媒集团旗下的互联网原生媒体"红星新闻"的一篇关注"网红出海"现象的报道较有特色。[②] 记者注意到一些中国网红在 YouTube 上开设账号,有不菲的广告分红收入,即以此次网红及相关机构聚集一地的活动为契机,对"网红出海"现象进行了较为深入的分析报道。

若单纯从人数而言,出海网红数量并不多,相比于微博平台上近6万的"大V"用户来说,追求在海外市场发展的网红数量可以忽略不计,而其中真正能够实现变现的网红仅数人而已。但是在国内网红经济竞争异常激烈的情况下,少数网红的

---

① 黄鑫宇,陈鹏.助贷乱象调查:虚构合同贷款到手,有借款人被坑300万.刊于微信公众号"新京报"(微信号:bjnews_xjb),2019.8.1. https://mp.weixin.qq.com/s/LJAEGK00G2RjZW2QqzLDrw
② 邹悦.网红出海:"李子柒"们在海外过得好么? 刊于微信公众号"红星新闻"(微信号:cdsbnc),2019.8.13. https://mp.weixin.qq.com/s/5aNI1_l0fjQ19lQFTC048g

出海现象可能具有趋向性,也可能具有扩大国内产品在海外影响力的重要性。因此,从综合中发现值得报道的现象,具体支撑性材料的多寡只是一方面,记者关键要能从这些具有共同点的材料中有所判断。如果这些共同点具有某种规律性,代表未来发展的某种趋向,即使数量很少,作为一种新生事物仍然是值得报道的。

在广泛走访中发现倾向。这类综合性报道的素材来源一般都比较分散、零碎,很少有单一的采访对象能给记者提供比较完整全面的信息。为了搞清楚某一个领域的状况,记者往往要采访很多机构,收集很多材料,将所获得的信息——有时候甚至只是些片言只语——拼合起来,从中发现一般的倾向。

例如,每年的三四月份是应届大学毕业生找工作比较集中的时间。记者如果想及时了解今年大学毕业生的就业状况是否体现出一些新特点,是否存在一些比较突出的倾向,那么记者就需要跑一些专门针对应届毕业生的大型人才招聘会,在招聘会上,记者需要广泛采访招聘机构,了解他们要招聘的岗位,对应聘学生的期望;记者还应该随机采访前来应聘的学生,了解他们来自何地何校何专业、他们的自我预期、要求和对人才市场的反应,等等。另外,记者还应该采访主办机构,对参加招聘的企业和学生的整体状况有一个面上的了解。各个消息来源提供的可能只是些个案,是一些具体情境下的数字,但是,将这些信息合到一起,记者也许就可以从中发现一些规律性或倾向性的东西。

从今昔对比中发现倾向。知旧才能识新。社会在不停地发展,人们的生活也在悄悄地发生变化,这些变化因为是一点点渗透进我们的生活的,所以经常不为我们所觉察,但是,如果能够将现在和过去做一番对比,我们往往会蓦然发现:我们的生活、我们的社会其实发生了很大的变化。

2019年8月《南方周末》关于"意定监护制度"在同性恋人中影响的报道就是一个这样的案例。[①] 2015年,在法学专家的建议下,我国修订《老年人权益保障法》,首次规定年满六十周岁老人的意定监护制度。2017年《民法总则》进一步规定成年意定监护制度,意味着"只要是具有完全民事行为能力的成年人,都能够按照自己的意愿确定监护人"。但是制度正式生效后,却有不少同性恋人来办意定监护公证。意定监护制度从探讨到出台并未考虑过同性恋的问题,但同性恋人依据这项制度,通过公证而成为彼此法律意义上的监护人,从原来法律意义互不相关的人而变得真正具有法律关系,此类公证实际上已经带来我国同性恋群体社会处境的巨大变迁。在新规生效两年之际,制度落实执行中本有很多故事可以写,也会有一些新问题反映出来,《南方周末》将报道重点放在这种意想不到的变通使用上,体现了对潜在社会变迁的高度敏感。

---

① 谭畅,张昆昆.一项制度"歪打正着",同性伴侣有了"生死协议".刊于微信公众号"南方周末"(微信号:southernweekly),2019.8.13. https://mp.weixin.qq.com/s/nIrmuFbvXmgOds9qpnecOg

有时候,有新闻价值的现象可能存在于一些细节中,它们可能并不是记者所采访的事件或活动的主体,也不会有人来刻意强调这些细节,这就需要记者要有比较敏锐的观察力,还要有由此及彼的联想能力,才能捕捉住这些分散的信息,并将其整合成一个有意义的主题。美国学者卡罗尔·里奇曾经讲述过一个很有意思的采访案例。[①] 一个美国记者在采访一个小男孩的葬礼上,看见死者的朋友都穿着同一种 T 恤衫,上面印着男孩的照片和祈祷性的文字。后来,这位记者又去采访另外一个男孩的葬礼,在现场也发现了类似的 T 恤衫和设计。记者把这前后两个小小的细节联系到一起,于是意识到,虽然穿 T 恤衫是很普通的社会现象,但是,在这些场合中,它已经具有了与平日不同的精神内涵,而这足以构成一个新的极具新闻价值的文化现象。这位记者就以此为主题,写出一条很有意思的现象新闻。他在文章中写道:"有些年轻人说穿这样的 T 恤跟耍酷无关,只是为了怀念失去的朋友。另一些小青年和学校的顾问认为,许多穿这种 T 恤的年轻人甚至压根就不认识死者,也并不悲痛,他们只是想跟某种看起来很有吸引力的文化建立联系。"

提炼主题是现象报道的一个很重要环节。任何情况都可能有反例,在纷杂的事实面前,应该提炼什么样的事实进主题,实际上是对记者判断能力的一个考验。我们应该选择尽可能新鲜的事实,比如以往类似场合较少或没有出现过的情况;尽可能选择社会关注度比较高、跟市民百姓比较贴近的一些事实;尽可能选择一些比较有特色的事实进主题。

有时候,一些问题和情况尽管不是特别新鲜,但是如果它们跟社会公众的生活、工作比较贴近,并且仍然得到社会公众的广泛关注,那也值得提炼进主题。但是,这样的报道一般需要一个比较有时效性的新闻由头,或者记者应该选择一个比较合适的契机来进行报道。例如前文所述《南方周末》关于医院自制药现象的报道,文章开头首先讲述了江西省儿童医院 92 名儿童使用医院自制"三伏贴"出现不良反应的事件,以近期发生的影响较大的事件来提醒读者对长期存在问题的关注。

利用大数据统计来发现现象新闻。互联网环境下,大多数政府、机构的文件、信息均可在网上查询,也有不少互联网商业机构基于自身的用户数据定期发布报告或提供数据查询(如百度搜索指数),还有一些专门从事数据分析和研究的商业机构也会经常发布各类数据统计报告,这些为记者发现新现象、新问题提供很大的方便。很多媒体成立了数据新闻部门,根据时事动态,及时搜集整理相关数据发布新闻,体现了很好的新闻敏感度。如 2019 年中科院正式公布院士增选初步候选人名单后,《新京报》很快根据公开的历年增选院士名单,制作数据新闻《37 岁能干

---

① 卡罗尔·里奇.新闻写作与报道训练教程[M].钟新主,译.北京:中国人民大学出版社,2004:358—359.

什么？中科院院士增选分析：有智真不在年高》,[1]分析了过去18年里增选院士的年龄、专业、出身等特征，时效和新闻切入点俱佳。但是，总体而言，目前的数据新闻侧重于数据统计和可视化呈现，深入采访不够，相关报道故事性不足，对数据表象下的真实社会过程关注不足。如果能以数据统计中提示的规律和趋向为依据，深入采访调查数据背后的真实人物和故事，现象新闻报道还有很大的发展空间。

四、由点带面，寻找典型故事

从科学的角度来说，描述现象的最简洁的工具就是面上的调查统计数据，有多少人在做怎样的事情，这些人分布于什么样的年龄、阶层，产生怎样的影响，等等。但是，这样的方法一般不适用于新闻。原因之一在于新闻是对当下的记录，现象已经形成，但未必会产生统计数据。其次是新闻面向大众，易读性也是记者必须考虑的问题，通篇的统计数据显然是对受众注意力和耐心的极大考验。

新闻应该讲故事。即使是像《华尔街日报》这样的从事专业报道、面向专业人士的报纸，也设法在报道中讲故事，用故事来帮助读者理解抽象、晦涩的经济信息，让没有明显事件冲突的经济题材变得生动起来，并创造出独具特色的所谓"华尔街日报体"写作风格。现象本身就是由具体的事实构成，因此，记者做现象新闻采访，很重要的一项工作就是寻找故事，寻找那些有典型意义的、生动的能够体现这一现象核心涵义的故事。有时候，这样一个典型的故事就可以构成现象报道的主体，也有助于记者顺藤摸瓜，调查清楚现象的来龙去脉和引发的连锁反应。

2019年8月正值黄桃上市季节，《新民晚报》曾报道上海奉贤黄桃种植业的现状。[2]当年较早时的一场强台风使上海郊区桃农的损失颇受市民关注，该选题的新闻性较为突出。奉贤黄桃面临的问题是"树老、人老、地老"，涉及种植科学技术、农民的种植习惯和农村社会结构变迁等诸多复杂问题，讲清楚并不容易。记者选择了当地一位70岁的种桃技术能手作重点报道对象，老人种桃技术好收入高，但他的果园和种植技术都面临后继无人的困难。在老人种桃的故事中，奉贤黄桃"树老、人老、地老"的问题也得到了生动的呈现。适当的典型故事既可以讲清楚现状问题，也可以勾连未来的发展路径。老人种桃的经历反映了传统农业模式已不适应当下上海农村状况，需要通过土地流转实现规模效应，引进专业农企和科研机构来帮助当地桃农实现现代化农业转型。报道的后半部分描述奉贤黄桃种植转型的

---

[1] 汤子帅，马小龙.37岁能干什么？中科院院士增选分析：有智真不在年高.新京报（微信号：bjnews_xjb），2019.8.11. https://mp.weixin.qq.com/s/WAqcIQiC1Gc801ae8-f5Xg
[2] 李一能.树老、地老、人老，著名的奉贤黄桃会有消亡的一天吗？新民晚报（微信号：xmwb1929），2019.8.15. https://mp.weixin.qq.com/s/wUCaqyLQM2_hHEnJpmOXSg

过程和成效,也和前面的典型故事有了很好的呼应。

一般情况下,记者是先知道故事,然后在类似的人群中进行采访调查发现,这个故事不是孤立的个案,而是具有一定的普遍性。问题在于,最初的这个故事不一定是最适合报道的。典型的故事很多时候是在记者的深入采访中浮现的。

记者要用做故事报道的热情去采访现象新闻,采访现象不仅是要获得面上的数据和材料,也要去追踪能展示现象的故事。这些故事有时候来自那些现象中活动着的人们,他们的经历、想法和评价是故事;有时候,故事其实就是一个典型案例,可能来自记者的细心观察和对采访所获取材料的细心比对。

2004年2月20日《文汇报》以头版头条在显著位置刊登的一条新闻《院士的专利恐惧》,报道的是一些领域的科研成果在申请专利之后难以维权的现象,在上海实施"科教兴市"主战略的背景下,这个报道的意义和价值显而易见。这篇报道重点讲述了上海第九人民医院的一位院士所遭遇的专利苦恼和维权困境的故事,故事很典型,也很生动,报道刊发后引起了有关部门的极大关注。实际上,记者是在偶然中获得这个故事和这条新闻的采访线索。[①] 在一年前的一次医院手术的普通采访中,记者在采访最后和院士闲话家常时,院士突然说了一句话:"现在医学研究环境差呀,我现在连专利也不敢申请了。"这句话触及了记者的敏感,并且和院士约下以后的采访。后来,因为种种客观因素,直到一年后,记者才再次获得对院士采访的机会,了解到故事的详情细节。这些内容构成报道的主体。记者通过采访其他专家,核实了院士的困境具有普遍性。记者还通过对知识产权律师和知识产权局官员的采访,对专利维权问题的现状和法律困境提供了深入的分析和解释。

故事是靠细节来获得它的感染力的,现象新闻中的故事也是这样。因此,记者在采访人物听取他们的故事时,同样也要像一般人物采访一样追问细节,了解那些故事发生的具体的时间、情境、过程,尽可能让采访对象提供比较生动的引语。也许这些材料大部分都不能用到报道中,但是,如果报道中要用到这个故事,哪怕只是两三句话的概述,记者也必须要提供细节,因为细节才有说服力。

2007年下半年国内的副食品价格上涨问题曾引起市民的普遍关注。2007年底,上海《东方早报》记者在采访中发现,蔬菜在零售环节的价格有时甚至是市场批发价的3倍。经过深入调查,记者发现,蔬菜价格上涨不仅是因为成本上涨,也包括跟风上涨、信息不透明等因素。记者在题为《超市卖的比批发价贵两倍 今年蔬菜有点"跟风涨"》的约有5 000字的长篇报道中,引用了好几个故事来说明情况,下面是其中的两个故事,一个来自人物访谈,一个来自记者的观察。由于报道的主题是价格,记者在价格和时间的细节记录上特别精细:

---

① 施嘉奇.该出手时才出手[J].报刊业务探索,2004(5):4.

那么蔬菜成本上升了多少,菜农有没有享受到蔬菜上涨带来的利润呢?松江区菜农汪细芽今年43岁,11月23日,在五厍镇田渡村汪细芽两亩自留地上,等待收割的鸡毛菜、刚开花的茄子、急着破土的萝卜,一茬一茬的蔬菜等着汪细芽去打理。他忙活了一早上,正坐在田边休息。一听说要问蔬菜涨价的事情,他爽快地给记者算起账来:以青菜为例,如果不算农药,不算耗损,种菜的成本包括种子、肥料、塑料薄膜。今年这四种原材料价格都上升,算下来,成本起码上涨13.15%。种菜成本上升,那农民有没有获利?汪细芽略算一下:去年2亩地净收入是8000元左右,今年预计可以达到10 000元。"大概多了20%吧。"

....

菜市场价格如此,那么超市呢?记者11月24日领到一张上海某超市的促销单,上面标明12月4日至12月5日之间莴笋的促销价为1.99元/斤,但事实上,12月2日,莴笋的批发价仅0.6元/斤,也就是说,超市的价格比批发价高出2倍多。①

到哪里去寻找有故事的人?去那些容易滋生类似事件的地点守候。例如,记者要去报道某品牌数码照相机有技术故障而售后服务不好这个问题,最好能够讲述一两个消费者因为照相机的返修而带来诸多烦恼的故事,那么记者可以到这个品牌的销售专柜或维修点去蹲点,那些遇到麻烦的用户在这两个地方最集中。

互联网也是寻找合适的故事和受访者的重要场所。微博作为开放的社交空间,汇聚各种各样的谈论主题和故事经历,且可以检索查阅,比较方便。但是,需要提醒的是,互联网匿名空间里,记者要特别当心对方故意编造故事来吸引注意,甚至故意编造故事来诋毁他人或企业的名誉。如果记者不慎引用这样的故事,就为假新闻提供了方便之门,甚至会引发新闻官司。

记者还可以通过各种专门的组织机构来寻找典型故事。例如前文所述《南方周末》关于同性恋意向监护公证的报道,通常来说,记者要找到有意向或已经进行过公证的同性恋故事是比较困难的,因为这个群体成员大多隐身于社会,也不愿意接受媒体的公开报道,很难通过一般的网络检索或社会网络关系联系得到。但是,如果记者能够得到同性恋组织的信任和支持,找到典型故事的可能性就会大多了。

现象新闻还要有"面"。面上情况的介绍和分析为记者所报道的故事提供了意义背景:记者所讲述的故事不是随机偶发的个案,其中暴露的问题和缺陷值得认真对待;单个故事的影响虽然有限,但是众多故事累积起来的社会影响却相当可观。记者报道"面"不需要面面俱到,可以由点带面,重点报道一两个、两三个点上的情况,对其他类似情况进行概述。

---

① 邹娟.超市卖的比批发价贵两倍 今年蔬菜有点"跟风涨"[N].东方早报,2007-12-7(A2—A3).

面上概要情况可以由采访对象来介绍，可以是记者对自己多方走访情况的概述，也可以通过引用一些统计数据和社会调查材料来描述。另外，通常来说，行政主管部门和各种专门的机构也掌握很多面上情况。例如，不文明游园现象，记者可能是在自己游园时注意到有乱扔垃圾破坏花草树木的行为，但有没有严重到需要报道的程度，还需要了解这种行为多不多。记者可以现场观察，比如在一个时间段里，有多少人有类似不良行为，由此可以判断其严重性。记者也可以走访园林管理方来了解一般情况，专司其责的园林养护工人对花草树木损坏的情况一定非常熟悉，而环卫工人也会对园林里乱扔垃圾的情况有更完整准确的了解。

第十一章 会议新闻采访

在不少人印象中，会议新闻等于枯燥、无趣的新闻，报纸上格式化的表达和电视上单调的镜头似乎就是会议新闻的代表。有人甚至总结出报纸会议新闻的一般结构，批评会议新闻的内容主要毛病在于套话多，报道的是"已经说过无数遍的套话，或者说一堆正确的套话"。①

其实，会议新闻报道历史悠久。据说世界上最早的报纸——古罗马的官方公报《每日纪闻》就是每日公布元老院及公民大会的议事纪录。在西方，经过长时间的实践，会议新闻报道已经形成一套比较成熟的报道规范。例如，在政府会议召开之前，记者即应该报道政府官员们将要讨论哪些话题，因为如果没有这样的报道，社会公众就无从知晓官员们在考虑什么，也就很难真正参与到社会公共事务中去。尽管一些报纸在压缩会议新闻报道，但人们还是认为会议新闻很重要，因为"会议是官员们作出决定的地方，而这些决定影响着公众"。②

在我国，由于观念束缚、报道方式陈旧等原因，会议新闻受到受众和学界较多的争议和批评。但是，学业和业界比较认同"会议是信息密集的场所，会议是新闻的'富矿'"这个看法。大多数时候，会议新闻不好看的原因不在于会议本身，而在于记者报道的角度和方式。

一、寻找会议"新闻眼"

1. 会议的价值在内容

如果记者接到一个报料说某地发生车祸了，记者赶赴现场，采访报道的主题就是车祸本身。但是，如果记者接到一个线索说，某日某地要开一个会，如果记者采访的目的就是搞清楚会议的"五W"要素，将开会作为报道主题，则十之八九不会得到一条好新闻。原因在于，相比于突发事件而言，会议本身一般没有那么强烈的新闻性，会议的价值在于会议所传达或所讨论的内容。

---

① 朱夏炎.从报道讲话到报道有用信息[J].中国记者,2005(3):58—59.
② 卡罗尔·里奇.新闻写作与报道训练教程[M].钟新主,译.北京:中国人民大学出版社,2004:392.

有人曾经罗列过我国各种各样的会议形态,有二三十种之多。除了各级人大、政协和党的代表大会外,各个地区、行业、部门每天都要开很多会。另外,还有种种的报告会、现场会、汇报会、观摩会、表彰会、座谈会等。① 这么多的会议,记者首先要做一个甄别和判断,哪些会议是比较重要的,哪些会议不那么重要。如果会议议题影响的社会面比较广,即使例行会议,也是值得关注的;如果会议影响面很小,比如寥寥数人或数十人,除非有显著性因素,如涉及名人、知名企业,或者与新闻事件有关等,则是没有多少新闻价值的普通活动。

会议的程序性比较强,不少会议都是早早安排,具有一定的周期性,因此,对于采访会议的记者来说,仅仅了解有关会议的时间、地点、议程等因素是不够的,记者还需要到会议的过程和内容中寻找有新闻价值的素材。不是将会议当作"新闻眼",而是到会议中寻找"新闻眼",这是做好会议新闻报道的一个十分关键的地方。

会场是记者发掘有价值素材的主要阵地。会下和会外发生的事情也是值得记者关注的对象。如果一场会议进行中发生了突发事件,导致会议的意外中断,这就有可能成为具有轰动性的大新闻。另外,不管是大会还是小会,不管是重要的会还是不那么重要的会,会议都是相关信息集中的地方,透过众多的会议可以给记者提供许多有价值的信息,经过筛选和整合,记者就有可能从看起来普通、平淡的会议中捕捉到重要的新闻。

2. 寻找会场上的亮点

会议一般有固定的流程形式,比如开始时的开幕词、领导讲话,结束时的闭幕词等,也有不少会议是宣读长篇的报告,而这些报告当中也有不少格式化的用语。这些内容都容易让人觉得沉闷和枯燥。记者要善于从会场上冗杂的信息中辨别真正有价值的内容,将其提炼出来。

2005年12月13—18日,世界贸易组织第六届部长级会议在中国香港举行。部长级会议是世贸组织的最高决策权力机构,一般每两年举行一次会议。香港特区的接近性和中国入世的背景使这个会议倍受国内媒体的关注,会议讨论的议题,特别是与中国相关的部分都是媒体报道的重点。18日是会议的闭幕日,作为一项程序,闭幕仪式并无多少新闻价值,但是中国广播网的记者却从当日会上公布的"部长宣言"草案上发现了有价值的材料,并制作《世贸部长级会议今晚闭幕 2013年前取消农业补贴》的报道,以其独到的报道角度被国内各大新闻网站转载。在这篇不到千字的报道里,记者不但能在非常短的时间里把握"部长宣言"的要旨,提炼出其中主要的条款,并结合记者几日来在会场上的所见所闻和所访对谈判结果进

---

① 朱金平.从会议中挖掘新闻[J].军事记者,2006(7):23—25.

行分析,体现了记者突出的信息鉴别和信息整合能力。

会场上的长篇报告、宣言、讲话等内容是记者采访会议时需要重点关注的地方。在这些看起来枯燥的文件和发言里,往往隐藏着有价值的事实。记者提炼出这些事实,还可以在现场通过访谈专家和权威人士,对其意义、内涵进行解读。

除了要有对信息的鉴别能力,记者还要有一定的概括能力。有时候,会议讨论的内容要点分散,没有特别弹睛落目的信息,却又是当下社会普遍关注的热点议题,记者需要对采访所获得的细碎材料进行分析和概括,从中提炼出具有一般价值的信息。

2007年11月,全国房地产市场秩序专项整治经验交流会在青岛举行,由建设部、国土资源部等八个部门联合召开。会议背景是全国房地产市场价格连续四五年快速增长,虽经多次调控整治,效果都不明显,特别是2007年4月以来,房价上涨速度骤增。在这样的背景下,政府对房地产市场抱有怎样态度和将有怎样的应对措施,自然是社会公众所普遍关注的内容。国内多家媒体对本次会议做了报道,但是不同媒体的概括提炼的角度却多有不同,其中的差别和经验颇值得思考。

最普通的报道模式是"就会议报会议",交待会议的时间、地点、主要任务、主要出席人员等情况。报道主体往往由这样的句子连接,如"会议指出""会议要求""×××介绍"等。这样的报道看起来四平八稳、面面俱到,但是除了开会的信息外,没有提炼其他突出的有效信息,因此对受众也难以产生吸引力。《青岛财经日报》从接近性和显著性的角度提炼出两条新闻:"青岛地产新项目73%是中小户型"和"上海房管局细解'汤臣一品'被查始末",[①]将会议淡化处理成消息来源,新闻性跃然纸上。新华社则从新闻分析的角度,将会议内容概括成两块:目前房地产市场存在的主要问题和房地产市场专项整治的主要措施。上海《第一财经日报》由会议内容概括出"房地产市场宏观调控将继续加强"的判断,并提炼出信息:"建设部和国土资源部近期措施的合力点在于确保明后年五类住房用地不低于居住用地的70%。"相比于新华社的新闻分析,《第一财经日报》的概括和提炼则又显得新闻性更为突出。可见对同样一个会议的报道,记者的提炼、概括和分析对最终的报道格局有非常重要的影响。

有时候,会议的主旨内容很普通,但其中的一些细节却很值得咀嚼。记者若能捕捉住这些细节,就有可能跳出会议从其他角度来作出有价值的报道。例如,2004年8月上海市人大常委会召开新闻发布会,宣布《上海市未成年人保护条例(草案)》将公开征求意见。法规的起草、初审、征求意见、再审等都是立法过程中的普通程序,这次新闻发布会也只是诸多程序链条中的一环而已。因此,不少参加新闻

---

① "汤臣一品"是位于上海陆家嘴金融区的一个房地产项目名称,以其房屋销售单价的昂贵而闻名全国。

发布会的记者都只是把这处理成一条简单的常规新闻。但是，新华社记者却在普通程序中发现了不寻常的地方：未成年人立法要听取未成年人意见，并从这个角度将一个普通的会议新闻做得十分有特色。

3. 关注会议的异常情况

对于会议的组织者来说，会议能够准时开始、按照预定时间结束，有条不紊地走完预定程序和讨论预定话题，这就是一个成功的会议。如果出现任何意外或反常情况，则是很糟糕的状态。但是，对于记者来说，这些"糟糕的状态"却往往是很好的新闻题材。所以，记者在会议上不但要关注正常程序和内容，还要特别关注异常情况。在异常情况下，要能跳出会议报道的常规思维模式，及时从新的角度来组织采访和报道。

例如，一个重要的会议被临时取消，或者按常理应该出席的重要人物没有正常出席，等等，这都意味着事实情况出现了比较大的变动，记者应该向有关方面了解导致变动的原因及其具体情况，而不能简单地认为会议被取消，就不需要采访，人物没出现，题材就失去新闻价值。恰恰相反，因为有变动，事情的发展出乎人们的预期，公众有更多的疑问，题材的新闻价值实际上变大了。

当然，上述的极端情况很少发生，大多数时候，会议的异常体现在一些违背常理常情的细节当中，需要记者用心把握。例如，有记者在全省的扶贫工作会议上，发现会场外却停满了小轿车，于是做出"扶贫会上轿车多"的报道，反面文章新意足。[1] 1989年新华社消息《工人说：何时我们也剪个彩》可谓通过捕捉细节成功进行报道的典型案例。1989年国庆节前，哈尔滨市有两栋商业大楼提前竣工。在竣工典礼上，领导讲话丝毫没有提及建筑工人的贡献，实际上没有建筑工人加班加点的劳动，就不可能有工程的提前竣工。记者觉得这是一个相当不合理的情况。于是围绕这个"新闻眼"进行采访报道，消息发布后在读者中引起强烈反响，并且对现实也产生了推动作用。后来，当地几项重点工程竣工后，都邀请工人代表与领导一起剪彩。[2]

捕捉异常情况需要记者有质疑的精神。能站在不同的角度对所观察到现象进行思考，能对大家习以为常的事实提出疑问，记者往往就能在普通的会议场景中有一些与众不同的发现。2002年1月，上海市行业协会发展署举行成立揭牌仪式。这只是一个很普通的活动，通常媒体对此类活动的报道也很简单，交待时间地点和出席领导即可。但是，上海东方电视台却制作出一条《五位市长一个会》的报道，把报道的着力点放到"一个揭牌仪式为什么会有五位市长到场"这个问题上，揭示行

---

[1] 连金宝.会外生"枝"写新闻[J].新闻爱好者,2006(6):41—42.
[2] 朱金平.从会议中挖掘新闻[J].军事记者,2006(7):23—25.

业协会受政府行政干预过多的事实。① 从一个普通的揭牌仪式中，能发掘出有关政府转变职能这样的主题，与记者的思考质疑能力是分不开的。

二、拓展会议纵深度

1. 精心准备是前提

记者经常会发现，仅仅依靠会议上记录的内容来完成报道是很困难的，大多数的会议也不会将所有重要的问题和事实都公布出来，因此，在会议结束或者发言者发言完毕后，记者常常还要提出若干问题以深入了解事实状况，这就需要记者在参会前要针对会议主题和可能的讨论内容有所准备，提出好的问题，才可能获得好的内容。

在互联网普及的背景下，采访前的临时准备变得比以往要容易。通常，记者通过搜索引擎用关键词搜索都可以搜出一些相关材料，帮助记者对所要采访的会议主题有一个基本的把握。特别是一些跟新闻事件相关的会议，网上会集聚较多前期材料，记者的临时准备会比较有效。

不过，记者大多数时候要采访的可能是工作会议、主题论坛，或具有周期性的一些例行会议，网上可能并没有多少跟主题直接相关的公开材料，那些相关度不高的材料也很难在短时间里让记者对特定主题形成比较完整的认知。所以，做好会议采访，记者还应该平时多做准备工作，在采访和生活中做有心人，对采访领域内的信息保持关注，尽管这些信息对记者眼下的采访报道可能没用。有了丰厚的积累，记者在面对特定的题材，才能迅速调动既有的储备知识，把握采访关键，理清采访思路，争取报道时效。

对于一些受众普遍关注或者跟受众比较接近的会议来说，在会前收集受众对会议主题的反应，有助于记者把握受众的兴奋点，从而做出创造性的会议报道。方法之一是报道会议的预告性信息，让受众提前知道会议将要讨论的主题，再来看看受众对会议的预告信息是如何反应的。如果反应热烈，那么大家讨论是些什么样的问题呢？如果是反应冷淡，那么导致冷淡的原因在哪里？这些问题和原因都可以成为记者深入采访会议的着眼点。

2004年10月《文汇报》对上海市人大关于未成年人立法座谈会的报道，可以说就是前期报道所取得的成果。当年8月，上海市人大常委会召开新闻发布会，披露《上海市未成年人保护条例(草案)》将公开征求意见的信息。一个礼拜后，市人大常委会又开新闻发布会，介绍征求意见的情况。通常来说，这样的场合，人们总是

---

① 卢咏,崔士新.从会议报道看电视新闻改革[J].新闻记者,2002(8).

说些"立法得到各方关注"之类的套话。《文汇报》记者没有停留在这些看似圆满的套话上,而是一一翻看来信,发现征求意见过程并未引起未成年人多少关注,于是将此情况写成新闻报道。这条报道在读者当中产生很好的反响,未成年人的意见也随之纷纷而来。到当年10月份,立法座谈会正式召开,虽然现场只有20名学生参加,但记者根据前期了解的情况,围绕"减负要不要用法规来制约""学校周边'200米'该怎么算""如何看待未成年人隐私"这三大焦点问题来采访学生的意见,并且以"20多名中小学生昨对《上海市未成年人保护条例(草案)》畅所欲言"为主题写成报道。① 后来,这条报道获得文新集团新闻奖的通讯一等奖。

对重要会议,也有记者和媒体采取民意调查的方式来了解民众意见,并以此来判断会议报道的重点。现在各大媒体都有自己的网站,记者和媒体可以通过自己的网站实施调查,成本低廉。例如,2007年全国两会召开前一两个月,国内多家新闻机构就围绕两会展开网上调查。在两会开幕前夕,媒体即纷纷推出两会的前瞻性报道,整理出若干民生关注的热点问题,既是给两会委员代表的讨论出题,也为以后的采访报道提供方向。

2. 多方渠道补内容

西方学者认为新闻报道和事实真相之间有三层关系,"第一层次是新闻发布会稿、新闻发布会、演讲、声明;第二层次是证实性材料、背景、记者观察、自发性事件;第三层次是重要性、影响、原因、结果、分析与解释。"② 记者做会议采访报道,如果仅仅是听会、记录、整理和提炼会议讨论内容,则是处于采访的第一层次上,收集的是表层事实,这些材料是由消息来源主动提供的,记者只是掌握了事实的一个面,如果要使这个事实能够得到"立体"的呈现,还需要其他层面的调查、核实和分析。

真相在现场。记者在会议现场采访要尽可能深入,注意观察会场环境和气氛,多方采访,将不同消息来源所提供的材料进行对照、比较,才能去芜存菁。如果仅仅靠单一新闻来源,靠一个专业部门提供的工作文件或工作报告,靠某个新闻发言人或者是"权威人士"的说法,那么,记者的视野和眼光势必会受到很大束缚,对事实的了解也是十分有限的。

对于一些比较重要的会议,记者还要对会议所获得的信息进行"深加工",通过深入访谈、搜集背景资料,对事实提供解释和分析,来使会议信息得到拓展和走向深入。如此,人们不仅知道发生了什么事情,而且还知道在什么样的背景和条件下发生这样的事情,它的意义和影响是什么等,从而可以深化读者对新闻事实的理解。美国老资格报人马克·埃思里奇说:"在当今异常复杂的世界中,解释性报道

---

① 马美菱.学会质疑[J].报刊业务探索,2005(8):7.
② 梅尔文·门彻.新闻报道与写作[M].北京:华夏出版社,2003:274—275.

是一种有用的工具。孤立的、与其他事物不相关联的事实,仅仅因为是事实而能给人以印象,其实最容易使人误入歧途。背景材料、周围环境、先前发生的事件、动机的形成,都是真正的、基本的新闻组成部分。这种解释实际上是最好的报道形式。"[1]重要的会议报道尤其需要解释,因为会议通常都是对现实事态发展的一种反应和集中讨论,缺少对现实过程的梳理和分析,仅仅局限于会场上内容的报道必然难以完整和到位。

2018年浙江新闻奖广播类一等奖作品《义乌成为全国首个"无证明"城市和奇葩证明说再见》就是一个会议新闻。一段时间里,政府机构办事难、手续要求多让市民啧有烦言,"证明我妈是我妈"成为网民嘲讽的段子广为流传。在这个背景下,2018年8月浙江义乌将全面推行"无证明城市"一事受到当地媒体、省级媒体和中央媒体的高度关注。8月17日,义乌市召开"无证明城市"新闻发布会,浙江本地媒体金华广播电台的记者和全国众多媒体同仁一起出席,义乌市政府各相关部门负责人均到场,问题解答比较全面详细,因此,会议结束,大多数记者也就离开了。金华电台的报道之所以能在众多同题材报道中胜出,缘于记者不仅在会议采访前做了充分准备,还在会议结束后做了很多补充采访。散会后,记者拦住义乌市委改革办副主任深入采访,了解到"无证明城市"改革并非一蹴而就,而其实施基础在于数据信息技术的支撑。那么,政府改革是否真正让市民感受到方便?是否覆盖到所有领域?记者又去义乌行政服务中心实地采访,了解实际办证程序和市民反应,并且验证了改革涵盖了减证明最难的金融领域。[2] 这些会场外的补充采访核实了会上的信息,为事实提供了深入解释,使报道更完整也更可信。

三、利用好会议资源

会议是信息聚集之地,也是人物聚集之所。会议的价值不仅体现在内容上,也体现在与会的人物身上,还体现在因为会议而聚集的会下会外的场景上。记者采访会议,不仅要关注会议主题内容,捕捉新闻亮点,还应当注意开掘利用会议所特有的一些资源优势。

1. 利用会议"找人"

会议是记者建立和扩大个人社会网络关系的一个很好的平台。记者在采访会议时可以有机会接触到社会各界人物,特别是一些平常不太容易取得联系的政府官员、专家学者和各界名人。这些人物虽然可能与本次会议采访的目的和任务并

---

[1] 刘明华.西方新闻采访与写作[M].北京:中国人民大学出版社,1993:90.
[2] 方静萍,李静.发布会会场不等于新闻现场[J].传媒评论,2019,6:23—24.

无关系,记者也应该设法与其进行联络,哪怕只是简单的问候和交换名片,获取其个人联系的信息。这可以为以后寻找合适的采访对象提供很多方便。

有时候,会议本身并没有多少价值,但是出席会议的人物却有可能成为其他报道主题的合适的消息来源,会议就成为记者寻找和联系采访对象的场所。

如果出席会议的人物本身具有新闻价值,那么利用会议采访的机会,记者还可以进行人物专访。《文汇报》记者对著名数学家丘成桐的人物专访《数学之美》就是利用会议采访完成的。

2004年12月16—22日,世界华裔数学家大会在中国香港举行,丘成桐是本次大会的主席。在此之前,丘成桐即以其数学成就和对国内奥数热的批评而受到舆论广泛的关注。因此,《文汇报》记者万润龙在前往香港采访前即做好打算要对丘成桐进行专访,并查阅了有关丘成桐的大量文章,包括有关他的新闻、访谈和他的演讲材料,以及他任学术委员会主任的香港、北京、杭州三个数学中心的有关背景资料。根据这些背景材料,记者设计出若干有针对性的问题,如"中国究竟能不能称为数学大国""奥数对中小学生所起的作用"等。在香港的数学会议上,记者虽然没有获得对丘成桐进行单独访问的机会,但是根据事前准备的采访提纲,以及根据会议现场情况临时调整的一些问题,记者在会上采取见缝插针的办法,最终还是达成了原定的采访目标。记者利用会场中一切可以获得的机会对丘成桐提问,例如贵宾室短暂的休息时间、丘成桐与中学生合影的间隙,甚至是宴会上敬酒的时候,记者也不忘抛出一个问题。[①]

2. 积累背景知识

会议信息量庞大,最终能够被记者选择进入报道的只是其中很少的一部分。但这并不意味着其他信息都是无用的信息。恰恰相反,有经验的记者会适时地整理采访笔记,将没有用到新闻报道中有价值的剩余材料作为资料保留起来。通过这样的方式,记者就可以给自己建立一个资料数据库,到需要用的时候,就能很方便地调动材料。过去保存资料是一件十分烦琐的事,现在借助于数字化技术,这一过程要方便简化得多,关键在于记者在平时的工作中应该做个有心人。

一些领导部门、社会组织机构的例行会议和工作会议,从会议本身来说可能新闻价值不大,或者说很难提炼出有价值的信息来,但是却可以帮助记者随时了解所在地区或特定行业面上的动态变化,构成记者观察和把握社会环境的知识背景。拥有这样的知识背景,有助于记者识别新闻,增强新闻敏感性。

---

① 万润龙.做功课与提问题[J].新闻爱好者,2005(5):7—8.

在我国的社会环境下,记者参加政府机构组织的会议,还有一层特别的意义,即可以帮助记者把握政府在社会、经济等方面可能会有的政策动向。即使是政府机构例行的会议,如学习会、报告会、调研会等,讨论互动的成分少,单向的报告发言多,也可以给记者提醒政府的关注焦点落在哪些地方,他们会比较关心哪些问题等情况。这些面上的情况通常不能直接成为新闻,但是对宏观情况有较好的把握,有助于记者更敏锐地观察社会现象和事物,从而发现别人所意识不到的角度,捕捉住容易被别人忽略的细节。

3. 发现新闻线索

有时候,会议上的信息是片断的和不完整的,不能直接用来作为新闻报道,但是却或多或少揭示了现实中存在的问题和争议,或者暗示了人物和故事。对于记者来说,这些信息虽然要素不全,缺少细节,却可以成为新闻线索,为以后的采访提供方向和指引。经过深入调查采访,记者甚至可以从这些模糊的会议信息中发掘出比较重要的大新闻出来。《文汇报》记者关于"上海引大树入城"的采访调查就是一个案例。[①]

1997年开始,上海在城市绿化过程中开始实施"引大树入城"的计划。在前后5年左右的时间里,上海引进了约15万棵大树。这些大树构成上海公共绿地体系或小区景观绿地的主要骨架。上海的这一做法不久就吸引了国内其他一些城市暗中仿效,两年后更是作为一项经验被全国很多城市所学习。但是,不久之后,媒体即纷纷对城市移植大树的做法进行批评,"引大树入城"由一件好事变成了一种"绿色泡沫"。在这样的背景下,2001年建设部负责人在一次工作会议上,公开点名批评"引大树入城"的做法,并认为它产生了普遍的不良后果。

在上面的案例情境中可以看出,建设部负责人的身份使其关于"大树入城"的批评性信息是值得关注的。但是,在当时的背景下,如果只是简单地报道这样一个信息,其价值也显然不大,一是媒体已多有批评,这个观点不算特别新鲜,二是会议并没有提供关于"大树入城"利弊情况的详细材料。但是,会议上的这个信息却触动了《文汇报》记者,他没有直接报道这个信息,而是由此出发,围绕"大树入城"的是是非非展开深入调查,既实地探访移植大树的情况,又对相关专家广泛访谈,甚至还对大树来源地进行了追踪采访。经过这一番努力,记者终于弄清有关大树争议的来龙去脉,根据调查而撰写的稿件扎实客观,并最终对实际工作产生了积极的影响。

---

① 洪崇恩.深入调查出真知[J].报刊业务探索,2005(21):5.

四、演讲和学术会议采访

这是两种比较常见的会议形态,各自具有鲜明的形式和内容特点,对于记者来说,它们是容易报道的,因为会议的程式性强;也是不容易报道的,因为容易被表现得枯燥和刻板。面对这样的题材,记者既要遵循规则,掌握一般采访报道规律,又要发挥创造性,才有可能制作出比较有吸引力的新闻。

1. 演讲

尽管演讲的主题千差万别,但几乎所有的演讲都是单一消息来源的长篇报告,记者的任务是聆听这七八千字甚至上万字长的报告,然后将其转化成六七百字的新闻。

一场演讲的要素环节包括演讲者、演讲内容和听众。演讲者的身份和知名度将影响到演讲的新闻价值。一个声名显赫的人所做的演讲自然有理由得到社会公众更高的关注。例如,英国首相布莱尔在中国小城东莞做演讲,即使满场套话、空洞无物,也注定是媒体聚焦的对象。但是即便是一个不太有名气的演讲者,记者要报道他的演讲,就必须对其经历、专长、身份等情况作介绍。

演讲的听众也值得关注,他们是些什么人,为什么要来听演讲,他们的人数规模有多大等,这都是受众所关心的问题。如果听众中有什么具有显著性的人物,比如演讲者亲友或著名人士,那也是值得记者了解和向受众交代的。听众在现场的反应也相当重要,因此,记者还要随时留心观察现场的气氛和活动。如果是个著名人士所做的演讲,而现场反应很冷淡,甚至有听众在现场起哄、抗议,那这就是颇具戏剧性的事件了,受众反应则应当成为采访和报道的重点。

记者还应该搞清楚演讲的背景。演讲活动的组织者是谁?他们组织演讲的初衷和动机是什么?这是一个例行活动吗?这个活动的组织程序又是怎样的呢?记者需要跟演讲活动的主办者进行交谈。

最关键的部分是演讲内容。对演讲的采访考验记者记笔记的能力。记者应该记下尽可能多的演讲内容,但事实上不可能逐字逐句地详记,因此,许多记者在采访演讲时会将录音和手工记录结合起来使用。由于演讲报道通常都要做大量的直接引语,因此,记者还应该在聆听演讲时十分注意演讲者的一些关键性的、有特色的和有吸引力的陈述。需要做直接引语的地方,记者的记录必须在措词甚至虚词的使用上都做到精确可靠。

有些演讲结束后,演讲者还会与现场听众有一段互动交流时间。这是值得记者特别关注的时间,因为,这是通常容易出新闻的环节。演讲者的即席发挥里可能有一些意想不到的精彩的引语,也有一些众所关注的问题会因为现场提问而得到回答。当然,如果记者有问题,这也是记者对采访对象提问的一个机会。

就像写文章一样,演讲者的演讲内容往往也有起承转合的结构,演讲的开头部分并不是最重要的内容,演讲的内容往往也包含不止一个主题。这就需要记者在听演讲的时候能够不断地对演讲者的思路和内容进行概括整理。当演讲结束,记者要能够准确判断,今天的演讲主要讲的是什么内容。记者的新闻报道不是对演讲内容做提要,所以,记者还要判断,演讲中的哪些内容是值得报道的,哪些不是,更不能够按照演讲者的报告顺序来安排新闻报道的内容,也尽量不要在一篇报道里同时放进两个主题的内容。

国外学者认为一篇演讲报道所要包含的内容包括演讲者、听众和演讲内容三个方面,并为之提出一个简明的提纲,这可以给记者在采访演讲活动时提供一个参照。在演讲者方面,记者要掌握的事实包括:演讲者现在的身份、经历、演讲状况、演讲中不同寻常的特点;获取事实的渠道有:演讲者、各种《名人录》、演讲者以前曾提到的人和记者的现场观察。在听众方面,记者应该掌握的事实包括:组织的名称和类型、出席人数、出席目的、对演讲的反应、听众现场状况、出席的重要人物;获取事实的渠道有:组委会官员和记者的观察。在演讲内容方面,记者应掌握的事实包括:演讲的主题、演讲的各个部分、演讲的题目和引语;获取事实的渠道包括演讲稿和现场记录。[①]

2. 学术性会议

现在,不少专业的学术性会议也会邀请记者前往采访,以此扩大会议和会议主题的影响。会议的主办方为了吸引记者,也会特别选择会议的平台来宣布一些重要的研究发现和调查结果。事实上,在这个社会公众和专家学者之间的互动沟通越来越方便的时代,记者对学术性会议的采访报道也是为这种互动交流提供了一个平台。

有些学术性会议的规模比较小,讨论议题单一,如学术论证会等,也有的学术性会议规模比较大,包括主题大会和若干的分组讨论会,实际上是由一系列会议构成,讨论的议题也众多,再加上学术本身的专业性,这些因素会给记者的采访报道带来不少困难和障碍。

对于自然科学领域的学术会议,记者采访和报道的着眼点应该放在新发现、新发明和新创造上。但不是所有的研究议题都适合做新闻报道。通常,太空领域和医学上的新发现、科技发明、技术进步等与社会生活比较接近的主题容易被普通受

[①] 莱特尔,哈里斯,约翰逊.全能记者必备(第七版)[M].宋铁军,译.北京:中国人民大学出版社,2005:258.

众认知,也是新闻报道的对象。

这一类题材属于科学报道的范畴。报道既要在措辞表达等方面符合科学规范,又要做好对普通受众的解释工作。所以,记者一般不能仅仅依赖听会来完成报道,在确定报道的对象后,要联系相关的专家进行采访,了解研究背景和技术细节,还可以让专家来做科学的通俗化解释工作。记者不仅要采访本课题研究的专家,还应尽可能对同领域的多位专家进行采访,以获得对于科研成果和研究意义的相对准确的评价。另外,不同专家的说法相互印证,也可以帮助记者更好地把握所要报道的对象。

科学研究中涉及对现状进行描述的调查性数据也会比较受社会公众关注,这些数据描述的既可以是疾病发生率、自然环境污染状况等,也可以是宏观经济发展或者社会结构分化等社会领域情况。

人文社会科学领域的学术性会议报道重点在于新观点和新见解,但是要选择一些跟受众比较接近、比较有显著性或者社会公众关注度比较高的议题来报道。例如,同样是学者对文学作品提出新解,对《红楼梦》的新解就要比对拉伯雷《巨人传》的新解更有新闻价值。当然,知名学者提出的观点也更有新闻价值一些。

如果是一个规模比较大的会议,记者还有可能需要就一些比较突出的研究主题做一个整合性的报道,这也就意味着记者应该对会议讨论的整体状况有了解,比如会议代表的人数、身份、分会场(或讨论组)设置状况等。记者还应该对会议代表进行一些访谈,了解讨论主题的背景、现状、意义等情况,也可以就会议上的讨论信息进行质疑、核实和补充。

另外,人文社会科学领域的研究成果和结论不少都与宏大社会背景是息息相关的,记者在采访这方面的学术性会议之前,还应该先做一些资料准备工作,了解领域内的一般知识,熟悉常用术语的涵义,了解议题所针对的现实状况和来龙去脉,以及学界争议的一般状况,这样可以为采访学者专家搭建一个比较好的沟通平台。

五、值得注意的细节

(一) 关于会议材料

大多数会议都会给记者提供一些会议材料,介绍会场设置、会议议程、出席人员情况、讨论主题等。记者首先应该浏览这些材料,了解会议一般状况,根据会议议程和议题状况,初步把握采访重点。

如果是演讲,或者会议上有长篇的发言或报告,记者应尽量向会议主办方索要演讲稿和发言稿,这会大大减轻记者做记录的压力,也可以帮助记者在比较短的时间里把握发言的要旨。

值得注意的是,在有发言稿的情况下,记者不能仅仅依靠书面材料来报道会议内容,仍然要认真听会,注意会议上的新鲜内容。因为有些发言人虽然有发言稿,但在正式发言时往往会有脱稿发挥,甚至有可能完全离开发言稿而另作一番演讲,如果记者不认真听会,很可能会错过发言稿上没有的有价值内容,严重者甚至会导致漏报重要新闻。

另外,我国的会议主办方经常会给记者准备关于会议内容报道的所谓新闻稿。这也是记者需要特别当心的地方,依赖这些"新闻稿"来制作新闻常常会给记者带来麻烦,轻则是报道平淡不出挑,重则会导致漏报重要新闻。因为会议主办方提供的材料经常是不全面的,通常只是一些会议主办方自己认为比较重要的内容,未必符合新闻的要求,甚至会遗漏真正具有新闻性的内容。

记者采访会议时一定要坚持自己听会,主办方提供的"新闻稿"常常只是一些空话套话,不足依赖。

媒体和记者在这方面有很多失败的教训,试举其中一例。

2007年2月,上海市容环境卫生行业召开2007年便民利民措施发布会。这看起来不是一个特别有新闻价值的会议,所以,很多记者虽然赴会,但只是拿走了会议材料,并没有在会场上逗留。而事后从会议材料上,记者所能了解只是一些关于政府推行便民利民措施背景、意义的套话。这似乎真的是一个没有多少新闻性的会议。其实不然,上海《东方早报》的记者留在了会场,并从会议上发掘出一个信息:上海将要推出一个《城市设摊导则》,对马路摊点不再一律封杀。在我国城市市容管理与游动摊贩之间矛盾突出到甚至引发极端冲突的背景下,这一信息的新闻价值不言而喻。后来,这条新闻成为《东方早报》的头版头条报道(见案例11-1),并被新浪网等国内知名的新闻网站转载。但上海的其他一些日报甚至根本没有关于这次"便民利民措施发布会"的报道,也就是说,在这个案例中,记者如果仅仅依赖会议主办方提供的"新闻稿",很难捕捉到会议上真正的新闻点。

▶ 案例11-1:

马路摊点上海不再一律封杀

今年下半年起,市民无需再为修鞋、修伞等琐事而四处寻寻觅觅了。早报记者昨天从市容环境卫生行业2007年便民利民措施发布会了解到,"五一"前,一份《城市设摊导则》将出炉,并于下半年正式开始实施。市区部分路段经市民同意,可设置部分便民类摊点,对马路摊点不再一律封杀。

"上海无证摊贩可能在5万以上,光靠堵是行不通的。而且有些摊点确实便利了居民生活,因此我们允许城市化区域一部分小摊小贩的存在,给他们颁发临时许可证。"市市容局环卫处处长孙芝兴介绍,"目前考虑的基本条件是:申请临时设摊许可证的摊主必须在上海居住至少半年以上,同时要向所在街道提出设摊申请,我们将和有关部门共同听取街道居民的想法,老百姓赞成,我们才会颁发临时许可证。"而影响交通、算命占卦和夜排档等无证摊贩则将被坚决取缔。

据悉,这也是上海首份指导城市摊位设置的行业导则,它甚至超越了一些部门法规,从细则上放宽了对城市设摊的严格限制。

对此,上海社科院社会调查中心主任杨雄认为,"导则"的出台是人性化的措施,也是和谐社会的体现。欧美等发达国家在对小商小贩的管理上都实现分区域、分场所和分时间管理,使其成为城市一道独特的风景线,上海此举正是借鉴了发达国家的经验。

(材料来源:《东方早报》2007-02-26,作者:吴洁瑾)

(二)记者需要动起来

会议主办方通常会在会场上设置专门的记者席供记者落座,记者应该坐在靠近走廊的位置,方便随时起身活动。内侧的位置可以搁物,但不宜落座,因为会限制记者的活动自由。

记者采访会议,不可像一般与会者一样只是专心致志听会,而应随时观察会场气氛、人员进出、观点表达的情况,并适时采取应对措施。所以,记者经常就是会场上跑前跑后、跑进跑出的那些人。

如果有发言者的发言让记者感兴趣,那么等该发言者发言结束,记者应该立刻走上前去,与发言者取得联系,确认发言者的身份、姓名等细节;如果需要补充采访,还应商定好访谈事宜。如果有发言者要离开会场,记者则需要当机立断,跟随发言者一起走出去,抓紧时机完成采访。

如果听众席中有稍为明显的反应或喧哗,记者应该走过去了解详情。在演讲、报告的场合下,如果发言者留有时间回答听众问题,则记者不仅要关注回答者,也要关注提问者,要了解提问者的身份、所属单位、姓名等信息。如果提问者的问题比较特别,引起现场了反应,那么这个提问者就是一个需要重点采访的对象,记者应该赶在提问者被听众席淹没之前将其"捕捉"。

由于会议报道以直接引用和间接引用别人的话语为主体,如果能获得好的引语,将有助于将文章表达得更为生动和有吸引力。除了会场上的记录外,直接采访发言者也有助于获得好的引语。

大多数时候,发言者发言结束,记者都应该跟上去做一点补充采访,让他(她)就发言内容谈一谈背景、意义、重要性或者自身态度之类的情况。这样的谈话往往能使记者有意想不到的收获,发言者可能会提供一些跟其发言内容相关的细节、故事,也可能会有一些更为生动和形象的修辞性表达。而他们在会上通常只说一些四平八稳的观点。他们在会上用两分钟说完的意见,在会下可能会用10分钟来讲自己亲身遭遇的故事和自己的态度。

下面这段生动的会议报道就是记者会后补充采访所取得的成果。

▶ 案例11-2:[①]

谁的干涉也无法帮助东劳伦斯的一家电子器材商店扩展到附近的空地盘上。在星期二晚上举行的会议上,劳伦斯市委员会拒绝了帕钦电子及工业原料供应公司的扩建请求,该公司想把它在第九大街东602号开办了47年的商店扩展到原定要建公寓的两块地皮。

没有人为这项请求没被通过而惋惜。

"任何人想把他的木材店扩展一下,我们也会客气地请他另找合适的地方,"委员会成员乔·安德森会后说,"这跟一个人的人品没有关系,但它跟我们这个地区密切相关。"

记者还要当心会议中的操纵因素。有时候,在人们组织的会议活动(如演讲、技术论证会等)的背后,可能会有商业利益或其他立场因素在推动。从会议的主办方来看,这并没有什么不对;对于记者来说,只要会议有新闻价值,也是值得报道的。但是,记者要注意鉴别会议背后的这些操纵因素对会议内容的干扰。对于演讲人和会议主办方所提供的材料要进行分析,摒弃那些没有可靠证据却有明显立场偏向的材料。最好能够采访到对立方的观点和态度。

(三) 新闻发布会上的提问

我国从2008年5月正式实施《中华人民共和国政府信息公开条例》,以前只在外交领域实行的新闻发言人制度在政府各部门推广开来,各级政府部门和企事业单位都会定期或不定期举办新闻发布会,就重大事件进行情况通报,发布跟公众利益相关的重要信息和需要周知公众的重要事项,对重大新闻和信息进行解读和观点表态等。[②] 出席新闻发布会已然成为记者工作的重要方面。新闻发布会也是会议,但是比较特殊,比较程式化,不论是"情况通报"还是"记者提问"环节,所有内容对参会记者都是共享的,而且每位记者最多只能有一次提问机会。因此,新闻发布会上的提问有更多技巧需要注意。

---

① 卡罗尔·里奇.新闻写作与报道训练教程[M].钟新,译.北京:中国人民大学出版社,2004:392.
② 徐世访."新闻发布制度"下的媒体应对[J].中国记者,2010(4):60—62.

一是尽量坐前排位置,更容易被发布会的组织者注意到,更容易获得提问机会。另外,很多新闻发布会都会在一段时间里连续开几轮,甚至十几轮,记者坐在前排也更容易被会议组织者记住脸,脸熟也有可能带来更多提问机会。

二是问题要简洁清晰,挑最重要的问题来问,只问一个问题。如果问两个或更多问题,也就是记者给了对方选择性回答的空间,对方很可能避重就轻,对记者最关心、最重要的问题避而不答。

三是发布会前要做好采访准备,梳理出想要问的问题,排出重要性顺序。不要受限于发布会主题,要根据出席发布会的部门机构来梳理出自己最想要问的问题。凤凰卫视记者陈琳曾讲述一次参加卫计委(现已更名为"卫生健康委员会")新闻发布会的例子,[①]那次发布会的主题是居民健康问题,告诉大家应该怎样维持健康的饮食习惯。当时的卫计委也负责计划生育工作,而"二孩"政策是舆论倍加关注的问题,所以,陈琳并没有提健康的问题,而是提关于"二孩"政策的问题。

---

① 陈琳.极端环境的现场报道是对人性的挑战[M]//周途.非虚构:时代记录者与叙事精神.北京:清华大学出版社,2017:200.

第十二章 人物专访

2007年12月18日,在上海大舞台的一场晚会上,2010年上海世博会的吉祥物"海宝"第一次跟社会公众见面。第二天,这个蓝色的翘着大拇指的卡通形象成为上海各大媒体的报道焦点。与这个卡通形象一起广为流传的还有一个故事:"海宝"形象的主创人员是在上海漕溪北路一家餐厅吃早餐时获得创作灵感的,最早的"海宝"就是画在餐厅电脑打印的账单上。

人物是事件和活动的主体,而那些知名的社会公众人物本身就具有让受众关注的价值。通过对人物的系统、深入访谈,记者可以就一些问题、事件、现象进行深层次的挖掘和探讨,也可以详细、生动地展示人物的经历和心理,让受众更好地了解人物,并从中获得某种感悟。对于那些以记录单一访谈为基本内容的报道形式,我们称之为人物专访。

人物专访是媒体上十分常见的一种报道形式。但凡有重大事件发生,媒体总要设法寻找到事件中的一些关键人物,如当事人、设计者等,进行人物专访,以了解事件的详情细节和背后经历。也有不少媒体开出常规性的人物报道的栏目,将人物专访当作一个品牌性的内容来经营,如中央电视台的《面对面》栏目,时长近一小时;《新京报》推出人物工作室微信公众号"剥洋葱"。也有一些媒体以人物报道作为主打定位,如隶属于南方报业传媒集团的《南方人物周刊》和人民出版社下辖的《人物》杂志。

一、人物专访的类型

记者采访,经常要对各种各样的人进行访谈,以收集新闻报道所需要的各种素材。目击者、当事人、知情者,甚至是街头随机走过的不确定的人,都可能成为记者访谈的对象,但不是这所有的人都可以成为记者作人物专访的对象。那么,什么样的人可以作人物专访,人物专访又有哪些类型呢?

专访与一般访谈不同的地方在于它的"专"。它既是对某个人物的专一采访和报道,又是一种专题性的采访,要求采访对象能够就某个特定的主题提供详细的情况和比较丰富的材料。因此,人物的讲述要有相当的张力,通常只有那些有故事、有经历或有专门知识的人才会成为人物专访的对象。

活跃在各个领域的名人是人物专访的常见的对象。名人具有特殊的公众效应,受众对其生活、工作、经历、想法抱有超乎寻常的好奇心,记者只要能够采访到名人,让他们讲述一些人们以前所不知道的故事和意见,即使这些故事和意见很寻常,在"名人效应"的带动下,这些内容也会得到受众的关注。

名人专访的难题在于要寻找到一个有新意的访谈主题。名人是媒体追逐的对象,也是社会公众的"熟人"。对其出身、背景、经历等情况,公众往往耳熟能详。记者的访谈如果仅仅重复这些熟悉的故事,不光受众提不起关注的兴趣,就是被访谈的对象也会十分厌倦,没有谈话的兴致。如何从"熟人"身上挖掘出新的话题,发现"名人"不为受众所知的方面,是一个不小的挑战。

为什么要在这个时候来访谈名人,而不是其他时候呢?这也是记者应该思考的问题。当然,访谈的理由很多,可以是他刚刚出版了新作,可以是他刚刚作了一场演讲,可以是他卷入一个热议的话题,也可以仅仅是因为他出差来到记者所在的城市,等等。

各行业有突出成就的人也是值得专访的。能成就不一般事业的人,往往也有不一般的经历、人生,或者是有着不同寻常的心性。这些故事、经历和思想智慧在满足受众好奇心的同时,也带来思考和激励。有些媒体针对这样的人群开设专门的访谈栏目。例如,上海电视台曾经开设《财富人生》栏目,专门对商界成功人物进行专访。《文汇报》的《近距离》栏目则以那些在学术、科技等领域取得突出成就的知识分子为主要报道对象。

新闻人物也是进行人物专访的一个十分常见的理由。因为各种各样的原因而卷入到新闻事件中成为核心人物者,往往都具有人物专访的价值。有些新闻人物是事件的亲历者和见证者,人们希望从他们那里获得更多关于事件的信息和评价。例如,2018年4月中央电视台举办的文化竞赛类节目《中国诗词大会》第三季总决赛落幕,来自杭州的外卖送餐员雷海为夺得冠军,一夜之间成为家喻户晓的新闻人物。外卖送餐员和诗词大会冠军的身份反差吸引大量媒体关注。当年4月央视《面对面》栏目曾播出专访《雷海为:快递与诗歌》,报道他自小到大的学习和工作经历,以及他参赛的初衷和重要比赛环节中的内心感受等。第二年4月,《新京报》再次推出人物专访,报道雷海为夺冠后的一年经历。[1] 他在众多工作邀约中最终选择成为成都一家教育培训学校的老师,他平和的心态和对个人爱好的坚持仍然感染到很多读者。

有时候,这些人物是新闻事件的当事人,他们的经历和情感也让人充满好奇。

---

[1] 潘闻博."诗词大会"夺冠后,外卖小哥婉拒"百万年薪"成"雷老师". 刊于微信公众号"新京报"(微信号:bjnews_xjb),2019.4.29. https://mp.weixin.qq.com/s/dcYQp-OZyG4tUkfshKzxVA

这些人物不一定是传统意义上的正面人物，他们的行为可能是有争议的，甚至他们也可能就是罪犯。例如2007年轰动一时的因家属拒绝手术签字而导致孕妇死亡事件，记者在采访中发现，医院方和同时住院的病友都强烈建议孕妇的事实丈夫签字，医院承诺免费手术，甚至有病友表示愿意资助，但都遭到拒绝。在人命存亡的关键时刻，孕妇家属的抉择显得不合情理，这样的人物就具有较为显著的专访价值。因为通过专访，人们可以对这个人的经历、背景、思考问题的方式有更多的了解，也或多或少可以回答社会公众对其拒绝签字行为的疑问。

有时候，这些人物以其及时、勇敢的行为在新闻事件发生后实现特别的成就。尽管他们在此之前默默无闻，只是这个社会最普通的人群中的一员，但是一旦成为新闻人物后，也就吸引了公众对其人生、经历的关注。这样的人物也是有专访价值的。例如在九江大桥坍塌事故中舍身救人的普通农民。2007年广东九江大桥发生罕见的桥梁坍塌事故，时值凌晨5点，浓雾遮眼，三位做小生意的农民路经大桥，发现断桥后，他们没有立即离开现场，而是冒着巨大的危险留在断桥边，10分钟内先后让8辆车"悬崖勒马"。而后，他们从人们的视线中消失，直到几天后记者才发掘出他们的故事。这几个农民成为断桥事件中最让人关注、也最让人感动的人物。他们的日常生活、家庭状况、思想情感，包括救人那时刻的所思所想，自然也就成为人们关注的话题。

普通人也可以成为人物专访的对象。有人说："每个人身上都会有一些有意思的事情，没有一个人过着完全平淡无味的生活。"①确实，一些发生在普通人身上的故事也会有令人感佩的力量。但是，要对普通人进行专访，通常还要有一些特别的理由，即要为报道寻找一个合适的新闻由头，比如，这个故事的主题能切合时下人们关注的热点，跟某个特殊的纪念日、节日相关，或者是跟一些有重大影响的新闻事件相关，甚至也可以是一种打破生活常态的变故，等等。

例如，2019年8月中旬，在为期一周的上海书展活动前后，上海《新民晚报》曾推出一组"视频+图文"的人物专访报道，讲述5位普通市民热爱阅读、与上海书展结缘的故事。一位妈妈坚持五年将每晚给孩子讲的故事念的绘本录音，并以微信公众号和网络电台的方式推送出来；一位妈妈利用等孩子上课、挤地铁的零碎时间用手机写出13万字的小说。② 这些事情或许很多人都能做到，但是能坚持这么长时间，坚持出一定的成果，也不普通，借由上海书展这个新闻由头，获得了新闻报道的价值。

另外一个关于普通人的专访案例是佘幼枝。佘幼枝是北京市崇文区的一个普

---

① 卡罗尔·里奇.新闻写作与报道训练教程[M].钟新主,译.北京:中国人民大学出版社,2004:505.
② 李若楠,萧君玮,黄于悦.陪读手机码出13万字小说,二宝妈挤出时间有一手.刊于微信公众号"新民晚报"（微信号:xmwb1929）,2019.8.16.https://mp.weixin.qq.com/s/XGQCPVRsqW2ofU9jLBefkQ

通老太太,2002年她曾经成为国内许多主流媒体的访谈对象。她的祖先曾经冒死安葬被冤杀的明末名将袁崇焕,并立下家训,要求佘家后代世世为袁崇焕守墓,不得搬离。自此以后300多年时间里,佘家的守墓义举从未间断。当这个责任落在佘幼枝身上时,她已经是佘家的第17代守墓人了。在这么多年里,佘幼枝默默无闻,何以会突然之间受到媒体关注?原因在于2002年北京市有关部门要整修袁祠,准备开放接待游客,并要求佘幼枝一家搬出袁祠。这也就意味着,佘家17代守墓义举到此曲终人散。这个突然的变故使佘幼枝和佘家的故事浮出水面,引起世人普遍的关注。

普通人要成为人物专访的对象,一般来说,要么人物经历特殊,遭遇常人所极少遭遇的事实,情节丰富曲折;要么故事冲突明显,有浓浓的人情味,具有感染人的力量。《新民晚报》曾经在头版报道一个普通市民的故事《"没有丈夫的爱,我不可能活到今天"》,[①]故事的主体是一位妻子身患绝症,接受20多次化疗、放疗,曾经因为病危而3次抢救,而丈夫为了照顾和安慰妻子,放弃薪水不错的工作。为了给妻子治病,丈夫不惜花光积蓄,甚至背上债务。在这里,人物贫困的处境和所遭遇的不幸疾病形成映照,而夫妻情深的人情味因素是故事中最具感人力量的地方。

根据访谈的主旨,人物专访可以分为不同的类型。由于访谈对象的身份、特点各异,以及专访的事件背景和时间契机等因素,人物专访的主题内容可以设置为人生经历访谈、事件访谈或专业知识访谈。

人生经历式访谈一般比较适合那些在事业上取得突出成就、对社会有重大贡献、有很高的社会名望的"名人"。这类名人的专访往往以最近某个跟名人相关的事件做由头,但是访谈不限于这个最新的事件,而是由此扩散到人物的生平经历,使受众对人物有更为深刻和全面的了解。例如,2007年4月,我国著名的杂交水稻专家袁隆平当选美国科学院外籍院士。消息传来,国内媒体对袁隆平作了大量的人物报道,仅中央电视台就有《新闻会客厅》《面对面》等多个栏目推出袁隆平专访。当选院士仅是话题的引子,访谈的主题一般都是落在袁隆平的科研经历、兴趣爱好、人生态度等方面。2002年,我国著名舞蹈家、时年70岁的陈爱莲举行了她的从艺50年巡回演出。中央电视台《东方之子》专访陈爱莲,主题在于展现陈爱莲的不服老、执著于舞蹈事业的精神。《鲁豫有约》的陈爱莲专访也以演出为由头,更多展现的是人物的人生经历和爱情故事。

事件性访谈对象一般都是新闻人物,或者是新闻性事件的策划者、设计者,访谈主旨在于了解事件的详情细节,人物对事件的亲历、体验,或者是人物对于事件、问题的意见、态度、评价等。例如,2007年12月中央电视台《新闻会客厅》栏目曾经专访

---

① 乐梦融,王爱东."没有丈夫的爱,我不可能活到今天"[N].新民晚报,2007-12-16(A1).

上海世博会吉祥物征集办公室主任刘军和吉祥物"海宝"的设计和修改团队的负责人、美术家邵隆图。当时的背景是，"海宝"刚刚在一场晚会上第一次对社会公众亮相。刘军是事件的亲历者，央视访谈他的主旨在于揭示"海宝"问世的前后过程，以及亲历者在"海宝"问世那一刻的心情感触、未来对吉祥物的包装规划等。央视访谈邵隆图的主旨则在于为受众展示"海宝"的设计寓意、创意经过等方面的情节和细节。

中央电视台对刘姝威(《新闻调查》2002-3-23)、王岐山(《面对面》2003-5-2)的采访都属于事件性采访，虽然这些人现在也成为了公众家喻户晓的名人。刘姝威是中央财经大学的研究员，因为撰写一篇600字的内参对当时的上市公司蓝田股份进行质疑，并因此而卷入到与蓝田公司的纠纷中，央视采访当事人刘姝威主要是还原事情的经过，以及当事人在事件中的情感、态度和分析。王岐山在2003年北京"非典"危机中临危受命，成为北京代市长，面对一场世界瞩目的阻击战，他将如何应对疫情，他如何看待疫情中的种种难题？"非典"中社会关注的焦点问题成为央视专访的核心内容。

专业知识性访谈大多数时候也是以一定的新闻事件作由头，只是访谈对象未必是事件中人，而是对事件所牵涉领域学有专长、拥有专门知识的人，大多数时候他们是专家学者。例如在伊拉克战争中访谈军事专家，对战争形势和战争走向进行分析。在嫦娥一号卫星成功发射之时专访航天航空领域的专家，来分析探月意义和在航天航空领域的国际竞争形势，等等。专业知识性访谈的话题可大可小。大者如前所述，小者如国家出台一部新的法律，或者社会发生一些有争议性的事件，记者都可以通过对相关领域的专家学者进行专访，来对新法出台的目的、影响、意义进行解读，或者对争议性的话题发表意见、进行评析等。

二、争取专访的机会

一家媒体的成功后面是很多家媒体的不成功，能否成功联系人物专访有很多偶然性，但首先要尝试和努力。

在我们的想象中，专访是两个人面对面，比较从容地就一些话题进行沟通和交谈，是一种比较理想化的人际聊天的气氛。但实际工作经常不是这么回事，访谈对象通常没有那么充裕的时间，而且要说服对方接受记者的专访，也是一件很费周折的事。记者要练就一些迂回的技巧。

王志在2003年"非典"期间采访时任北京代市长王岐山，就是迂回说服的案例。[①] 专访的当日，北京防治非典型肺炎联合工作小组举行第二次新闻发布会，代

---

① 欧阳询.王志与"面对面"[J].今传媒，2005(9)：60—61.

市长王岐山作为工作小组副组长,在会上要向中外记者介绍北京防治非典型肺炎的工作情况。央视的专访就安排在新闻发布会之后。但是在专访之前,北京市有关方面给央视的访谈时间只有15分钟。对于《面对面》这样一个时长45分钟的长篇人物专访栏目来说,15分钟的访谈是不可能制作出一期节目的。为了争取更多的采访时间,王志一直与北京市委宣传部人员进行沟通,都没有得到对方的同意。后来,王志提出一个条件:只要王岐山愿意回答问题,希望北京市有关方面不要出面阻拦。对方同意了这个条件。正是这个条件为王志和《面对面》赢得了机会。最后,王志对王岐山的专访实际延续了55分钟,王志成功地以自己的提问吸引了他的访谈对象,让他的访谈对象一直谈下去,问出了自己所有想要问的问题。

俗话说,机会只留给那些有准备的人。对于人物专访来说,也是一样。专访的机会说来就来,但并不是每个记者都能抓住。对于记者来说,如果你觉得某个人物有专访的价值,那么你应该把握一切可以接近他(她)的机会,这也许是一个会议,也许是一场演出,也许仅仅是在咖啡吧里一次偶然的碰面,或者是在会场休息室里短暂的休息。把握这个机会可以成功完成采访,以为这些场合过于匆忙,而没有采访的心理准备,也许以后就再也不能获得采访机会了。

国外的新闻教材经常引用这样一个案例来强调机会的难得:[①]一个记者一次在酒吧里偶然碰到一个大明星,这个大明星以痛恨接受采访而闻名,所以,在酒吧里,这位记者只是走过去跟明星打了个招呼,压根儿没想到要对他进行采访。但是,意外的事情发生了。这个大明星对记者说,他愿意回答记者提出任意五个问题。记者一时之间竟然愣住,无话可问,最后只问出一个极其俗套的问题:"既然你那么痛恨被采访,那么你为什么答应接受被采访呢?"这个问题使记者丧失了这次机会,明星在勉强回答完这个问题后,就借口起身离开了酒吧。后来,这位记者再也没有获得对该明星的采访机会。

2007年12月21日,国内知名的文化人余秋雨在上海音乐厅举办了一场讲座,主题是关于中国文化,并从文明发展进程的角度,重新梳理了中国文化发展的历史。上海《东方早报》的记者采访这个讲座,不但对讲座的主要内容进行了报道,还利用这个机会对余秋雨进行了一次专访。[②] 利用余秋雨在讲座结束后为热心观众签名的间隙,记者就他目前的工作状态和对文化的思考情况,向他提出了五个问题,并得到回答。后来记者还从这个简短的专访中提炼出一个很有意思的主题:对于发展中国文化,余秋雨觉得80后、90后们更值得期待。

《东方早报》的这个专访并非个案,实际上,很多专访都是这样利用时间的间

---

① 卡罗尔·里奇.新闻写作与报道训练教程[M].钟新主,译.北京:中国人民大学出版社,2004:510.
② 石剑峰."我反而对80后、90后更有期待"[N].东方早报,2007-12-22.

隙,见缝插针地完成的。甚至还有人总结出"抓住'四闲'访忙人"的人物专访诀窍。① 所谓抓"四闲"就是:抓忙人会议之闲、抓忙人休假之闲、抓忙人外出之闲、抓忙人取得成果后之闲。

有时候,"忙人"的忙也是其推脱记者采访的一个借口。记者能否赢得专访的机会关键在于是否能够赢得对方的信任。很多人(特别是专家学者)不愿意接受记者专访,主要原因在于两点:一是觉得记者喜欢拔高人物形象,报道中充满溢美之词,这给他们正常的同事关系、人际关系制造了许多不必要的麻烦;二是担心记者的报道不准确,报道不实,给实际工作带来被动,有时还会让公众误认为是被访谈者在故意造假或哗众取宠而误导公众。例如,记者采访科学家,报道他们的科研成就,往往只提科学家一人的贡献。实际上,对科学研究稍有了解就会知道,一个大规模的研究项目都是一个科研团队在努力。记者的报道只提科研项目的负责人,不提他人的工作,表面是抬高了科学家的地位,实际上是给科学家周围正常的人际关系制造了麻烦。

很多忙人、名人是否接受采访都是看人而论。对于那些他们认为是认真、可靠、有专业素养的记者,他们还是愿意接受采访的。这个时候,记者在自己所联络的领域里建立良好的信誉十分重要。曾经有记者要做一个科学家的专访,多次联络采访,对方都以这样那样的事务为理由推脱。最后为这位记者赢得采访机会的是一个偶然事件。这位记者之前采访过的一个人物是这位科学家的同事,而且碰巧的是这位科学家看过记者对他同事的报道,认为那篇报道比较严谨,实事求是。于是当记者在电话中提及自己的这篇报道后,一直不情愿接受采访的科学家竟然爽快地答应了。

找与采访对象和记者都熟悉的中间人士牵线搭桥,也是记者联系专访的常用方法。其实,这个中间人也就是起着帮采访对象确认记者的专业素养的作用。《文汇报》记者万润龙专访我国著名数学家杨乐就是一个例子。② 2004年12月新华社报道了胡锦涛总书记看望科学家朱光亚和杨乐的消息,在此背景下,《文汇报·近距离》专栏希望能做一个杨乐的专访。万润龙因为之前采访过美国著名华裔数学家丘成桐,与科学界交往较多,于是承担了这个采访任务。万润龙找到浙江大学数学所的刘克峰,请他帮记者联系杨乐院士。刘克峰是国际数学界公认的后起之秀。记者之前采写的丘成桐专访《数学之美》已经刊发,刘克峰看过这篇报道,因此爽快地答应了记者的请求。而当刘克峰联系杨乐时,杨乐表示愿意接受采访,也曾提及他愿意接受采写《数学之美》的记者的采访。

---

① 曹旭,谢凤坤.抓住"四闲"访忙人[J].青年记者,1999(3):39.
② 万润龙.做功课与提问题[J].新闻爱好者,2005(5):7—8.

中间人的联系和记者个人的专业态度及报道声誉是互为表里的关系。没有记者个人的专业素质作支撑,仅仅依靠中间人的引荐来联系采访也是十分困难的。2000年《文汇报》记者洪崇恩获得对于时任国家黄金管理局局长王德学的专访,并由此而发表了一系列独家报道,其中的经验值得学习。[①] 记者通过一位金饰界朋友获得消息,争论已久的关于我国第一个黄金交易所设立地点的悬疑已有定论,但尚未公布。这是当时世界黄金业和相关各界高度关注的话题。记者又获知,中国国际黄金年会不久后将在山东召开,国家黄金管理局局长王德学将到会。采访王德学无疑是回答当时一系列热点议题的有效途径。于是,记者来到山东参加黄金年会,希望能获取相关信息。但是,王德学在年会组织的新闻发布会上并未透露多少有价值的信息。无奈之下,记者找到两位同时与会、并能接近王德学的友人(分别是我国著名黄金理论家和国家黄金局驻上海办事处主任)帮忙引荐采访。为了打消被访对象的顾虑,记者还请友人向王德学承诺:记者成文后,会全文送审并按审定的稿件发稿。后来,记者在年会开幕酒会后获得对王德学近一个小时的专访机会。记者后来回忆说,王德学之所以会接受专访的原因可能在于"对《文汇报》严谨传统的了解",也可能在于"两位介绍人对我平时采访报道作风所作的美言"。

三、展示人物的个性

专访与一般访谈很大的一个不同在于,专访给了被访者一个完整的表现空间。在一个较长篇幅的访谈中,受众获知的不仅是一些具体的信息,也会对人物的性格、特点有所感知,建立对于人物的一种亲切的理解。优秀的专访记者往往都非常善于挖掘和展示被访者身上那些个性化的因素,不仅传达信息,也传达出被访者的精神风貌。例如,2003年央视《面对面》对王岐山的专访是一个事件性的访谈,但是很多看完这期节目的人都对王岐山的沉着睿智和雷厉风行的作风留下深刻的印象。

每个人都有表达的天赋。不排除有些被访者善于言辞,即使平庸的问题,也能引发生动有趣的回答。但是,更多时候,被访者的表达能力是潜在的,需要记者的激发。王志对刘姝威的专访中有一段对话,曾经被各类文章广为引用(见案例12-1)。这段对话鲜明地展示了刘姝威作为一个学者的倔强和坚持,但是没有王志的穷追不舍的发问,是不会有这一段精彩的对白的。

---

① 洪崇恩.走近高层(下)[J].报刊业务探索,2007(13):4.

▶ 案例12-1：

王志：你指的这个因素是权力吗？

刘姝威：你说呢？

王志：我问你。

刘姝威：我问你。你听了我讲述的话，你认为这个因素是什么？

王志：你是当事人。

刘姝威：这个问题我想应该让公众来分析吧。

…………

王志：你认为会不了了之吗？

刘姝威：我不希望不了了之。

王志：你的预测是什么？

刘姝威：我的预测……我无法预测。

王志：预感呢？

刘姝威：我无法预感。

被访者的表达状况对专访的报道质量影响甚大。访谈是坐而论道，人物通过话语来表达自己，受众通过被访者的表达来了解人物。如果是音频、视频报道，人物专访的主体结构就是对访谈答问现场情况的剪辑。现在，对于重要的人物专访，报纸也越来越倾向于采取比较原生态的一问一答的方式来报道，以减少记者后期写作对访谈内容的影响。即使是记者对访谈内容进行整合报道，人物专访的一大特点也是要有大量的直接引语。

俗话说，言为心声。记者要展示人物的个性，就应该设法获得被访者个性化的引语，而不只是泛泛而谈。

通过追问细节来获取被访者个性化的回答。对于一个准备充分、有丰富访谈经验的记者来说，面对一个采访对象，那些必须要问到的基本问题，往往是十分清楚的，而对于一个有访谈经验的被访者，对这些问题往往也有一定的思想准备。因此，这些基本的回答往往只能给记者提供基本信息（尽管信息也是十分重要和必要的），还不足以展示被访者的个性。对细节的追问通常超出被访者的预期，因而也常能打破被访者的预设态度，当被访者处于应激的状态，也更容易给出个性化的回答。

下面的这段对话选自央视《新闻会客厅》栏目在2007年4月9日对著名篮球运动员王治郅的专访（见案例12-2）。当时的背景是，在刚刚结束的中国篮球联赛中，王治郅所在的八一队获得冠军。这是八一队的第八次夺冠，而其中七次，王治郅都发挥了重要的作用。王治郅缺席的那一次是因为他加盟了美国NBA。但是，那显然不是一段愉快的经历，因为作为第一个到NBA去打球的亚洲球星，王治郅多数情况下是替补,甚至一度遇到生存问题。

这一段对话的核心内容是关于王治郅夺冠后的心情。但是,王治郅一开始给出的都是一些四平八稳的回答,主持人李小萌对这些回答并不满意,于是结合背景资料和王治郅的现场回答,不断就其中的细节和矛盾之处进行追问,才得到被访者的"笑红尘""一千年以后"之类的非常贴合人物特殊经历的个性色彩极浓的回答。

▶ 案例 12-2:

李小萌:你现在说是激动,可是刚才的时候你说它不过是一次比赛的胜利,好像有点矛盾?

王治郅:我觉得是有些矛盾,但是当时的时候感觉是比较激动,因为毕竟这个冠军很久违了,大家伙很期待,但是回想起来这些东西,还是尽量使心情平静一些,毕竟要保持一颗平常心吧,才能正确地面对比赛,面对胜负。

李小萌:同时作为竞技项目来讲,它是需要一个人有激情,有爆发,你又刻意在保持一个平静,这个之间有没有矛盾?

王治郅:激情只是一瞬间吧,但是一种平静的心态它可以保持一个很好的状态,像打广东的第四场球,打加时赛的时候,我罚进两个球以后,就确定了这场比赛胜利以后,我确实很激动,那时候也有一瞬间的激情吧,有时候我感觉到我是不是还有激情,那时候我知道自己还有激情,也许在 2008 年奥运会上,我还能够再迸发出更多的激情,但要看到我们队能够打到什么样的程度。

李小萌:说到你的那种激情的爆发,很多人都特别记得就是当时中国申奥成功,一宣布,你是第一个蹿起来的人。

王治郅:对,其实我还是等了等,有一个瞬间就是说,因为他宣布了,我怕说错,等一下看确实是,因为个比较高,所以比较显眼。

李小萌:那时候这种第一个站起来的感觉和你现在说话的这么四平八稳就不一样了。

王治郅:对,那个时候觉得是控制不住那个感觉,感觉热血直接往脑子上冲,也许是脑子里就一片空白了吧,但是我觉得我边上那些领导、同志们,大家伙的脑子里估计都是空白了。

李小萌:除了奥运会申办成功是一个最大的喜事之外,是不是跟你这些年的变化也有关系,那时候和现在已经没法比了。

王治郅:是,因为经历了比较多的东西,所以也能够正确去面对很多东西,当你一帆风顺的时候,你可以看到很多人、事,对你是什么样,但是当你看到挫折、逆境的时候,你也能感觉到,其实人生也不过如此。

李小萌:你才 30 岁。

王治郅：比如说你再过一千年以后，谁会知道今天或者是这个时候发生的什么东西，就像现在你问一千年以前的事情，当年发生了什么，也没有几个人能说得清。

李小萌：那岂不是看破红尘了？

王治郅：笑红尘。

李小萌：你现在的样子哪儿像刚得了冠军的？

王治郅：对，应该很高兴，确实很高兴。

不回避敏感和尖锐的问题。这些通常都是非常个性化的问题，如果得到回答，也将是专访中具有极强新闻价值的内容。不过，这也是人物专访中相当有挑战性的一个部分。人物专访需要创造一种坦诚交流的人际气氛，而日常生活中维护这种气氛很多时候要靠回避敏感问题来实现。记者不应该得罪自己的采访对象，所以，提出敏感和尖锐的问题是需要相当勇气，也是很需要技巧的。

在访谈的结尾提出敏感问题是一个比较好的规避风险的办法。万一被访者生气了，拒绝回答了，记者至少已获得了绝大部分问题的回答，完成报道任务已有基础。更大的可能是，访谈过程中记者和被访者已经建立起一定的信任和人际情谊，结尾处的敏感问题能够得到对方的理解，被访者会以某种方式给予回答。

一些提问的技巧也可以派上用场。一是可以借旁人之口，将问题提得婉转一些。例如央视《新闻会客厅》(2007-5-10)主持人李小萌在采访获奖的残疾舞蹈演员马丽的一段问答：

李小萌：你看，跟健全人比，从肢体上来讲你们是有劣势的，但是也有人说，恰恰因为你们这个劣势也许会博得评委的同情，所以在评分的时候会打出高分，听到这样的说法你会怎么想？

马丽：我对这个说法实际上非常忌讳的，因为我不希望他们看我们的作品，拿一种同情的眼光来看的，因为健全人和残疾人是不同的表现手段，我们把这个作品能够完成，把它的思想能够完成，这就是我们所要的东西，艺术这东西应该是没有什么界限的，先开始我的想法是没有界限的，因为不同的人不同的方法，他表现的是一种艺术的美，不同的手段来表现一个作品。

二是尽量在问题中加入理解和体谅的因素，不要让问题有威胁、指责的意味，不要扮演道德、法律审判的角色。北京电视台记者徐滔的一段经历可以约略说明这一点。①

---

① 徐滔是北京电视台《法制进行时》栏目监制和主持人，曾获中国中青年记者最高奖"范长江新闻奖"。本案例来源见中央电视台《面对面》2007年5月13日播出的专访徐滔的节目。

2001年5月13日深夜,一名歹徒在北京西客站突然劫持了一位女售货员。案发后,徐滔被警方请到现场与歹徒谈判。当时的气氛十分危急,犯罪嫌疑人一手持刀控制人质,一手拿着一枚自制炸弹,情绪焦躁。警方谈判无效。但是,徐滔到达现场后,她的开场白是这样的:"宝贝,这么晚了你都不睡觉,记者阿姨也睡不了,警察叔叔也睡不了,这样做相当不道德。"全场大笑,现场气氛由此而慢慢松弛。后来,徐滔在接受央视《面对面》专访时是这样表述自己的:"我觉得每个记者的目光跟别人是不一样的。记者的目光是平视的,记者的目光是平和的,记者的目光有一种力量,让别人倾诉的力量。我处理过类似的现场,虽然没有做过谈判的代表。在平时工作中,我们彼此之间非常的了解,我看得懂他们的眼睛,看得懂他们的眼神,明白他们特有的语言。"有这样的角色定位,面对劫持人质的歹徒时,才会有那样的发自内心的自然的表达,徐滔的这段陈述颇值得深思。

客观、中立是新闻报道的原则。这样的态度也应该体现在人物专访中。西方学者甚至认为,在电视专访中,如果镜头对准记者,记者连点头、微笑这样的表情都是不合适的。因为"点头和微笑表示同意被访者的观点。记者只应该反映对方的看法,而不是支持或者反对"。[1]

在人物专访中,记者的角色是倾听者和不动声色的引导者。记者掌握着谈话的方向,但是记者不能对谈话内容进行直接的点评。记者可以让被访者谈自己的感受或者对自己的经历和行为作评价,这也是能够比较集中地展示被访者个性的环节。

这样的问题可以放在访谈的中间某个部分,当被访者提及某个事实时,顺势插问,也可以在访谈结束时,让被访者对自己的行为作回顾性评价。提问的方式比较灵活。下面的几段对话选自央视《面对面》栏目(见案例12-3),都是记者要求被访者对自己的工作、对自己作评价。第一段的访谈对象张保庆是教育部原副部长,2006年退休后,参与创办中国教育发展基金会并担任理事长职务,这一段对话在专访的开始部分。其余两段对话都是在访谈结束时,让被访者对自己或对自己的一段经历(也是访谈主题)进行评价。

▶ 案例12-3:

王志:一个基金会理事长,在不同的眼里有不同的看法,在你的眼里它是一个美差还是苦差?

张保庆:美差谈不上,总的讲,第一讲我觉得是个苦差,第二个是个比较高尚的差事,这是我两个结合点。当时我是讲第一你不是来养老的。

---

[1] 海曼,韦斯廷.最佳方案:公平报道的美国经验[M].郭虹,李阳,译.汕头:汕头大学出版社,2003:119.

王志：那在别人眼里你就是老同志。

张保庆：是，我是老同志，但是我不是来养老的，我当时就讲，我可不是为了来到这个地方养老的，第二我也不是来发财的，当然发财这个词重了一点，但起码不是为了捞点好处的。（《面对面》2007－5－27）

　　……………

王志：1986年你就能做出那样的发现，但是现在到你退休又回到美国去了，我们并没有看到你在这些年有与之匹配的这种科研的成果。

曹韵贞：你指什么？

王志：有什么可以值得自己自豪的呢？

曹韵贞：我怎么不自豪，中国的治疗是我带进来的，现在全国各个省的艾滋病的第一线的头全是我带出来的，没有一个不是我带出来的，你去数数看，都是手把手教起来的，第一个，这是我最自豪的地方，我没有什么发明，我没有什么大的像何大一那样的"鸡尾酒疗法"，但是我把中国的治疗带起来了，这个是我当之无愧，我引以为傲的。

王志：谁会给你一个鉴定呢？

曹韵贞：我自己。我自己给我一个鉴定我没有白活，我没有白做一个中国人，我没有白做一个中国的医生。（《面对面》2007－12－2）

　　……………

王志：最后一个问题，徐滔是谁？

徐滔：记者徐滔。（《面对面》2007－5－13）

报纸的人物专访，记者要注意观察人物的外貌、打扮、表情、礼仪、下意识动作、约见地点的特征等细节，这些可能都是报道中需要提及的因素，如果它们可以帮助读者形成对人物个性特点的认识的话。在电视专访中，记者把握这些细节，可以对采访对象个性形成判断的一个基础。有这个基础，记者才会知道什么样的问题适合这个人物，怎样才可能引导被访者展现个性。

四、让谈话生动起来

简短的专访，记者也许只要拟出一份问题清单，让被访者一一回答即可。对于那些篇幅比较长的人物专访来说，机械式的一问一答相当枯燥，也难免冷场。记者需要创造出流畅、生动的谈话效果。

记者要能根据被访者的回答和访谈的具体情境，生发出新的问题，让访谈互动起来，让访谈有真正的对话感。能有现场互动的访谈才会有流畅的效果。专访之前,记者一般都要做大量的准备工作,整理出比较详细的问题清单。但是,对于那些有经验的记者来说,这份问题清单只是提供思路和访谈提示,也许记者的第一个问题会来自这份清单,但是这之后的绝大多数问题却要来自现场的发挥。记者需要将自己所掌握的背景知识与被访者的现场谈话组接起来,从中发现新的问题。

故事是让访谈变得生动起来的主要因素。在每日发生的诸多事件中和事件背后,都存在着一些有趣的、曲折的、生动的、感人的故事。故事让事件变得饱满,故事让事件获得可以咏叹的生动的气息。记者在访谈时,不仅要让被访者讲观点、意见和态度,还应该让被访者讲事情的具体的经过和自己的经历;记者要能从被访者的概述中生发出问题,尽可能让被访者讲出经历和经过中的一些具体的场景和故事。

开放式的提问有益于被访者的自我发挥,也有助于记者从被访者的讲述中发现故事。除非在关键性的细节上,或者为了核实情况,记者在访谈的初始尽量不要用封闭式提问和假设式提问。

有一些模式化的问题具有普适性,可以用到不同的采访场合,用来让被访者讲述故事和具体的情境,如:"你印象中最深刻的一件事是什么?""你还记得当时是怎样一种情景吗?""你是怎么想到要这么做的?",等等。

要设法了解尽可能多的被访者的经历故事,包括逸闻趣事。记者掌握的材料越多,就能从被访者那里获得越多。一些看起来无关紧要的小事,也许能提起被访者的兴趣,是打开被访者的话匣子的有效方式。

对被访者人生的重要的经历、职业的代表性成就、与访谈主题相关的社会和事件背景,以及媒体此前对于被访者的公开报道,都是记者在访谈之前就应该掌握的材料。这些是访谈的起点,记者的提问将由这些基本事实生发开去。记者不应该等着被访者来讲述这些基本的经历。

下面是央视《新闻会客厅》(2007-5-10)的主持人李小萌对获奖的残疾舞蹈演员访谈的另外一个片断。这是访谈中十分令人动容的一段,问答流畅自然。翟孝伟四岁因为车祸而被迫截去一条腿,写在材料里,这可能只是一个没有温度的概述性的句子。记者从这个基本材料提问,被访者自然道出童年和少年时代的经历的细节。这些细节让经历变得可感可亲,充满生动的气息。

李小萌:刚才马丽说她是成年之后才残疾的,所以她要重新去面对一个新的人生,而你是从4岁的时候腿就断了,那个时候那么小,知道要面临什么吗?

翟孝伟:不知道。我爸说,孩子,你的腿可能保不住了,要截了,你怕不怕,要是把腿截了以后,生活就特别苦的,有很多挫折、困难。当时因为是我昏迷了七天七夜一直没吃饭,心里就想着吃,我就说爸,挫折困难好吃不好吃,我爸说挺好吃的,要一个一个来,然后我爸就哭着出去了。这样也就是隐隐约约的一些记忆吧。

李小萌:长大了以后发现,挫折困难挺难于去下咽的,是吗?

翟孝伟:对。

李小萌:但你爸说的你觉得对不对,要一个个来,要慢慢地吃?

翟孝伟:对,因为在我从小一直到走向社会这一段,我爸和我妈就送给我两个字,坚强,他们这两个字没说出来。我家是农村的,收小麦的时候,我爸就说,收小麦了,我和你妈抬吧,然后我说,爸妈,你们都累了,你们休息一下吧,我自己来吧,我就是一手拎起一个袋子,扛在肩膀上,再放到屋里面,一车,我自己扛过去,我爸表面看着挺高兴的,其实他和我妈在背地里一直在流眼泪。

追问让谈话生动,让访谈本身具有某种意义上的戏剧性和情节性。不少时候,追问是记者和被访者之间的一场较量。受众乐于看到这个较量的过程,乐于看到它的结果,哪怕是个没有胜负的结果。中央电视台的王志是一个以擅长追问而著名的记者。下面一段对白是他对一个造假的市委书记的采访(见案例12-4),记者竭力探求典型宣传的真假,让书记对其中涉及的事实一一核实。书记矢口否认有夸大的宣传,但在追问中却一步步后退,最后难以为自己的表达收口。这段对白本身就是一出精彩的情景剧,因为真实,甚至比虚构的剧更有感染力。[①]

▶ 案例12-4:

王志:在典型宣传的过程中,有没有夸大的地方?

书记:应该讲是接近实际的。

王志:为什么所有的老百姓都没有建房,只有闵德伟一个人建起了楼房?你觉得闵家沟有多少人多少户能够盖上闵德伟这样的小楼?

书记:我没有调查。

王志:你觉得闵德伟上任后,到底带领群众开辟了多少橘园?

书记:没掌握这个具体数字。

王志:那66万斤鱼呢?

书记:年报我没有具体核查。

王志:你去过村里三次,材料上说户均养猪12.6头,你看见过几户有12.6头猪呢?

书记:(半晌)这个数据没有具体调查。

王志:那你们都调查什么了?

书记:要宣传他肯定要有宣传事迹、工作业绩。

---

① 李大同.冰点故事[M].桂林:广西师范大学出版社,2005:362.

王志:他的业绩靠什么来体现呢?就这些数字?

书记:(迟疑)不应该就是数字吧。

王志:数字与精神到底是一种什么关系?

书记:这是一个文字上的表达方式。

王志:如果没有这些数字,你认为这个典型还能不能成立呢?

书记:(沉默)应该是成立的。

在人生经历、事件和专业知识三类访谈中,专业知识性访谈相对比较艰深,容易显得枯燥。让这类访谈生动起来,通常有三种途径:一是通过比较将遥远的事物拉近,增加访谈内容的亲近性和可理解性;二是让被访者就其所谈论的内容提供解释和比喻,将艰深的内容通俗化;三是让被访者就其所表达的观点和意见提供案例性的论据。

2007年10月我国嫦娥一号探月卫星成功发射,新华社和上海《东方早报》记者专访嫦娥探月工程总指挥栾恩杰。虽然话题宏观,专业性强,但是,其中两段访谈给人很深刻的印象。其一是栾恩杰谈及"嫦娥"工程的费用:"'嫦娥'工程花不了多少钱,一共才14亿元人民币,而且是在3年的时间里花完的。现在修1公里的高速公路就1个亿。如果修地铁的话,也只能修两三公里,但我们修了38万公里的'嫦娥'奔月路。"将"嫦娥"工程的费用和修铁路的费用作比较,抽象的数字的意义就很生动地被体现出来。其二是栾恩杰分析我国在国际上的航天地位,他用了一个"二锅头"的诙谐的说法。"第一锅是美国、欧洲、俄罗斯,这三家在第一级别。第二锅是日本、中国、印度,在这里面,我们是头,所以叫'二锅头'。"

对于公众人物的专访有时候还会涉及个人的具有隐私性的问题。比如,在舞台上扮演情侣的演员,人们可能好奇于他们舞台下的关系;在股市上顺风顺水的人,人们可能很想知道他们到底从股市上赚了多少钱,等等。人物专访不应该回避这样的问题,否则就是对公众兴趣的漠视。但是,记者应该注意提问的方式,可以顺势提问,或者婉转地表达,不破坏访谈的气氛。另外,不同的人对个人隐私的态度也会有不同,有的愿意公开,有的不愿意公开,记者应该尊重对方的意愿,不宜一味用公众兴趣来勉强被访者。

下面两段访谈选自央视《新闻会客厅》(见案例12-5),都涉及对个人隐私的追问。主持人李小萌在提问方式、追问的度的把握上都表现不错,其中细微之处值得揣摩。

▶ 案例12-5:

片断1(选自《新闻会客厅》2007-5-22):

李小萌:您倒不忌讳说您最近赚得不错?

杨怀定：对，不忌讳。

李小萌：但是您忌讳真正把自己的资产数告诉大家。

杨怀定：也不忌讳。

李小萌：现在有人说叫您杨千万都叫少了。

杨怀定：没这个话，股市没有那么好，这样叫我的人鼓动人家盲目地挣钱，这个股市没那么好挣。

李小萌：如果您经历了18年，现在资产还没有累积到千万的话，那别人叫您中国股市第一人，叫股神，我觉得都叫高了。

杨怀定：是叫高了，我没那么伟大。

李小萌：您在给我放烟雾弹吧？

杨怀定：但是我讲的是净货币，我卖掉的资产很多，比如我本身是个散户，从两万块钱起来的，你算算几百倍的收益了。

片断2（选自《新闻会客厅》2007-5-10）：

李小萌：在舞台上你们演绎的是一对情侣，你们的生活估计观众也很关心，生活中你们是姐弟关系了，现在你们各自都有自己的男朋友、女朋友吗？

马丽：是这样的，我有一个男朋友，非常健康的一个小伙子，非常有朝气、阳光的一个男孩。

李小萌：是在你残疾之后交往的？

马丽：是这样的。

李小萌：他对你最感人的赞美是什么？

马丽：感人的赞美应该是，我说你喜欢我什么，他会说，你非常坚强，至少是和别的女孩不一样。

李小萌：坚强。孝伟呢？别脸红。

翟孝伟：想想，待定。

李小萌：什么意思？没人要你，还是追你的人太多。

马丽：是这样，粉丝很多的孝伟。

翟孝伟：不能这样说，待定。

李小萌：因为太帅了是不是？

马丽：是这样的。

翟孝伟：别这样说，老说实话干啥？

李小萌：好吧，那就这样，谢谢你们俩。

第十三章 隐性采访

一、什么是隐性采访

2014年7月20日,上海东方卫视晚间新闻报道,为麦当劳、肯德基等知名快餐企业供应肉类原料的福喜公司存在大量使用过期肉的行为。当晚,上海市食品药品监管局会同公安局对福喜公司实施查封,第二天上海市委书记和市长批示要求严查。"福喜事件"迅速成为舆论关注焦点。

根据此项报道负责人介绍,电视台通过内部人爆料获得线索。爆料人自称是福喜前员工,反映了工厂内部管理的诸多问题,并且提供了公司里的真假两套账本。媒体接到报料后,曾几次来到福喜工厂所在地进行外围采访,但是面对全封闭的现代化工厂,外围采访几无所获,拿不到实质性的证据。最后,媒体决定派记者以普通工人的身份应聘进入工厂生产线,通过将近三个月的暗访获得工厂违规生产的各类证据,从而完成独家新闻报道。①

这是一个典型的使用隐性采访手段的新闻报道案例。隐性采访,也叫"暗访""秘密采访",就是记者对采访对象隐瞒身份,或者隐瞒自己的采访行为和采访意图,在被访者不知情的情况下收集信息,记录被访者的言行举止,并用以进行公开报道。由于被访者不知情无防备,隐性采访可以较为容易地获取很多正常采访难以获得的材料和信息。在采访内容对被访者不利的情况下,记者的公开采访难以实行,被访者或者做假或者拒绝,隐性采访可能是记者突破障碍的一条捷径。

隐性采访手段经常用在关于欺骗、违规、违法活动的报道上。2007年《南方周末》记者傅剑锋报道神雕之死及其背后的野生动物地下贩卖黑网时,除了寻找和争取目击者的讲述外,还通过各种渠道的信息印证了目击者讲述的情况真实存在。在采访野生动物专家时,记者获知青海西宁的野生动物保护协会监守自盗,常以合法的名义猎杀保护动物来获利。为了拿到足够的证据,记者假装成一个金雕标本

---

① 王天.卧底记者:暗访福喜怎样守住底线[N].上观新闻,2014-9-24.回溯日期2019.7.1,https://www.jfdaily.com/news/detail?id=1390

的买家,几度探访当地黑市,获得一位店主的信任,并被店主带往野生动物保护协会。在这里,记者以买家的身份见到多种国家一级保护动物标本,通过谈价诱使对方说出猎杀动物和制作标本的过程,还让卖家拿出合法批文并读出其中内容,录音拍照保存证据。①

有时候,记者也会为了获得某种特定的体验而进行隐性采访。1971年,《华盛顿邮报》的一位资深记者调查美国的监狱系统,查阅了大量关于美国监狱和管教机构的资料,访问察看了几十家监狱,采访了几十名囚犯和相关领域专家,但是记者仍然觉得仅仅凭借这些材料,无法真正描写出身陷囹圄对一个人的心理影响。后来,这位记者在得到编辑同意后,以假身份、假姓名和假履历真的进入监狱,并将自己的狱中经历写进长篇报道中。直到报道发表后,他的狱友和典狱官才知道他的真实身份。②

隐性采访可以帮助记者突破封闭的环境,揭露隐蔽的事实,偷拍偷录的场景鲜活生动,富有戏剧性,对于电视新闻来说也有特别的吸引力。因此,隐性采访曾经一度被我国媒体视为实施舆论监督和增强公众影响力的重要手段。中央电视台梁建增总结20世纪90年代《焦点访谈》栏目的隐性采访方式有"侦探""旁观""体验"三种。③ 所谓侦探,就是记者伪装身份深入调查违规违法活动,记者的采访活动往往对案件侦破有帮助;所谓旁观,就是对于发生在公共场所的事件,记者既不公开身份也不提问,而是扮演旁观者和见证者并偷拍偷录;所谓体验,就是记者以客户、工人等身份观察或参与到违法违规活动过程中,并进行偷拍偷录。

所有隐性采访都要用到偷拍偷录的记录手段,用来保存获得不易的证据。但是记者进入隐性采访的现场有不同方式。

如果采访现场是公开场所或面向公众的活动,记者通常不需要特别伪装,只要不暴露记者身份和采访目的,以一个本来就有可能扮演的角色(如顾客、消费者、路人、乘客等)出现于现场即可。如调查高速公路收费站乱收费现象,由于事发现场收费站是公开场所,人人可进出,记者可以事先联系好,跟随长途运输的货车司机同行,从而记录所见所闻。再比如,某品牌超市连锁店存在售卖过期食品的问题,超市也是公开场所,记者可以自由进入察看,并购买相关食品来保存证据。

大多数违规违法活动都有一定的隐蔽性,有不同程度的进入门槛,记者需要积极伪装成某种合适的身份才能进入现场。例如,调查某工厂违背劳动法规定苛待工人的情况,记者要以一名普通工人的身份进入工厂才可以充分了解详情。这样,记者一般需要伪造一份简历才能获得聘用,记者若以真实的学历和工作简历去应

---

① 傅剑锋.神雕之死[M]//邓科.南方周末:后台(第二辑).广州:南方日报出版社,2008:27—34.
② 罗恩·史密斯.新闻道德评价[M].李青藜,译.北京:新华出版社,2001:292—293.
③ 梁建增.《焦点访谈》红皮书[M].北京:文化艺术出版社,2002:220—225.

聘,极易引起怀疑也很难通过审核。不过,在此案例中,记者虽然通过积极伪装身份欺骗了违规违法活动的把关人,但并没有影响到事情的自然进程。无论记者是否进入工厂,工厂的管理方式和规章制度都不会改变。

也有不少违规违法的活动,记者只能旁观,不能介入,一旦实质性介入,就有可能改变事情的发展状况,制造出新的事件。记者在对此类活动进行隐性采访时,要特别注意把握好度,不能越界。中央电视台梁建增谈到《焦点访谈》节目制作的第一个隐性采访报道《触目惊心假发票》就是一个典型案例。1994年国家刚刚实施出台增值税发票,不法分子就在人流密集的上海火车站贩卖假发票,记者假装成一个对假发票感兴趣的普通人采访票贩子,反复追问假发票的内幕,并在票贩子产生疑心之后成功脱离现场,摆脱了票贩子的追踪。[1] 这个案例中,记者始终要把守的底线就是不能真正产生交易,可以询问各种买假发票的细节过程,但是不能掏钱买发票。记者一旦促成真正的交易,就是制造了违法的事实,既违背新闻报道的客观性和真实性原则,也触犯了法律。

在极少数情况下,对于违规违法活动,即使采用隐性采访手段也难以进入现场,媒体和记者有可能采取更为主动的措施介入调查,比如通过策划事件和活动来实施隐性采访。媒体一般通过和执法机构或一些社会团体合作来展开。这样的隐性采访有更大的风险,也有更多争议。美国学者罗恩·史密斯将此种形式归为"主动的欺骗",并讲述了若干案例,其中两个十分典型。

一是媒体记者和社会团体合作的隐性采访。20世纪80年代,美国CBS《60分钟》节目获知一些诊所老板接受医学测试实验室推销员的非法回扣,从而给医保补助系统带来巨额损失。后来该节目的报道计划得到一个名叫"政府进步协会"的市民团体支持,于是,《60分钟》节目在芝加哥市租了一个办公场所,宣布将要开设一个新诊所,该市民团体成员假扮成诊所的工作人员,很快,就有医学实验室的推销员进来谈论回扣,在隐蔽地录到证据后,记者亮明了身份。[2] 这个案例中,诊所和推销员联手侵害社会公共利益,形成一个封闭系统,常规的隐性采访总要取得一方的支持才能实施,因而难以操作。媒体通过假装要开设诊所来直接扮演其中的一方,诱使推销员上门,才完成了隐性采访。

二是媒体记者和警方等执法机构合作的隐性采访。《芝加哥太阳时报》策划实施的"幻景旅店"系列报道即采取此种形式。为了揭露芝加哥市政府巡检员勒索小旅店这类难以实证的行为,报社于1978年购买经营一家"幻景旅店",隐蔽拍摄各路巡检员前来索贿的照片,还每天向州执法部门报告政府人员违规行为,并和他们

---

[1] 梁建增.《焦点访谈》红皮书[M].北京:文化艺术出版社,2002:220.
[2] 罗恩·史密斯.新闻道德评价[M].李青藜,译.北京:新华出版社,2001:294.

达成默契,在暗访计划结束前,州警方不逮捕任何人。① 该组报道十分成功,几十名公务人员因索贿而受到起诉。

一些活动和事件中的当事方没有对外公开的意愿,对记者采访之类的外来干涉性因素会有很强的拒斥心理。有时候,记者也会用隐性采访来接近一些正面渠道遭到拒绝的消息源。较为合适的方式是,记者一开始不表明身份,只是以普通人的身份观察和参与一部分活动,等到和其他参与者有了一定的熟悉度之后,再表明记者身份和采访意图,会得到采访对象更好的接纳。在一些灾难事故中,也曾有记者尝试一开始隐藏身份,以遇难者同事、同学之类的名义接触遇难者家属。不过,在这些特殊场合中,隐性采访可以作为打开采访路径的一种方式,在稍后的时间里,记者还是要公开自己的身份和采访意图,取得受访者的知情同意,才可以公开报道。

二、隐性采访的发展和争议

在美国,隐性采访方式由来已久,各类研究通常都追溯到1890年《纽约世界报》关于精神病院虐待病人的调查报道《疯人院的10天》。根据罗恩·史密斯的梳理,隐性采访手段在20世纪30年代的美国报业达到全盛,一直到20世纪70年代都很少受到质疑。记者不光假扮投资者、流浪汉、救护车司机等没有公共权力的角色,还会扮演有公共权力的角色,如警官、州长、律师等有特定身份的人。这种情况大约在20世纪70年代末开始转变,其中一个标志性的事件就是前文所述的《芝加哥太阳时报》的"幻景旅店"系列报道入围普利策新闻奖却最终被拒。普利策评奖委员会对隐性采访报道的道德正当性的质疑,影响了很多报社记者编辑的态度,他们开始慎重考虑隐性报道的伦理问题。

根据美国"调查性新闻记者和编辑"协会的材料,20世纪的八九十年代,报纸媒体仍然有不少有影响力的隐性采访报道案例,记者通过假扮身份调查租房市场上种族歧视、工厂里的劳工问题和健康问题,以及血汗工厂的恶劣工作条件等问题。人们认为,借助于新闻业的这些监督性的隐性采访报道,"美国的法治状况在改善,社会生活在改良"。② 但是20世纪90年代晚期美国法院对"食狮公司诉美国广播公司"一案判决结果,使隐性采访手段不仅在道德伦理上受到质疑,也遭遇到严重的法律问题。

1992年,美国广播公司(ABC)为了调查连锁食品巨头食狮(Foodlion)公司的

---

① 罗恩·史密斯.新闻道德评价[M].李青藜,译.北京:新华出版社,2001:270、302.
② 郭镇之,展江.守望社会——电视暗访的边界线[M].北京:中国广播电视出版社,2006:37.

卫生情况,派记者伪造身份简历应聘该公司成为包装工人和售货员,用隐形摄像机记录了该公司种种不安全、不卫生的食品处理方式和对顾客的欺诈行为,偷拍镜头公开报道后,食狮公司的股价和销售暴跌,多家连锁店濒临倒闭。于是,该公司以欺诈、侵入私人场所和违反公司雇员规定、违法取得该公司工作现场状况等罪名起诉美国广播公司。经过漫长的诉讼,1997年,地方法院判决食狮公司胜诉,并要求美国广播公司支付巨额惩罚性赔偿费。经美国广播公司上诉复审之后,1999年,美国上诉法院推翻了原判决中的惩罚性赔偿部分,仅保留象征性的2美元实际赔偿。① 这场诉讼经过众多努力,媒体虽然免于惩罚,但是败诉的结果和耗时费力的诉讼过程,已经足以使媒体在使用隐性采访手段上三思而退。

美国大多数州法律都规定记者的采访录音要事先征得被采访者的同意。1986年修订后的联邦法律禁止单方面电子记录,如有需要,要事先提醒并得到同意。美国大部分州严格禁止电话窃听,联邦通讯委员会(FCC)规定记者在电话采访时录音,"必须事先通知采访对象正在录音并且事后将可能被播出"。② 但是,从"食狮公司诉美国广播公司"一案来说,公司起诉的并非记者的偷录行为,而是记者伪装身份进入公司这一欺诈行为和记者作为雇员违反了公司规定。也就是,即使法律认可偷拍偷录,记者若采用欺骗手段进入现场仍然面临巨大的法律风险。

国内改革开放以来的隐性采访报道可以追溯到1992年的"中国质量万里行"宣传报道活动,《人民日报》和《工人日报》记者联手的"郎酒商标侵权案"调查即是采用了暗访手段。③ 不过,当时记者并没有清晰的暗访意识,隐性采访只是迫于形势而采取的权宜之计,因此他们常称自己为"微服私访"。1994年中央电视台《焦点访谈》栏目诞生,开始有意使用隐性采访手段并取得成功,隐性采访手段也很快在国内媒体中普及开来。由于其时媒体并没有对隐性采访适用范围有明确规范和要求,而媒体竞争渐趋激烈,隐性采访手段的滥用也成为一个突出问题。1996年的"高枫事件"即是一个典型案例。

1996年5月,湖北楚天广播电台音乐节目主持人张驰在直播中假冒词曲作者的身份打电话给歌手高枫,以为是私人谈话的高枫讲了一些不宜公开的内容均被公开直播。事后,高枫自觉形象受损,将事情经过公诸报端并投诉至相关部门。1996年7月,当时的主管部门广播电影电视部在全系统通报,认定该事件"严重违反了宣传纪律,并侵害了采访对象的权益,同时也是对听众的极端不负责任"。④

在一些不那么极端的案例中,隐性采访手段也给被访者和记者本人带来极大

---

① 郭镇之,展江.守望社会——电视暗访的边界线[M].北京:中国广播电视出版社,2006:31—32.
② 张西明.隐性采访中的道德与法律问题——从美国新闻界的一些做法和规定谈起[J].中国记者,1997(7):34—35.
③ 仁余.艾丰和质量万里行[J].中国质量万里行,2019(06):24—27.
④ 董滨.从"高枫事件"谈隐身采访及个人隐私权问题[J].新闻记者,1997(7):11—12.

的道德困扰。2000年,中央电视台《焦点访谈》记者曾暗访一个以会议之名进行公款旅游的活动。两位记者随队旅游,所拍下的鲜活素材都来自他们旅途中有近距离接触的伙伴,被拍摄者给了暗访的记者很多旅途中的帮助,将他们视为伙伴而说了很多真心话,结果却被记者公开报道而成为舆论批评的对象。节目播出后,不光采访对象非常愤怒,记者也背负很重的心理负担。①

这个案例至少提出了三个问题:一是暗访的必要性。记者是否只能通过暗访才能报道这一题材,如果不是,那么记者是否滥用了隐性采访手段?二是暗访的可靠性。公款旅游能够成为一个普遍现象,自有系统性成因,记者将几个参与公款旅游的个人推至前台重点报道对被访者是不公正的。三是从社会伦理角度,在这个案例中,被暗访者都是单纯地信任并帮助过记者的人,记者的公开报道可以看作是一种背信弃义的行为,从小处说是不符合人际伦理道德,从大处说是损害了一种正常自然的社会关系。

如果说上面案例还是对隐性采访手段的质疑,福建泉州地方法院关于"泉州湖美大酒店诉《海峡都市报》"一案的判决则体现了隐性采访的现实风险。1999年11月,《海峡都市报》暗访湖美大酒店,称记者下榻酒店时接到几批性工作者的骚扰电话,其中一个表示该酒店是全省最安全的地方。报道发表后,酒店方提起民事诉讼,认为报道严重侵害了酒店名誉。法院判决报社败诉,需向原告公开道歉并赔偿。记者虽有暗访的电话录音,但法院审理认为,电话来自不知真实姓名和身份的人物,媒体对消息来源未经核实而报道酒店存在的服务质量问题,违背了新闻报道真实性的原则。② 这个案例显示,暗访并非采访的简单捷径,记者对所获材料仍负有核查责任。

早在1994年中国社科院新闻研究所展开的一项针对记者的问卷调查显示,36.9%的被调查者认同隐性采访手段,记者的采访行为规范问题引起研究者的担忧。③ 但实践中,人们常常援引一些成功的报道案例来为隐性采访辩护,认为隐性采访是舆论监督的必要手段,④是法治不健全的中国当下特定社会时期所需要的。⑤ 法律学者对隐性采访手段提出更严厉的批评。西南政法大学刑事司法系李向彬认为,隐性采访不管是否被发现,是否取得积极的新闻效果,都存在法律问题,"轻者是民事侵权问题,重者则可能是刑事犯罪问题"。⑥

由于我国并无新闻法,法律上对新闻业的隐性采访手段并无明文规定。因此,

---

① 梁建增.《焦点访谈》红皮书[M].北京:文化艺术出版社,2002:242—243.
② 同上书,第249页.
③ 李小冬.记者采访行为亟待规范[J].新闻界,1994(2):36.
④ 李晨钟.隐性采访是舆论监督的必要手段[J].中国记者,1997(1):36—37.
⑤ 郭镇之,展江.守望社会——电视暗访的边界线[M].北京:中国广播电视出版社,2006:44.
⑥ 李向彬.隐性采访的法律问题[J].现代法学,1998(3):34—37.

隐性采访问题一般是"按照'有法律依法律,没有法律依政策,没有政策依习惯'的原则来认识"。① 2009年全国记协第三次修订公布的新闻行业自律性文件《中国新闻工作者职业道德准则》规定:"要通过合法途径和方式获取新闻素材,新闻采访要出示有效的新闻记者证";"维护采访报道对象的合法权益,尊重采访报道对象的正当要求,不揭个人隐私"。② 可见,我国新闻界自身并不提倡隐性采访手段。但在新闻实践中,隐性采访手段不仅时被媒体使用,有时也会得到行政主管机构的支持以实施舆论监督。例如,前文上海东方卫视关于"福喜事件"的报道,行政主管部门在公开报道后连夜彻查工厂,记者跟随主管部门在查封单位现场等待事件最新进展,"甚至连福喜总部高管也在致歉声明中感谢了东方卫视的舆论监督",③这说明隐性采访在当前一定程度上能被社会各主体接纳。

三、隐性采访的基本原则

隐性采访虽然可以帮助记者突破一些采访障碍,但不论从采访内容的公正性还是新闻伦理而言都存在明显的缺陷。从长远来看,隐性采访对媒体自身发展和社会关系协调也是不利。因此,即使是隐性采访的支持者也强调隐性采访的实施需要严加限制,以确保其不被滥用和过度使用。例如,中央电视台《焦点访谈》节目曾规定五个领域禁止使用隐性采访:1.涉及国家机密;2.涉及商业机密;3.涉及个人隐私;4.涉及有伤社会风化的内容;5.涉及未成年人犯罪。④ 记者不享有超越普通公民的特殊权力,采访行为要遵守国家的各项法律制度的要求,不得泄露国家秘密,不得侵犯商业秘密,不得侵害公民的肖像权、隐私权、名誉权等人身权利,不得侵害未成年人权益,不得干扰司法审判,不能以新闻报道的名义逾越法律规限。

在具体操作层面,曾有学者提出隐性采访的"三公原则",认为只有在涉及重大公共利益的新闻选题上才可以使用隐性采访手段,将"公共利益"具体化即为"公共场所、公务人员及公务活动"的三公原则。⑤ 所谓公共场所,是指任何人都可自由出入逗留或只要买票就可以自由出入的空间,如车站、影院、饭店、商场、公园、公共图书馆等。公共场所发生的活动本身就会被不特定的他人察知,因此,在公共场所的隐性记录一般不构成对被访者的权利损害。不过,仍有特殊情况需要注意,一是人们在公共场所的私人交谈仍然具有隐私性,二是医院、学校和法庭是特殊场所,不

---

① 徐迅.中国新闻侵权纠纷的第四次浪潮[M].北京:中国海关出版社,2002:251.
② 中国记协.中国新闻工作者职业道德准则.2009.11.27.http://www.xinhuanet.com//zgjx/2009-11/27/content_12550248.htm
③ 王宇,孙鹿童.风险放大视野下的食品安全报道[J].现代传播,2016(7):38—42.
④ 梁建增.《焦点访谈》红皮书[M].北京:文化艺术出版社,2002:246—247.
⑤ 徐迅.中国新闻侵权纠纷的第四次浪潮[M].北京:中国海关出版社,2002:264.

能偷拍偷录，前两者涉及医患和师生伦理，后者为法律所明文禁止。徐迅将"公务人员"严格限定为公务员和窗口行业的一线工作人员，不仅医生和教师不包含在内，也反对将广义上的名人（如明星、知名学者、文化名人）纳入其中，因为一般名人并非媒体监督的重点。公务人员出现在公共场所，只有从事公务活动，才是媒体监督的对象。如果公务人员所从事的是私人活动，如健身、旅游等，也不宜偷拍偷录。

当今社会中有一些不良现象，当事人并非公务人员，其中关系也比较并错综复杂，给公众带来损失和风险，媒体需要报道详情，提醒公众注意风险和保护自身利益。这些题材符合公共利益的要求，但是可能很难达到"三公"要求，也是可以使用隐性采访手段。例如，《南方都市报》2016年关于大学生"裸条借贷"的系列报道，记者隐身进入多个借款群，了解到借款程序和所需要的材料，并在群中看到了借款人对逾期不还者的威胁警告。不过，在隐性采访之外，记者还采访到受害者进行核实，采访业内人士和专家告诫大学生要对自己的行为负责。[①] 这组报道隐性采访对象虽非公务人员，却产生了很好的社会影响。除公共利益外，隐性采访还有一些基本原则必须要坚守。

（一）隐性采访不能进行的活动

首先，违法犯罪活动不是记者隐性采访的对象。我国媒体在20世纪90年代和21世纪初曾经策划实施过一些对违法犯罪活动的暗访，如记者亲历盗墓活动，记者卧底采访贩毒集团等。这些采访活动既对记者个人的人身安全构成极大威胁，且稍有不慎，记者本人也会被卷入到犯罪活动中。记者不是警察，既没有专业的技能也没有特定的权力来调查犯罪活动。因此，记者在获得此类线索后，经过简单的核实，应该将相关情况报告给警方，由警方出面调查处理。记者可以协助警方来做一些配合性的工作，一方面可以及时公开报道案件进展情况，另一方面在警方支持下，记者的行动也更安全有保障。

其次，隐性采访不能泄露国家秘密。一般来说，政府部门对其所掌管区域内的各种动态事件和整体状况都有比较好的把握。政府系统内有多种收集民情民意的渠道，政府相关部门往往也是协调处理各种事件、问题、冲突的首要责任机构。因此，记者采访经常需要到政府部门了解面上情况乃至事情的详情经过。不过，因为种种原因，政府部门可能不会提供相关信息。此种情况下，记者不可以使用隐性采访手段获取相关材料。政府内部文件绝大多数都有明确的传阅范围，有不同程度的保密等级，在保密期间里，记者即使亲眼看到文件上的内容，也不可以引用，更加不可以偷拍偷录。

---

① 王佳."裸条借贷"调查是如何生成热点的[M]//南方传媒研究(61).广州:南方日报出版社,2016:64—68.

再次，隐性采访不能侵犯商业机密。除了上市公司负有向公众及时通报企业重要动态、经营数据、财务状况等重要信息责任外，一般企业的赢利状况、管理文件、财务数据等皆是企业内部掌控的信息，只有在企业愿意提供给媒体时，才可以公开报道，记者不能未经许可而擅自发布。至于产品配方、工艺流程、业务数据等信息往往是企业的核心利益之所在，记者的相关采访如果遭到拒绝，需要尊重企业的权益。另外，企业的办公空间、工厂的厂房设施均不是面向公众开放的公共空间，记者不能擅自进入。在进入这些空间后，记者应该尊重企业、工厂的规定要求，如管理方拒绝记者拍照录像，偷拍偷录就是侵犯了企业的商业利益。

记者在隐性采访时不能假扮警察、官员等国家机关工作人员，假冒这些有特定公权力的人员，有可能会触犯法律；不可以盗用他人姓名和身份进行隐性采访，此种盗用侵犯了他人的姓名权；不能假冒企业法人、机构合伙人等身份，这侵害了企业、机构的名称权；不可以假扮嫖客、毒贩这些危险的身份，这些身份极易给记者招来真正的危险和触犯法律。

(二) 隐性采访要尽量减少伤害

隐性采访是有欺骗性的活动，但欺骗的程度不同。通过和被访者建立较为密切的私人关系来套取对方不愿透露的事实，或者提供虚假陈述来谋取采访的方便都是欺骗，不说假话但也不说出真话，这也是欺骗。相比之下，不说假话的欺骗是对他人对社会伤害都比较小的欺骗。如果说记者只能使用隐性采访，要尽可能使用伤害性小的欺骗方式：不说真话但也不能说假话。

记者要尽可能以不公开身份的旁观者形式进行隐性采访，其次是用作为自然人本来就可能扮演的角色来进行隐性采访，比如作为顾客来购买商品，作为乘客去乘坐出租车，作为用户投诉服务质量等。在个人权利意识增强的环境中，商家、企业的不良行为不仅会被记者报道，也会被普通消费者或旁观者记录和曝光，因此，这种隐性采访对被访者构成的伤害较小。不过，即便如此，记者在公开报道时也要对被访者（包括影像材料）做匿名处理，隐性采访的一个基本原则是尽量不要伤害到具体个人。

记者和媒体本身并无特殊权力，如果说新闻采访权作为记者的职业权利可以成立的话，这是来自社会公众对自身新闻自由权利的让渡。我国宪法规定公民有包括言论自由和公共事务知情权在内的新闻自由，但由于社会生活纷繁复杂，公民个人不可能一一亲自探访了解，公民知情权主要是通过新闻媒体的采访报道活动实现，记者的采访权代表的正是社会公众的新闻自由和权利。因此，新闻业赖以存身的重要基础即在于社会公众的信任。如果记者的隐性采访伤害一个又一个普通的社会个体，最后在社会上形成一种"防火防盗防记者"的氛围，造成社会公众对记者和媒体的一般信任受伤害,最终伤害的还是记者和媒体本身。

从维护社会信任的角度,隐性采访要极力避免通过与被访者建立密切的人际信任关系来获取新闻素材。人与人之间的平等相处和相互尊重是基本的社会伦理秩序,记者不能以新闻报道为借口来破坏。新闻报道或许是为了揭露一种损害公共利益的行为,有其正当性,但是,第一,记者是否还有其他方式达到同样的目的而不需要用到隐性采访?第二,即使不得不用隐性采访,记者是否可以用其他更直接的偷录偷拍的方式,而不是建立和利用虚假的友谊?如果这两条都做不到的话,记者应该放弃对这一题材的报道。因为正如法学家贺卫方所言:"这个社会是由有缺陷的人组成的,所以对这个社会的治理也好,其他的调整也好,都要容忍人本身以及人类社会内在的缺陷。"[①]新闻报道是为了公共利益,但是人与人之间的信任也是社会赖以运转的基本条件,我们不能以一种利益来损害更基础的社会利益。

如果有可能,记者在完成隐性采访后正式发表前,应该将自己的隐性采访情况告知被访者。正式发布前的告知不会改变隐性采访的事实,可能也不会改变报道结果,但可以对记者的隐性采访行为构成比较大的自我约束压力,能够敦促记者不滥用这一采访手段,也可以对记者的欺骗行为略作修补。

(三)隐性采访只是一种辅助手段

隐性采访虽然在帮助记者了解某些事实时提供了方便,但这种采访手段也有其内置的严重缺陷,那就是记者通过隐性采访所获得的都是个案性的材料,没有办法说明整体性的状况。记者暗访一两家饭店有宰客现象,不能说明当地所有饭店都宰客,也不能说明这一两家饭店一直都宰客,甚至有可能记者的暗访遭遇也只是特殊情况下的特例。因此,记者依赖暗访所进行的报道虽然有可能触目惊心引起轰动,但却始终摆脱不了质疑:媒体报道的是否普遍现象,媒体报道对被访者来说是否公正?

很多暗访中,记者耗费数月时间调查的也只是一个工厂、一个车间的情况,这些情况是否具有普遍性,在多大程度上具有普遍性,仍然不得而知。至于那些花费一两天时间的暗访,更是走马观花,极易流于浮表。例如前文所述美国广播公司暗访食狮连锁店的报道,法院判决媒体采访行为违法,同时,很多媒体人也对报道内容本身提出质疑,学者罗恩·史密斯评论:"这段影片表现了一个连锁店中的几家分店的若干名员工,观众无从得知这个是否带有普遍性,这个行为存在于所有的食狮连锁店吗?存在于所有超市吗?《黄金时间》的记者仅仅调查了一个超市连锁店,这样可能导致有些顾客不再去食狮连锁店购物,而是去其他条件更差的市场

---

① 郭镇之,展江.守望社会——电视暗访的边界线[M].北京:中国广播电视出版社,2006:207.

购物。"①

因此,记者若要就选题给社会公众一个相对完整、清晰和公正的报道,通常要以公开的形式做充分的调查研究,对各个相关方都要有采访,才能设法弄清楚事情的来龙去脉。隐性采访只是一个辅助性的调查手段,用以核实整个事情中的一些关键情节和场景。以饭店宰客报道为例,记者应该采访到尽可能多的在该饭店就过餐的顾客,当地同等档次的餐饮店价格水准,食材的市场价格情况等,还应该采访当地消费管理部门,了解管理部门是否知情,是否接到过相关投诉,以及相关处理情况。只有通过这些公开采访,记者才有可能对面上情况有比较完整的把握,也能对该饭店的宰客现象有较为深入的了解。记者对饭店的暗访应该只是报道中很小的一部分,实地走访以获得现场感,并对其他渠道所了解的信息进行核实。

有一些题材,记者可能觉得公开的外围采访虽然能获得一些素材,但没有足够的证据可以将事实固定,核心材料只有通过隐性采访才能获得。如记者要调查一个大型食品原料供应企业的质量问题,由于该企业仅向巨型餐饮公司供货,不直接面向终端消费者。产品在一个封闭的系统中运转,除了内部人爆料,普通采访似乎无法窥见其中端倪。其实不然,仔细想想,也可能有些突破口,比如作为买方的餐饮公司关心原材料质量,有可能会支持记者的采访调查,记者也可能从餐饮公司这边了解到主要食品原料供应商的整体情况。如果记者掌握的材料能够在一定程度上说明问题,也有可能请求行政监管部门的调查支持,这样,记者就可以从公开渠道拿到该企业产品质量的内部证据了。

记者是信息的中介人,收集、整理各种可以公开的讯息。记者的职责在于从各种讯息中发现真正的问题,调查、核实和报道问题。如果有些涉及公共利益的重要讯息,当事人不肯透露给记者,记者应该报告给监管和执法部门,而不是破坏社会信任规则去直接偷取或骗取相关讯息。在一个法治程度越来越高的社会中,各种社会机构和部门应该是各司其职,而不是越位。记者的隐性采访应该仅限于亲身体验和观察现场,而不是单一地依赖隐性采访获取核心证据。

四、隐性采访的新进展

近年来,国内发生了多个引起广泛讨论的隐性采访报道案例,其中包含的一些新动向值得关注。

(一)公众对隐性采访态度趋向严格

2015年6月高考第一天,《南方都市报》发布报道《重磅!南都记者卧底替考组

---
① 罗恩·史密斯.新闻道德评价[M].李青藜,译.北京:新华出版社,2001:311.

织此刻正在南昌参加高考》。从报道本身的操作来说,这是一个成功案例。记者在获取线索后提前向警方报备,采取警媒协作的方式,既掌握了替考组织的大量一手资料,"梳理出替考的流程和关键节点",又规避了隐性采访所存在的法律和道德风险。① 报道发布后引起强烈的社会关注,但是网络讨论的焦点却是记者卧底采访行为本身是否违法,网民对记者卧底的关注远远超过了对替考影响的关注。舆情分析人士认为原因可能在于,"近年来有关媒体的负面信息多发",使媒体"公信力下降"。② 虽然大多数媒体和不少新闻学者都出面支持,认为报道方式虽有瑕疵但总体值得肯定,但对隐性采访手段的高度关注本身可以说明:在社会公众法律意识增强的环境中,隐性采访手段的法律和道德问题正受到越来越多的拷问,隐性采访所带来的质疑因素已经超过了媒体维护公共利益的正面因素。也就是,即使是在涉及重大公共利益的议题上,隐性采访手段也正在损伤媒体的社会公信力。

如果说卧底替考事件的网络讨论尚存在观点分化,同年 1 月的另两条报道所引发的争议则表明社会公众高度的权利意识和对隐性采访手段的强烈抗拒。其一是《人物》杂志报道《惊惶庞麦郎》,通过大量细节描写了离开经纪公司蜗居在上海一隅的草根明星庞麦郎的生活状况和性格特点。这并非隐性采访,记者明确告知了采访意图并经被访者许可后进入其生活空间。但是报道中关于庞麦郎生活细节描写,以及对其居住的宾馆房间、厕所等空间的描写受到强烈批评,原因在于卧室、厕所皆属于个人私密空间,而在没有防备的情况下,将一个人的私下表现公之于众对被访者是不公平的,《新闻记者》杂志评论:"人物报道的价值在于赋予人类尊严,无论你面对的是什么样的受访者,对其复杂背景的剖析和对纷繁表象的宽容,才能真正在沟通意义上具备新闻的价值。"③ 其二是《深圳晚报》对姚贝娜身后捐献眼角膜手术的采访报道。三位记者在未征求家属同意但得到手术医生默许的情况下进入手术现场,记者的拍照行为遭到家属异议,随后该事件由于各种利益力量的裹挟而在互联网上引起轩然大波。根据《新闻记者》杂志的分析,《深圳晚报》用 11 个版的篇幅报道姚贝娜捐献眼角膜手术,关注视角严肃专业,并无猎奇炒作之嫌,但是隐性采访既伤害了家属情感,也将媒体本身卷入舆论旋涡。

可见,在利益多元分化的时代,涉嫌违法犯罪类的活动,以及涉嫌侵犯他人或企业隐私的行为都会受到公众极大质疑。媒体需要更严格的自律以赢得公众信任。

---

① 年度传媒伦理研究课题组,王侠.2015 年十大传媒伦理问题研究报告[J].新闻记者,2016(2):9—10.
② 贾志丽.南都记者卧底揭露替考内幕事件舆情分析.大众网,2015.6.24,回溯日期 2019.7.25,http://m.dzwww.com/d/news/12601094.html?from=groupmessage
③ 年度传媒伦理研究课题组,王侠.2015 年十大传媒伦理问题研究报告[J].新闻记者,2016(2):7.

（二）新技术环境下的隐性采访

2016年7月，明星霍建华和林心如举办婚礼，现场拒绝媒体入内，国内知名的娱乐报道机构"风行工作室"动用无人机进行航拍，后受当地警方干预而被强制降落并删除了拍摄素材。① 这个案例提出了隐性采访的新问题，即在民用新技术的支持下，记者本人不在场的纯技术记录式的隐性采访已经出现可能性。此种隐性采访更有隐蔽性更不易被发现，因此对被访者来说也更不平等。媒体需要有更谨慎清醒的反思能力和更严格的自律，克制对即时利益的追求，能从媒体的长远利益和良好的社会秩序出发，抵制这种采访手段。

实际上，在民用无人机出现之前，一些专用的窃听窃照器材也可以实现无人在场的偷拍偷录。只是我国的国家安全法、刑法等皆有条款明文规定，任何个人和组织都不得非法持有和使用专用间谍器材，这类器材的使用需要获得明确授权。因此，间谍式采访手段在我国不仅为职业道德所禁止，这种行为本身也是违法的。② 即使在高度强调新闻自由的国家，侵犯个人隐私权的窃听行为也不被容忍。2011年，英国有168年历史的小报《世界新闻报》因窃听丑闻而正式宣告倒闭。该报长期窃听英国政要名人，以及普通新闻当事人的电话，窃取语音信箱和电子邮箱里的信息，2009年经英国《卫报》和其他媒体披露后令朝野震惊，除了涉事记者被诉诸法律外，英国法律人士也动议要加强媒体规制。③

在社交媒体盛行的环境中，人们在社交媒体上发布信息所涉及的个人隐私权问题也是需要关注的。只言片语、即时心情、随意发言，看起来很碎片化的信息在有意者的搜集整理和串联下，往往被解读出复杂内涵。2013年4月《南方周末》报道《与自己的战争——复旦研究生为何毒杀室友》，大量引用当事人在博客、微博、QQ上的发言记录，借以分析当事人的性格特征和心理倾向。有学者批评这是"叙述的陷阱"，记者用"判断性的形容词和短句"编织"支离破碎的生活细节"，不是用事实来支撑判断，而是用"判断来点拨事实"。④ 媒体对社交信息的过度解读固然是问题，但从隐性采访的角度，记者未经许可而对新闻当事人社交信息的使用也是值得追问的。

对于微博、博客这样的公开平台来说，人们在其上发布的信息从理论上可以被任何人看见，但实际上，除了少数粉丝众多的账号，大多数人开设社交媒体账号，主要还是和亲朋好友等各类关联人互动，并未预期会被一般大众所关注，更未预期会被他人前后串联解读。因此，媒体对这些公开平台上的个人信息的使用应该等同

---

① 年度传媒伦理研究课题组,周岩,王侠.2016年十大传媒伦理问题研究报告[J].新闻记者,2017(2):11—12.
② 徐迅.中国新闻侵权纠纷的第四次浪潮[M].北京:中国海关出版社,2002:260—261.
③ 魏永征.英国:媒体和隐私的博弈——以《世界新闻报》窃听事件为视角[J].新闻记者,2011(10):29—34.
④ 王辰瑶.叙述的陷阱——以复旦大学学生中毒案的两篇报道为例[J].新闻记者,2013(6):60—64.

于隐性采访,要遵循公共利益的原则,不可用于猎奇谋私,也不可过度解读。至于微信朋友圈这样有明确边际的封闭的社交空间,其中所发布信息应该被视为针对特定人群的。若要转发扩散需经当事人许可。即使记者在发布人的通信列表里,可以直接看到朋友圈信息,对其引用仍需当事人的许可。未经许可的引用应当被视为隐性采访。

第十四章 体验式采访

俗话说,要想知道苹果的味道,最好自己能尝上一口。记者的采访很多时候是为了了解事情的经过、状况和特定环境下人物的心情、感受,通过访谈他人固然能了解大致的情况,但是,如果条件和时间允许,记者能亲身经历事情的全过程或体验一下特定的人物身份,所获得的感受和认识必然更加深刻。当记者通过直接参与到事件或活动中,并且成为其中的一个角色来进行采访时,我们称之为体验式采访。记者不仅亲身体验事件过程或某个行业工作的酸甜苦辣,还将自己的所见、所闻和所感以第一人称的形式写进报道中,这样的报道就是体验式报道。

实际上,体验对于记者不仅是完成具体报道任务而采取的一种策略,也是工作的必需。每个人都生活在社会的某个特定层面,相对熟悉自己这个层面的生活和工作状态,对其他层面的了解则常常是混杂着想象和偏见。如果没有体验,记者也不例外。记者的工作特点是要与各种类型、各个层面的人物打交道,媒体的责任之一在于报道社会的各行各业和各个层面,以增进社会成员彼此之间的了解和沟通。因此,就像作家为了创造出鲜活生动的人物形象,常常要深入体验生活,记者要准确、全面地报道某个现象或群体的生活和工作状况,仅仅依赖旁观和他人的介绍描述是不够的,也需要深入所报道对象的生活和工作状态中。

过去,年轻的大学毕业生进入媒体,一般不是马上就承担采访报道任务,而是先被派往各个基层单位挂职锻炼半年或几个月。媒体把这作为培养人才的一个重要方式。年轻记者可能走进居委会帮助处理社区事务,也可能进入环卫管理部门,走进城市街头和角落来了解垃圾处理和街道清扫状况。这些工作很琐碎,似乎不需要太多精深的专业知识,但是经过这样一番锻炼,记者无疑对基层工作和社会关系有了更多直观感性的认识,有益于以后的采访报道。现在的媒体出于竞争压力和用人效益的考虑,已很少有愿意这样投入来培养人才的了,但这并不意味着体验基层不重要。相比于许多其他的社会工作,新闻工作特别需要"接地气",如果记者只是按照自己的学历和收入情况一直待在社会的中上层,隔着一段距离来观望复杂的社会人生,那又怎么可能指望媒体能真正促进社会的沟通和减少人们之间的偏见呢?

我国新闻史上不少优秀的新闻作品都是体验式采访的产物。作家魏巍从朝鲜战场归来,写成名篇《谁是最可爱的人》已是家喻户晓的故事。著名记者范长江在战乱的20世纪30年代深入中国的大西北,出生入死,历时十个月,一路艰辛地采写了大量的通讯报道,刊发在当时的全国性大报《大公报》上,后来,这些文章结集成著名的《中国的西北角》。

美国《华盛顿邮报》记者赫尔强调记者要亲临现场"像他们一样生活"。为了报道在美国挑蟹肉的墨西哥女工每天10小时的重复乏味的工作,她曾和这些女工一起奔波四天赶到工作地点,和女工一样在凌晨5点开始工作。她的一段感受非常能说明体验式采访的独特价值及其要求:

"有一个女人,她的手在抖,因为太累了。事实上,有人告诉你她的手在抖,这是一回事。可你亲眼看见一个人的手在抖,这完全是另外一回事情。而最棒的,是一面感受着你自己那双发抖的手,一面看着她的那双手做出同样的动作。而也就是同样的这双手,螃蟹会划到掌心,刀也会切到上面,那活儿,我连10分钟都干不了,而她们却要干10个小时。所以说,你能对你的受访者所感受到的东西有那么一点儿共鸣,哪怕就只是一个瞬间,它也会为你的写作注入某种权威性。因为它打开了你的心扉。身临罗马,就过罗马人的日子。永志勿忘。隔着代理人来感受痛苦,这并不是什么好事。注意你的受访者在干什么。不要在一个不被允许喝冷饮的人面前喝冷饮。"①

一、体验式采访的选题

并不是所有题材都适合做体验式采访。那些特别强调时效性的新闻题材,不可能有时间容记者慢慢体验。有些行业有特殊的技能要求或准入许可,对记者的体验也构成限制,如驾驶技术娴熟,才能体验做出租车司机。也有不少报道题材是记者不可体验的,如非法行为或违背社会道德的行为。

与普通的访谈或观察相比,体验式采访费时费力,好处在于能获得丰富的细节和较为深刻的情感体验。因此,体验式采访通常用来报道一些时效不明显,但是与老百姓的日常生活比较接近的题材。记者通过亲身体验,可以为受众带来更生动、更翔实的报道,帮助受众对某个现象或行业有更为深入具体的了解。概括起来,体验式报道常见的选题有下面几类。

(一)关注民生现象和问题

2008年初,我国南方遭遇罕见的冰雪灾害,当时临近春节,城市里的蔬菜供应

---

① 安妮·赫尔.身临现场[M]//马克·克雷默,温迪·考尔.哈佛非虚构写作课:怎样讲好一个故事.王宇光,等,译.北京:中国文史出版社,2015:62.

是否会受此影响,成为市民关注的焦点。如果做普通的采访,记者只需走访大型超市和蔬菜批发市场即可完成一条报道。《人民日报》记者选择深入到海南瓜菜生产的田间地头[①],了解菜农的蔬菜收割和销售情况,又跟随果菜运销协会会长查看蔬菜装箱和冷库库房,了解果菜的运输状况。通过体验式采访,记者为受众报道来自生产、运输第一线的消息,显然更有说服力。

衣食住行是每个普通人生活中不可回避的问题,这些领域凡有风吹草动,都会牵动社会普遍的关注。诸如粮食菜价上涨、交通拥挤、买票难,虽然看起来事情不大,但影响的人多,也都是重要的新闻。在这些民生热点问题的采访上,记者可以通过亲身体验,为受众提供更多细节,也可以敦促有关部门关注民生难题。

例如我国每年的春运现象。很多人都知道春运买票难,但到底难到什么程度,未必能有感受;也有很多人知道春运的车厢特别挤,但是到底挤到什么程度,也很少有人有过切身体会。2004年春节前夕,新华社策划专题报道,记者伴随农民工一起去买票[②],在火车站广场上的临时售票窗口,民工说:"脚趾头都要冻掉了!腿都快站木了!"排了两个小时的队之后,等来的结果是票已经售完。2009年春节前夕,上海《新民晚报》的记者体验春运专列的拥挤情况[③],"随列车员穿过车厢,由于密密麻麻的人群堵在过道中,行进变得十分缓慢,记者挤过3节车厢,足足花去20分钟,身上内衣全部湿透。"因为排队上厕所十分困难,有民工后悔没有买"尿不湿",更多的民工口渴了也不敢喝水。没有亲身体验,记者很难获得这些生动的细节,也很难将春运的情况如此真实地再现出来。

不光这些人们一时之间关注的热点问题值得体验报道,只要跟社会公众日常生活和工作紧密相关,一些看似"冷门"的题材也是体验式采访非常好的选题。例如,2018年12月,《中国青年报·冰点周刊》曾报道北京地铁日常运营的故事,如在黑暗的隧道里靠咖啡来对抗困意的地铁司机,一个月要磨破5双棉鞋的地铁巡道工,每个月会有20只鞋掉落的地铁站台等。[④] 当时并无特别显著的与地铁相关的热点事件,报道写的也是地铁常态运营的状况,文章却在微信公众号上的阅读量为"10万+"。这篇报道如此受关注,除了报道本身质量上乘,具有非常强的感染力之外,很重要的背景原因是随着城市建设和社会发展,地铁已经成为都市人们出行的首选交通工具。据报道,北京地铁司机超过6 000名,2017年共有38.7亿人次的乘客。那些地铁上琐琐碎碎的故事其实就是大家日常活动的环境,是城市里大多数人的生活状态的某种折射。

---

① 罗昌爱,李舸,张悦.记者体验:"我们的菜保证供应"[N].人民日报,2008-1-31.
② 张建平,齐中熙,丁海军.我要回家—新华社记者体验农民工买票难[N].新华社,2004-1-11.
③ 屠仕超,王爱东.记者体验春运专列:走3节车厢全身湿透[N].新民晚报,2009-1-11.
④ 杨海.北京地铁是个每天都在发生奇迹的地方.冰点周刊(微信号:bingdianweekly),2018.12.19. https://mp.weixin.qq.com/s/2S58FcyQ9sK0ipznlzlwpQ

（二）揭示行业和群体甘苦

俗话说"家家有本难念的经",社会上的行业也大抵如此。各行有各行的社会价值,也往往有自己特别的辛苦,很难为其他行业人士所知。日常的跨行业社会交往和工作接触,很多矛盾和冲突皆因彼此不够了解和体谅而起。媒体有促进社会沟通的功能。记者通过体验式采访深入到行业具体的工作和生活状态中,体验被报道对象的悲伤和欢乐,这样,媒体对于行业的报道就不仅仅是抽象的概括和介绍,还能在情感层面激起人们真正的共鸣。美国社会心理学家奥尔波特曾经提出"接触假说"理论,认为知识本身并不足以消除人们对他人的偏见和刻板印象,唯有通过与他人的实际接触和了解,才能打破人们头脑中既定的认知框架[1]。记者做体验式报道,就是实际接触采访对象,并努力将自己接触中的感受和体悟传达给受众。

在诸多的社会行业中,服务性行业与大众接触最密切,因此,也是体验式报道经常涉足的领域。例如,很多市民习惯早上打开送奶箱就能收到新鲜的牛奶,却不知道送奶工夜里两点多钟就得起床工作,无论寒冬酷暑。喜庆节日里,大家很自然地燃放许多烟花爆竹,却很少想起来环卫工人将要为此增加大量的劳动负担。记者亲身体验送奶工的一天或者环卫工人的一天,无疑能增加人们对这些平凡工作岗位的理解,也能激发人们从内心里真正尊敬这些平凡的劳动者。

其次是一些社会公众有较多抱怨和争议的行业。例如,本世纪初的一段时间里,医患关系紧张曾经是普遍的社会问题。公众抱怨医生和医院一心赚钱,工作不认真,缺少责任心,等等。或许,公众的抱怨有其道理,但很多问题的真正根源可能在于社会结构,医生和医院也有自己的苦衷。而且,作为一个行业,虽然难免会有敷衍塞责的人员,但大多数从业人员应当是勤于职守的。记者如果能体验医生的工作,如体验做一个夜间值班医生,将其工作的辛苦、不高的收入揭示出来,虽然不能解决根本问题,至少是有益于促进社会理解。

再次是关注边缘行业和社会边缘群体的生活和工作状态。对于生活在城市主流社会的很多人来说,说起马路摊贩,想到的词就是"取缔",说到街头散发小广告,想到的词就是"碍事"。殊不知,每一种生活方式都有其自身的逻辑。在这些似乎不太合乎主流的行为背后都是一个个真实的人生。记者往往也只有通过深入体验,才能真正理解这些行业和人群的生活状态。这一类的体验式报道也可以增强受众的社会理解力。例如,曾经有一位大学生十分讨厌街头散发小广告的行为。但当他自己走上街头体验时,才真正明白路人投来的鄙薄的目光所产生的伤害力,通过走进这个群体,也更多了解了他们生存的不易和无奈。

---

[1] Ruggiero, K.M., Kelman, H. Introduction to the Issue[J]. *Journal of Social Issues*, 1999(55), 405-414.

另外，一些社会关注度比较高的行业和群体也值得体验报道。如"粉丝"群体，作为新兴群体，公众对其状态和特征不够了解，记者通过体验式采访，可以更好地把握其活动特点和情感状况。又比如汽车模特，在一般大众的眼里可能是个有着高收入的光鲜职业。记者通过体验可能发现这份工作并不像人们想象的那么轻松。

（三）对新闻事件作配合性报道

体验式采访也经常用在一些有明确时间节点的事件报道上，或者是作配合性报道，或者是做后续报道。一般来说，这些新闻事件与老百姓的生活和工作有密切联系。记者通过亲身体验可以给受众传达更多细节和生动的感受。

例如，2009年3月，在金融危机的背景下，杭州市为了拉动旅游消费，曾经面向全国游客发放"杭州旅游消费券"。这个活动在上海尤其受到欢迎。但是，消费券的使用效果到底怎么样呢？上海《东方早报》记者跟随6位上海游客赴杭州旅游体验消费券[①]。结果发现消费券使用受到许多限制，手续繁琐，给游客带来的实惠有限。这就是对新闻事件的一个配合性报道。如果没有亲身体验，记者引用的大约只能是杭州市有关部门的推广宣传，诸如指定使用的商家不符合一般消费行情、结账要等40分钟之类使用过程中出现的问题是很难被发现的。体验式采访可以帮助记者掌握更多事实情况，也更接近事实真相。

有时候，新闻事件发生后，隔一段时间，记者对新闻事件的后续进展作回访，也可以使用体验式采访。例如，上海轨道交通6号线在2007年底投入运营，作为一条动态消息，当时沪上主要媒体都有报道。不过，到2008年初，又有媒体对6号线的运营状况作追踪报道[②]，记者在上下班高峰时段和乘客一起挤地铁，发现线路异常拥挤："由于想要挤上车的乘客太多，而车厢内的'饱和'度又太高，导致列车的车门关了10余次，才最终关严。"一条新开不久的线路会如此拥挤，确实出人意料。如果没有亲身体验，记者也很难获得如此生动的细节。

和其他类型的后续报道一样，后续性的体验式报道也要注意把握好时间节点。值得报道的时间节点有两类。一是时间的显著性，即这个时间节点本身有特殊性，包含特别的意义，时间可以为新闻增添价值。如上面《东方早报》对轨交6号线的体验，选择的时间是1月2日，新年后的第一个工作日，这使体验的意义一下凸显出来。二是整数的时间，比如初始事件发生后的一个月、一年等。例如上海《新民晚报》在"5·12"汶川地震发生一个多月后，曾用专版刊登转载的报道《见证：一个城

---

① 罗燕倩.记者体验杭州旅游券消费方式[N].东方早报，2009-3-9.
② 栾晓娜，蒋睿，龙毅.6号线为什么这样堵　早报记者体验最挤路段[N].东方早报，2008-1-3.

市的现在》①。震后一个月,成都人的生活怎么样,恢复正常了吗?这是受众所关心的。记者走进成都老巷,和市民一起喝茶吃夜宵;走进电影院和酒吧,体验成都的夜生活;倾听成都人的情感故事。在这些点点滴滴的细节中,成都人的震后生活和心态就像一幅画卷一样舒缓而生动地展现在读者面前。

2018年12月,《中国青年报·冰点周刊》发布的体验式报道《这块屏幕可能改变命运》,②报道全国名校成都七中在贫困地区的248所高中开设平行直播班的故事,则是一个比较特殊的选题。这篇报道的背景是互联网共享技术的发展及其在中学教育上的应用,负责开设直播班的东方闻道网校由成都七中和东方闻道科技发展公司在2002年联合发起成立。经过十多年的发展,从现象报道的角度,人们或许会关注网校乃至在新技术支撑下的教育产业发展现状;从后续报道角度,对接优质教育资源的高中直播教育的成效如何,则十分值得关注。《冰点周刊》从后者切入报道,关注教育公平问题,以体验式采访带入记者对成都七中教育和贫困地区中学教育的观察和思考,使抽象的教育话题有故事有温度。这篇文章在微信公众号上获得"10万+"的点击量,同时也引发了广泛的社会讨论,可见体验式采访在严肃重大题材的报道上也能收到很好的效果。

(四)对正面题材的报道

正如"幸福的家庭家家相似",对正面题材进行报道容易陷入窠臼。如果没有深入采访,报道往往停留在一些概念化和模式化的表述上,很难做得生动。记者不妨做一些体验式采访,有了切身的感受,对事物的理解会更深入,做出来的报道自然也就有特色了。例如《人民日报》曾经用头版头条的位置报道了一条正面题材新闻《一拨就灵解民忧》,内容是说,宁波市海曙区求助热线"81890"(拨一拨就灵)为市民提供160多项服务,服务的满意率很高。记者重点报道了热线的运作机制和质量管理。据记者后来的采写体会③,由于当时全国各地的热线电话已经名目繁多,一开始接触到这个新闻线索,记者并没有十分重视。后来一个偶然的机会,记者试着通过这条热线获得帮助,服务结果出乎意料地好,这给记者留下深刻的印象。所以,记者说:"如果《一拨就灵解民忧》有成功之处,我的体会恰在于'体验式新闻'的成功运用。"

(五)旅途式体验采访

有人说,记者的工作是一天24小时和一周7天的。即使在旅行途中,如果发现

---

① 见证:一个城市的现在[N].新民晚报,2008-7-1;A14.
② 程盟超.这块屏幕可能改变命运.刊于微信公众号"冰点周刊"(微信号:bingdianweekly),2018.12.19. https://mp.weixin.qq.com/s/l4f4r2d7bw06mqBstJL-mA
③ 何伟.对"体验式新闻"的体验[J].新闻战线,2004(9).

有意思的现象或有价值的事实,都是值得记者报道的。由于身在现场,记者通过亲身体验可以获得大量的第一手资料,这是通过其他渠道进行采访很难获得的。另外,对于一些重大主题,媒体往往也会策划以记者旅行的方式进行采访。这一类报道一般是以通讯的形式发表,写作手法灵活,也适合用体验式采访。实际上,新闻史上的一些名篇,如范长江的《中国的西北角》、埃德加·斯诺的《红星照耀中国》,皆为旅途式体验采访的产物。

值得一提的是,旅途式体验报道作为一种面向公众的报道,并不同于纯粹个人书写性的游记。个人游记可以完全专注于一己的感受,用大量的篇幅铺排景物,抒发情感。旅途式体验报道则要遵守新闻报道的基本规范。什么样的题材可以做或不可以做报道,要以公众兴趣和公共利益为衡量标准。为描写而描写的景物铺陈是不合适的,记者也不可以在文章中发表大段的主观性议论。

例如,《新民晚报》的两位记者曾经赴台湾地区旅行,选择台湾夜市做体验式报道[①]。一方面是因为夜市是台湾风土人情中最有特色的地方,受到本地居民的极大欢迎,也吸引了大量的游客。另一方面,小摊小贩是大城市管理的难点。台湾夜市的经营主体皆为小摊小贩,也有不少是流动摊贩,当地政府既严格管理,又适时规范引导,使夜市不但给市民提供了生活方便和平民化的娱乐休闲,也成为一种就业形式。台湾夜市发展对大陆城市管理颇有借鉴意义。

二、体验要进得去出得来

(一)通过角色扮演来体验

体验式采访通常需要记者带着一个特定的身份走进事件中,参与并且记录事件的发展过程。例如,要了解小区保安工作的辛苦,记者可能需要通宵达旦守在保安室才能有切身体会;要反映饮食小摊主的生活经营状况,记者要走进他们的家,从他们出摊前的准备工作到正式出摊到收摊后的生活都要全程跟踪,才能有完整的认识。这个时候的记者已经在一定程度上扮演着保安或摊主的角色了。从这个角度来说,角色扮演是体验式采访的常见路径。

根据报道题材的不同,记者体验的难易程度和要求各不一样。有一些题材,记者只要体验一个普通消费者的感受,相对来说操作难度不大,如前所述关于台湾夜市的报道和记者体验轨道交通的报道。但是,更多的题材,记者要体验的是自己不熟悉的某个特定角色,有可能需要特定的行业技能或身份,记者需要为此做精心的准备。

[①] 潘高峰,周骏.台湾夜市:平民日常的休闲娱乐[N].新民晚报,2008-12-21(A12).

如果记者本身有很好的专业技能,而其他方面的条件也许可,记者可以通过和相关机构或人员取得联系,独立扮演角色,体验现场环境和行业工作的甘苦。由于独当一面,记者在独立扮演角色时对事件的介入程度比较深,感受也往往很深刻。

但是,大多数时候,限于专业技能和行业规范,记者是不能独当一面地体验某项工作或某种身份的。为了获得比较深的感受和领悟,记者的体验实际上是选择一个(或一些)有典型性的人物,通过与他(或他们)的紧密接触,如同住、同吃、同行和辅助他们的工作(或活动),来观察事物的实际运作,感受处于其中的人物的情感状态。这个时候的体验式采访相当于深度参与式观察。例如,记者要体验公交车售票员的工作,记者的经验积累情况和岗位责任都不允许其直接去做一个售票员,那么记者可以选择跟随一位有代表性的公交线路的售票员,帮助做一些辅助性的工作,观察售票员的工作状态、遇到的困难问题等。这个时候的记者虽然不是一线售票员,但从心理上也不是一般乘客,而是会更多地站在售票员的立场和角度来看待周围环境和问题,因此,所获得的感受和认识也会不同于普通的旁观者。

前期人物联系和沟通对于角色扮演的成功与否很重要。记者要选择对于自己的报道主题来说有代表性的人物作为主要接触对象。例如,要报道"粉丝"现象,仅仅是走进演艺活动现场,观察粉丝的表现是不够的,记者还要设法走进这个群体,联系到典型"粉丝",跟随他们一起活动几天,以获得对这个群体的许多直观认识,也能对其行为和情感逻辑有好的理解。另外,记者也要尽量争取对方对自己的采访活动的理解和支持。这些联系人物本身也可以给记者提供许多与报道主题相关的信息。

(二) 体验要深入

曾经有两位大学生在双休日去体验采访小报贩的生活。一位同学选择体验校园里的书报亭。他像平常的双休日一样睡到上午九点过后起床,梳洗早餐后来到报亭,帮着亭主一起卖了两个小时的报纸,然后回宿舍吃饭。下午他又过来帮着卖了两个小时的报纸。这样,一天的体验就算结束了。结果,这位同学发现,报摊的工作十分枯燥,摊主的收入可能不高,但这份工作很清闲也很轻松。体验式报道也没有多少内容可写。

另外一位同学联系了一个流动售报的卖报阿姨,与之相约做一天的体验采访。在约定的日子里,这位同学夜里四点多钟就起床,赶往卖报阿姨的家,然后和她一起前往报社发行部领报纸。他们进了100多份报纸。平常,这些报纸都是卖报阿姨自己背到卖报地点,然后一份一份卖出去。那天,同学替她背报纸。我们平常买报的时候几乎不觉报纸的重量,但当100多份报纸叠在一起,大冬天里,这位同学感到了实实在在的重量,背在身上,走起路来,丝毫不觉寒冷。后来这位同学一直陪着阿姨卖报纸,中午和阿姨一样在路边摊上买了两个包子充饥。直到下午4点多钟,所有的报纸全部卖出。同学陪着阿姨一起回报社结账完毕,才结束了一天的采访。结果,这位同学发现,卖报看似简单,其中有很多辛苦,也有很多小诀窍。另外,由于同学赢得了阿姨的信任,阿姨还透露了不少像卖报收入、报社的分配比例,以及报社奖励卖报的激励措施等平常不肯轻易透露的信息。后来,这位同学的体验式报道写得很扎实,不仅有许多生动的细节,还从整体上勾勒了报纸开发零售市场的策略和竞争,可谓有点有面,信息量很大。

通过上面两个案例的比较可以看出,并不是有体验就一定能获得很多材料,从而将报道写得生动。同样是体验式采访,蜻蜓点水和深入体验所取得的成果差异很大。那么,怎样才算体验深入呢?

首先,记者对所体验的工作和事物要有一个相对完整的参与和观察,不能只取一点,也不能掐头去尾。例如,体验出租车司机,一个普通的师傅每天几点钟出工,几点钟收工,记者就应该几点出工几点收工。如果掐头去尾,记者就不会像真正的出租车师傅那样辛苦,也就不可能对这份工作有很深的体悟。如果只是随意选择一个时间将车子开出去一两个小时,那他对出租车行业的了解就不会比一个普通记者的观察更多。

其次,对所体验工作涉及的一些主要时间节点、地点和工作环节都要体验到。例如,记者如果要体验摆地摊,仅仅是跟随一个地摊主,帮他卖一天(或一晚上)的东西是不够的。摆地摊还牵涉一个重要的环节,那就是进货。记者也要想办法和地摊主一起去进一次货,才能对地摊主的工作状况有完整的了解。再比如说,如果记者去体验小区保安的工作,跟随保安值一次班,从早上七点到晚上七点,够不够呢?还是不够。因为,保安工作很重要也是最辛苦的就是值夜班,记者如果不能完整地体验一个夜班,显然就不能真正体会到保安工作的辛苦。

正如《人民日报》记者何伟所说[1],如果通过访谈来了解一件事,那是听别人说,记者所获是"知道"一件事;如果亲自到现场观察过一番,记者可以说是"了解"了一件事;亲自体验过一番,记者才能对一件事有深切的"感受"。相比于一般的观察,体验式采访有时候要辛苦许多。古语云"事非经过不知难",又云"说来容易做来难"。记者体验就是要亲自体会其中的"难"。体验式报道的魅力也正在这里。如果记者回避其中的"难",无疑也就达不到体验的目的了。

(三)体验观察+客观采访

体验是记者采访的一种方式。记者扮演或体验顾客、卖报人、出租车司机或者

体验式采访

---

[1] 何伟.对"体验式新闻"的体验[J].新闻战线,2004(9).

公交车售票员等,可以获得切身感受,但报道的目的并不在于反映一己的感受,而是要更好地反映事物的特点和特定工作状况。因此,记者在进行体验的时候,一是用心观察周围环境和细节,尽可能还原出事物的场景特征,在记者不能直接扮演角色的情况下,要特别注意观察自己所联络人物的行为举止、表情动作,尽量将自己置换在对方的位置上来观察和感受。二是在体验之外还要像常规采访一样,要对包括记者体验所联络的对象在内的各种能提供情况和材料的人进行采访,走访和观察各种相关的场景,了解面上统计数据和相关背景材料等。只有这样才能将报道做得完整、扎实。

以前文所述《冰点周刊》的《北京地铁是个每天都在发生奇迹的地方》为例。这篇文章的第一部分写地铁司机的日常工作状态。记者跟随一位名叫王凯华的司机体验其工作状态,这是一份十分单调的工作,司机一天大部分时间穿行在黑暗的隧道,并无风景可看,也无波折可写。因为单调沉闷,以至于司机工作极易产生困意。通常来说,这样的工作状态是非常难描写和准确表达的。但是,通过访谈和观察,记者将这份单调的工作写得富有层次和变化:为了抵抗困意,王凯华每天要喝很多包咖啡;因为长时间在黑暗里,他适应不了骤然而来的光亮,哪怕是手机拍照的闪光;行车时上厕所的尴尬;列车到站时看到等候人群的感受,等等。

如下面四个自然段写单调行程给司机所带来的困难。第一自然段来自记者对司机工作的参与式观察,第二、三自然段对司机抵抗困意的一般描述来自访谈,第四自然段的司机休息室的十几箱速溶咖啡则来自记者对场景的观察。不同来源的材料相互印证和补充,司机工作的单调被表现得很生动。

"11月一个周二的下午5点,地铁司机王凯华冲了当天的第七包咖啡。列车从休息室外驶过,桌子上的杯子和钢勺因振动发出轻微的碰撞声。起身前,他停顿几秒感受心跳的频率,希望咖啡能让它略微加速。

"再过15分钟,列车会准时停靠在北京地铁1号线四惠东站的站台,王凯华要接替交班的司机,开始紧张且单调的晚高峰运营。他要对抗的,是困意——这个职业最大的难题之一。

"为了提神,地铁公司曾安排专人在东单站给司机发'秀逗'糖(一种口味较酸的糖果),也曾给司机配发'重力感应提示器',挂在耳朵上,只要头低到一定角度,提示器就会振动。

"如今,在四惠东站司机休息室里,十几箱速溶咖啡堆放在墙角,足足有两米多高。这是向司机'无限供应'的'福利',最多的时候,王凯华一天喝了11包咖啡。"

再如下面五个自然段描写地铁司机工作紧张的一面。材料来自三方面:记者观察、宏观统计数据和对司机的访谈。统计数据用来解释记者观察的含义,司机的直接引语则讲述他在平峰运营时的紧张感,高峰时段司机的压力可想而知。对站台计时器读数的观察显示了记者对场景细节非常好的把握能力,计时器读数的快速跳动本身就具有强烈的紧张含义,但如果仅此一个来源的材料在表达上就比较薄弱。可见,对于新闻报道来说,体验式采访仅是一种提高报道准确性和真实感的手段,需要和现场观察、访谈和查阅资料等其他常规采访手段相互配合才能真正完成采访任务。

"地铁司机除了忍耐枯燥,精神也要时刻紧绷。

"北京地铁站的站台前端,都设置了一个计时器。早高峰期间,王凯华从苹果园站启动列车时,计时器开始从'100'倒计时,这说明列车在这一站早点100秒。列车开到国贸站时,头顶上的计时牌已经开始正计时,这意味着列车已经晚点。

"在1号线,正计时的数字每跳动1秒,就会有300多人上不了车。

"即使在平峰运营时,王凯华也没法放松下来。

"'虽然列车现在的安全性已经很高了,但是一想到我后面还拉了1000多人,我就紧张。'王凯华皱了皱眉头说。"

一般来说,体验式报道中的相对客观采访包括:(1)要采访与报道主题相关的各方人士,以寻求各方说法,并为各方提供相对平等的表达空间;(2)采访所报道行业或现象的管理机构和人士,以获取关于报道主题的面上数据和材料;(3)收集相关材料和背景,给所报道主题提供历史逻辑或意义背景;(4)尽可能多地访谈记者所体验角色上的其他人士,以获取关于所体验角色的更为完整和丰富的材料。最后一部分的采访有时会类似于街头随机采访,记者可以在体验的同时随机选择采访对象,以了解他们各自的情况。略有差异的是,体验式报道注重个性化的感受,因此,记者在随机访谈时应该尽量了解被访者较为完整的故事和经历,而不仅是只言片语的评价。

(四)进得去与出得来

做体验式采访,记者不光要人到,还要心到,要全身心地投入自己所体验的环境中,这样才能对所体验角色具有同情共感。这就是"进得去"。如果记者去体验卖报纸,那就要像一个真正的卖报纸的阿姨那样起早、整理报纸,想办法将报纸推销出去,甚至午饭也要像一个普通卖报人那样吃过来,这样的一天辛苦下来,记者才能对卖报这份工作及其收入有真正的感悟。反过来,如果记者觉得自己只是体验卖报纸,没必要像真正的卖报人那样艰苦地行、简陋地吃,则所获感受也一定是不深入的。任何一种行为和活动的意义都植根于其存在的环境中,脱离了环境,行为和活动的意义就失去了依据。这就好像同样是艰苦地爬山,对于城市里的白领来说,这是时尚和休闲,对于山里的挑夫来说,则是艰苦的劳作。其中感受和滋味也会相去甚远。另一方面,记者在体验时还要做一个冷静的观察者,要能同时站在一个相对客观的立场审视自己所处的情境,准确地把握和记录下自己在体验过程中的重要的和有说服力的细节,如时间、数量、现场布置等。这也就意味着记者在体验时,还要能随时脱离角色,用冷静的眼光来观察和分析。这就是"出得来"。

在《冰点周刊》的《这块屏幕可能改变命运》一文里,记者的体验方式为深度参与式观察。记者最初对网络直播教育抱有怀疑的态度:"我理所当然地怀疑,学校、家庭不同,在十几年间堆积起学生能力、见识、习惯的巨大差异,一根网线就能连接这一切?"但是,随着观察的深入,记者对农村、对贫困、对直播教育都形成很多自己的判断。在文中,这些观察、判断可能主要来自记者的体验,但是同时也是由冷静的分析、大量的访谈和调查材料来支撑。例如,文中谈到有人指责农村孩子没有志向时,记者认为这种错觉是观察者不了解农村的"普遍的近乎荒诞的闭塞"环境所致。"我知道,农村的孩子不是没志向,只是更现实,和城里人挂在嘴边高大上的玩意儿不同。"记者在他体验的贫困县中学的一名女生身上感受到这种"志向",这名女生的哥哥曾因家境贫困放弃读大学的机会,现在用打工的收入来支撑妹妹读书,这是妹妹现在刻苦学习的重要原因。没有深入体验和站在农村孩子的视角上看问题,记者可能很难感受到一个农村孩子的志向。但是,记者的这份判断也是以他多年来对众多学业优秀的农村孩子的观察为基础的,仅仅在文中,作者就列举了其他三个孩子的故事:一个在打工工地上收到北大录取通知的云南男孩、一个因为缴不起一年万元学费而失学的农村女孩、一个填报北大冷门小语种的孩子。[①]

体验式采访中,没有"进得去",记者的体验难免浮光掠影,自己无所感,自然也很难感染受众。但是,记者如果只是用心体验角色,不能"出得来",报道就会相对缺少客观性,很难取得有强大说服力的材料。一个成熟的记者要能适时变换角色,既投入体验,又不忘记者的职责要求。

三、值得注意的问题

(一)新闻价值是基本依据

体验式报道一般没有明显的时效性,写作手法很灵活,但属于新闻的范畴,因此仍然要遵循新闻报道的基本规范。面对一个题材,首先要考虑它值不值得报道,

---

① 程盟超.这块屏幕可能改变命运.刊于微信公众号"冰点周刊"(微信号:bingdianweekly),2018.12.19. https://mp.weixin.qq.com/s/l4f4r2d7bw06mqBstJL-mA

有没有新闻价值和公共价值,然后才是用怎样的方式来报道。在题材本身有新闻价值,值得关注的前提下,做体验式报道还要处理好新闻时效的问题。也就是说,媒体和记者要能给公众提供解释:为什么是这个时间,而不是其他时间,来关注这个现象和问题。这就是通常所说的"新闻由头"。

如果体验式报道是配合新闻事件和热点现象来做的,那么,这些事件和现象本身就是由头,记者只要讲清楚报道的背景即可。但也有不少值得做体验式报道的题材没有明显的和具体的新闻由头,那么,媒体和记者要进行精心的策划,一方面是给报道提供一个由头,另一方面,也可以提升报道的价值。

一是选择恰当的时机,进行体验式报道。例如对于行业工作的报道,应该说,体验本身没有明显的时间限制,但记者选择什么样的时间去体验,对报道的价值实现却有很大影响。在天气暴冷暴热、人们容易生病的季节去体验医院里医生和护士的工作,对受众相当有吸引力。如果是平常时节,受众可能就不会那么关心这一类的题材了。在假日里体验那些仍然坚守岗位的人们,因为工作特性,他们不能放假。恰恰是在假日里,行业工作的特殊性体现出来。反过来,如果在平常的工作日时间,记者去做体验,这些工作可能也就平平淡淡,没有什么特殊价值了。

二是通过系统策划,凝聚报道的力量。有时候,单篇的报道很容易被其他一些重要的、动态性强的新闻所遮盖,难以产生较大的社会影响力。但是如果有一组稿件进行持续报道,则容易引起受众的关注和讨论。例如,《人民日报》1997年曾经在二版开设《体验三百六十行》专栏,记者体验的行业有:长江航道工、铁路列车员、首都机场安检员、林区伐木工,等等。这些都是普通的工作岗位,如果没有策划的背景,偶然的一篇或两篇报道,对于受众会显得很突兀。但是,通过专栏形式进行系统报道,则产生了很好的社会效果。其他类似的体验式采访的策划案例还有许多。例如,《深圳晚报》曾在一版醒目位置推出《记者一日》专栏[①],记者深入不同职业岗位进行工作体验,而后写成报道。《解放日报》1997年曾开设《名牌与市场》栏目[②],用记者体验的方式讲述一个个有关上海名牌的故事。记者通过做超市采购员、站柜台、推销员等各种方式,来获得亲身感受,报道效果尤佳。

(二)以问题和事件为导向

体验式报道中,体验是手段,更加深入地报道问题和现象才是目的。如果颠倒本末,为体验而体验,那显然违背了报道的初衷,也不会产生真正有价值的报道,甚至会招致受众的反感。有研究者曾经批评体验式报道的缺点,其中包括,"重感情渲染,少理性分析";"在体验时一味自我怜悯,在写作时一味任情感燃烧";"在写法

---

① 蓝鸿文.体验式采访[J].新闻界,1999(2):22—23.
② 汪幼海.体验式报道种种[J].新闻记者,1998(4):44—45.

上,过度的文学化,降低了新闻的真实性"①。这样势必会影响到新闻的客观性和可信性。而这些问题,很大程度上与记者忽视了新闻报道的主旨有关。

首先,体验要有针对性。体验式报道不是写游记,也不是记日志。记者要根据报道题材所需,有针对性地进行体验。体验活动可能在时间和空间上是连续的,也可能是不连续的。记者在写文章时要根据主题来结构文章,而不能像游记或日记那样简单地以时间和地点来结构文章。如前文所述《新民晚报》对台湾夜市的报道,记者选择了台湾三大夜市中两个做体验,一个在台北,一个在台中,地理上相距甚远,记者在采访的时间上也不连贯。记者选择这两个夜市也不仅仅是因为它们的名气,还考虑了它们的特点:台北士林夜市是"平民夜总会",台中逢甲夜市是"新品实验场"。在士林,记者的体验主要是一边吃一边观察环境;而在逢甲,记者的体验主要是现场观察和访谈。没有访谈,记者就很难搞清逢甲作为"新品实验场"的历史和影响。

即使是旅途式体验采访,也不能光有山水景致,记者还要记录风土人情和人文历史。因此,记者不能只专注于自己的感受,还要结合访谈、观察、资料查阅等多种手段,力图为读者呈现特定时代或事件背景下的整体环境状况。这样,体验式报道才能饱满起来,不会成为写景抒情的散文。

其次,报道要有层次性。体验式报道不能以记者体验为中心,仅仅停留在现场这个层面。像其他报道一样,体验式报道也要以问题或事件为中心,对所涉及的各相关方面的情况和反应都要有交代。仍然以《新民晚报》的台湾夜市报道为例,全文共有4个部分:士林"平民夜总会"、逢甲"新品实验场"、形成—危机中的商机、管理—严格中有人情味。如果说前两个部分是对现象的描述和介绍,后两个部分已经深入到历史和管理层面。没有后两个部分的深入,报道就会单薄许多,其对大陆城市管理的借鉴和启迪意义也无从谈起,相应地,新闻价值也严重受损。

第三,对问题和事件的反映要公正和全面。这是新闻报道的基本规范,对体验式报道也同样适用。例如,《新闻晨报》记者曾报道乌镇游住宿的管理问题,在这方面就处理得很好。乌镇景区管理方规定游客不得留宿居民家中,而游客和居民都不太认可这一规定,三方各执一词。记者以游客的身份体验在居民家住宿。报道共有五个部分:记者观察、游客讲述经历、游客观点、管理方说法、居民说法和问题解决的前景②。由于记者的住宿经验十分顺利,不足以反映事实的全部情况,记者采访了一个因留宿居民家而半夜遭查处的游客。这样报道对现象的反映才算较为完整。这一报道主题至少牵涉居民、游客和管理机构等三方利益,每一方的观点和

---

① 王寒.体验式报道的长与短[J].新闻与写作,2002(3):18—20.
② 于任飞.乌镇游住宿背后的"猫鼠战"[N].新闻晨报,2005-4-19.

态度都在报道中得到体现,也体现了报道的公正性。

(三)记者体验可能存在偏差

1994年春季,北京等大城市的蔬菜价格上涨猛烈,引起居民的强烈关注。为了解蔬菜流通的真实状况,新华社和《经济日报》都派出记者做体验式报道。新华社记者"从产地、运输、批发直到零售各个环节进行实地调查,发现从山东产地经过沿途运输到北京,因批发环节多,竟出现有三道贩子,加之菜霸横行,每公斤不到两元的蒜苗就变成六七元了"。《经济日报》的记者亲自做了一回菜贩子,直接从菜农那里贩菜,最后将这些蔬菜送进北京人的菜篮子,买菜、运菜和卖菜的流程全走过,"发现原先设想的问题都没有遇到,连菜霸也未发现"[1]。

对同一现象的体验为什么会出现两种不同的结果呢?排除采访中的其他是非不论,造成这个结果的一个很重要的原因就是经历的偶然性。记者体验所获材料虽然宝贵,但毕竟是一时一地的情况,不一定能反映整体状况。如果记者仅仅依据一己的体验,就对全局状况作出判断,难免会出差错。因此,为了弥补体验中可能出现的偏差,记者还要做相关采访。例如上面关于菜价的体验式报道,如果记者不仅写自己的体验,还大量采访其他的菜贩,报道所提供的材料和结论一定会更有说服力。

造成体验偏差的第二个主要因素在于,记者的感受跟专业人士的感受有差距。与职业人士相比,记者在工作的技能和经验上通常都是很有欠缺,这使记者对所体验工作往往觉得十分艰苦。即使这些艰苦都是真实的,但在技能比较娴熟的职业人士那里,其程度和心理感受也必定会有不同。另外,客串表演的性质决定记者即使认真投入地进行体验,其心态与职业人士也会有微妙的差异。例如,面对种种不顺遂,记者可以想,"我明天就解脱了",但职业人士显然不可能如此轻松。除非记者同时身兼二职,以记者的身份来报道自己的第二种身份,否则这种体验偏差很难避免。为了矫正这种偏差,记者一方面要多做相关采访,另一方面,就是在写作时要尽量把握好分寸,措辞要尽可能准确、严谨。

---

[1] 盛道洪.对新闻体验的再认识[J].新闻记者,1998(5):47—48.

第十五章　报道深度的开掘

"深度"不仅是长篇的调查性报道或解释性报道才有的要求,在日常报道中,记者也要经常面对这个问题。如何寻找有价值的题材？如何使自己的报道显得有特色？如何使报道更加深入贴近事实真相？这都需要记者开动脑筋,才能在寻常的场景中有所发现。事实上,除了极少数的动态事件外,大多数有价值的报道都是记者深入开掘的结果。从这个角度来说,深度是记者的一种思维方式。

一、采访深浅影响报道成败

曾经有报社老总在记者的业务会上说,没有不能做头条的稿子,关键看你写什么,怎么写。确实如此,同一个题材,记者采访深浅不同,做出来的报道面貌也会相差甚远。例如,下面两篇稿子是《文汇报》记者报道同一场国际学术会议的初稿(见案例15-1)和见报稿(见案例15-2)[①]。初稿只是一个普通的会议消息,没有什么给人印象深刻的事实,是报纸可用可不用的小稿。在见报稿中,学术会议则成了新闻背景,报道重点转为上海经济社会协调发展所取得的成绩,数据对比显著,题材意义突出,这就变成一条重要新闻,被放到报纸的头版头条地位来报道。其中的差距其实主要在记者的采访上。据记者的采访札记,在撰写初稿之时,记者虽然也翻看了会议材料,采访了若干专家,但是没有获得特别有价值的新闻线索,只能写成简单的会议消息。后来记者觉得不满意,重新认真翻阅枯燥艰涩的英语学术论文摘要,才找到了让人眼前一亮的题材,围绕主题经过精心采访和写作,终于有了见报稿。记者对自己的这段报道经验事后曾有如此评价:"从'一栏题'到'头版头条',其实只是一步之遥",而采访的深浅则是一个至关重要的影响因素。

---

① 王勇.从"一栏题"到"一版头条"[J].报刊业务探索,2005(8):6.

▶ 案例 15-1(初稿)：

(主题)中外专家研讨城市环境

(副题)"环境变化的城市视角"国际学术会议昨在沪开幕

本报讯 由华东师范大学、美国蒙特克里州立大学等联袂主办的"环境变化的城市视角：科学、暴露、政策和技术"国际学术会议，昨在沪开幕。来自美、英、法、德、日等20个国家的100多位城市环境、规划和管理专家，将围绕世界主要城市与城市区域环境变化的原因、影响和应对措施等议题展开研讨，并就21世纪城市发展在科学、技术和政策等方面应对挑战的需求和能力建言献策。市人大常委会副主任刘伦贤出席开幕式并致贺。

▶ 案例 15-2(见报稿)：

(引题)折射经济社会协调发展轨迹

(主题)上海"碳天平"指向平衡点

(副题)经济连续12年两位数增长，万元GDP净碳源量10年减了一半

一项由华东师范大学终身教授俞立中及其博士生钱杰所做的"大都市碳源碳汇研究"，在前不久召开的一次国际学术会议上引起中外专家的浓厚兴趣。该研究表明，上海万元GDP净碳源量(即碳的排放量与吸收量之差)由1994年的1.44吨降至去年的0.67吨，10年间减少了53.5％！这意味着，上海在连续12年保持经济两位数增长的同时，"碳天平"的指针却在稳步指向平衡点。

与世界上其他大城市一样，上海在快速发展进程中也曾遭遇到了碳循环的失衡。因此，此次研究中，上海每创造1万元GDP所排出的净碳量不增反降成了俞立中意料中的意外收获。作为衡量一个地区可持续发展能力的重要指征，"万元GDP净碳源量"显著递减，折射出上海经济社会协调发展的轨迹。

无独有偶。上海市环境监测中心监测显示，近10年来，上海大气环境中主要污染物排放总量逐年减少，大气中二氧化硫、总悬浮颗粒物的含量分别减少了50％以上，酸雨的发生频率平均每年下降3％。根据《2003年上海市环境状况公报》，上海人去年呼吸到了325天的优良空气，有些日子甚至足不出沪就可以享受国家自然风景名胜区的清新空气。

俞立中认为，环境空气质量的优化，得益于近年来上海产业结构和布局调整、大规模绿化建设、清洁能源替代、提高机动车排放标准等一系列措施。

2000年至今，上海投资数百亿元实施两轮"环保三年行动计划"，100多项重大环境工程顺利达到预定节点——空气质量优良天数年均提高了近10个百分点，人

均绿地面积从 3.5 平方米提高到 9.1 平方米,"穿条鱼"等 5 种已绝迹 20 多年的小鱼儿也开始重返苏州河。

从 1.44 下降到 0.67,是令人欣喜的进步。可俞立中坦言,这仅仅是上海现代化征程中的一小步。只要坚持经济社会协调发展,在经济较快发展的同时,有效控制人口增长,不断优化能源结构和产业结构,上海的"万元 GDP 净碳源量"有望进一步下降。预计到 2020 年,全市碳的净排放量将在去年基础上减半。届时,上海将兑现"天更蓝、水更清、地更绿、居更佳"的世纪承诺!

(材料来源:文汇报 2004.06.10,作者:王勇、任荟)

记者获得的新闻线索大多数时候只能为记者提供一个大概的采访方向,真正值得报道的事实和报道的角度都需要记者在采访过程中寻找和确认。比如记者得知一个会议的消息,采访报道并不一定就是这个会议,因为这很可能只是一个常规的会议,并没有什么突出的价值。但是,记者在会场内外广泛采访时,极有可能发现,人们谈论的话题中包含一些新鲜的信息,这才是值得报道的对象。再比如记者听闻一个让人震惊的故事,去现场采访后会发现,故事背后其实有复杂的社会经济逻辑,放在这个逻辑下来看,故事虽然极端,却也有了可以理解的一面。

对于大多数的没有明显时间的非动态报道来说,有一个比较简单的方法可以判断采访是否深入,即经过一番采访调查后,记者对于所要报道事物的理解和看法与获得线索时的最初理解相比是否有发展。如果没有发展,那么记者的采访可能还不够深入,或者是这个题材本身所具有的新闻价值比较有限。打一个比方,假如记者观察到某个路段行人乱穿马路的现象比较突出,因而推测行人的公共素质有待提高。但是采访之后就会发现,行人的素质确实有待提高,但导致这个路段乱穿马路情况严重其实另有原因,比如道路设计不合理,或者红绿灯时间分配有问题等。如此,记者的报道思路必然要作相应调整。

记者在采访过程中调整报道思路是十分常见的,因为生活中的事件和人物充满复杂性,很少有绝对的好或坏,也很少有绝对的正确或错误。如果记者带着一个预定的框架来看待事物,用"按图索骥"的方式来收集新闻素材,势必会经常遭遇挫败。很多时候,我们认为一个题材不值得报道,也许换一个框架来思考,其中的新闻价值则相当突出;或者一些事实不太新鲜,其实原因在于记者的采访不够深入,没有调查到关键性的可以让人为之震动的事实。

二、获取关键性事实

俗话说"没有不透风的墙"。很多事情在被媒体报道之前,社会上往往早有各样的流言传播,一些敏感的人士甚至可以形成直感式的判断。但是,仅仅根据这些流言却是做不出来新闻的。新闻要用事实来说话,不能靠渲染情绪或道德审判来回答问题。记者的报道和分析要逻辑严谨,力争无懈可击。新闻的力量来自事实,很多时候,获取关键性事实是新闻报道走向深入的起点。

2004年8月,《新京报》曾经就北京新兴医院不孕不育治疗问题推出追踪报道,并在读者当中产生强烈反响。实际上,报社早就接到有关报料,却迟迟才做出报道,其中一个重要原因是,记者在暗访调查中很难获得有力的材料来表明这家医院存在违规经营。报道的转机在于一个偶然的患者投诉,报社记者了解到,一个有先天缺陷的患者也被该医院开了大量的中药,而根据专家看法,对于这种先天性不育目前任何药物治疗都是无用的。后来,记者还找到另外一个报道的突破口,通过一一核查新兴医院网站上所宣称的专家的身份和宣传材料,记者发现,这家医院标榜的很多专治不孕不育的"专家",在以前的宣传中却是治疗癌症的"专家"。这些明显的破绽给了记者和社会公众进行质疑的根据。①

类似的案例在调查性报道中可以举出许许多多,为了拿到关键证据,西方记者在做调查性报道时,甚至可以为之"掘地三尺"。学者刘明华在《西方新闻采访与写作》一书中,讲述了这样一个典型的富于戏剧性的调查案例。1991年,美国一家地方报纸怀疑一个财团有经济问题,存在行贿行为,但是,对财团的采访要求遭到拒绝。经过长达两年时间的调查,记者虽然掌握了一些材料,但关键性的财务收支记录一直无法找到。最后,根据勤杂工提供的线索,记者开着推土机,把一座堆积三年的垃圾场翻了个底朝天,找到几只球箱,结果在球箱里找到了至关重要的原始财务收支记录,从而证明了该财团确实存在问题。②

即使是在日常性报道中,也会存在一个关键性事实的问题。例如,笔者的学生曾报道上海虹口区一家菜市场停业改造迟迟不能完工的问题③,不能完工的原因就是关键性事实。同学们辗转很多部门、机构找到答案,并且实地探访后才落笔。又如,有记者报道现在都市年轻白领中流行父母代为相亲,因为白领们自己工作繁忙没有时间。如果记者的采访仅仅停留在某个公园角落里,听那些老大爷、老大妈的叙述显然不够,因为这只是一面之辞,记者还必须直接采访这些老大爷、老大妈所代理相亲的白领们,了解白领们自己是怎么看待相亲的,他们是否确实因为工作忙委托父母代理相亲。如果没有这些采访,记者又怎能确认大爷大妈们的代理相亲不是一厢情愿呢?甚至有可能,"白领中流行代理相亲"根本就是个假命题。

---

① 陈峰.无能的力量[N].外滩画报,2004-9-2(3).
② 刘明华.西方新闻采访与写作[M].北京:中国人民大学出版社,1994:117.
③ 许馨元、陈泓秋.广中菜市场停业14个月,因地下防空洞积水改建受阻,虹口商务委已立项.刊于微信公众号"华东师范大学传播学院",2022.12.20. https://mp.weixin.qq.com/s/HXgYJ12j4fXmeYPV7WMnnQ

如果不去精心调查和核实这些关键性事实，那么填充报道的则可能是一些模棱两可、似是而非的材料。对于读者来说，这样的新闻是没有说服力的；对于记者来说，记者可能被事物的假象所蒙蔽，连基本的新闻真实性都不保，深入报道自然是无从谈起。

有些时候核实事实并不是特别烦难，可能只需要打个电话就行，但是记者却没有去核实，酿成报道失误。例如，2002年曾经被媒体广泛关注的"刘永好买断桂林山水"的新闻，传四川新希望集团与阳朔县政府达成协议，新希望集团获得漓江支流河畔303亩土地50年经营权，一时间激起舆论强烈反应，后来该报道被指失实。其实，记者只要打个电话到阳朔县政府确认双方是否签有协议，即有可能避免这个失误。记者没有这么做，主要还是缺少核实的意识所致。

西方新闻传统中特别重视事实的细节。在新闻业界曾经流传这样一个故事：在全国铁路价格听证会的背景下，一家报纸的记者写了一篇稿子，内容是一名打工仔参加听证会的经历。记者选择了一个细节放到导语里，讲的是这名打工仔在会上只有5分钟发言时间，回来后觉得自己的意见没有表达充分，懊悔地在屋子里抽了5根烟。通常来说，这是一个很生动也很有表现力的导语。但是，这篇稿子是用在英文报上的，报社请来的老外专家对这个细节仍然不满意，要求记者能够提供打工仔所抽香烟的品牌。香烟的牌子增强了文章的可信度，同时也可以在某种程度上透露关于抽烟人的身份、习惯、生存状态等诸多信息。这个故事讲的虽然是细节，但也给我们启迪，那就是记者要养成关注事实的习惯，要在每一个细节上使自己的报道尽可能显得可靠和有充分依据。

道听途说的、没有可靠消息来源的故事也是最没有说服力的。有时候，记者限于客观条件，可能无法联系事件或故事的当事人，需要通过他人来转述这个当事人的事迹，那么记者就需要通过不同渠道来对这个转述的故事进行旁证。

下面这段材料讲述一位浙江富豪因赌博而倾家荡产并最终入狱的故事。文章中明确交代的采访对象和材料来源包括：当事人的商业客户张义、当事人家乡的村民、当地媒体报道、余杭区检察院。这些不同来源的材料相互参照，特别是对检察院材料这样具有权威性资料的引用，使这个故事的基础显得很扎实。

▶ 案例15-3：

2005年2月下旬的一天，杭州人张义受朋友之托，准备订购一批价廉物美的家具。张先生首先想到的是几年前曾打过交道的琴鸟家私。电话打到琴鸟的办公室和销售部，但都没人接电话。几天之后，张义从一些同行中得知，琴鸟家私的老总金建春早在2004年就因诈骗被逮捕了。

琴鸟家私曾是杭州乃至浙江著名的家具大王，张义觉得资金实力雄厚的金建春,居然会涉嫌诈骗,有些不可思议。为了证实这个消息,他亲自去了地址在余杭区的琴鸟家私总部,除了几个门卫之外,公司已看不到其他人了。

42岁的金建春在浙江家具业赫赫有名。他在余杭区禾丰村起家。熟悉他的村民告诉《瞭望东方周刊》记者,金建春18岁开始做木匠,很会动脑筋,常常能做出一些新款家具,令同行刮目相看。经过几十年的商海打拼,一跃成为资产至少数千万,拥有浙江琴鸟木业公司等数家关联企业的老板。巅峰时期,他接到过人民大会堂等装饰项目,拥有全国知名度。这样一位拥有数千万资产的富豪,为何成了诈骗犯呢?

一切皆由赌博而起。

据浙江当地媒体报道,琴鸟企业成立不久,金建春跟一个客户去澳门谈生意。初涉金碧辉煌的赌场,金建春运气不错,一个晚上就赢了近万元。

从此,金建春的赌瘾渐长,每个月都要去澳门四五次,赌注也越下越大,成了赌场贵宾房的常客。每次去,他都会准备数百万的赌资,但几乎次次空手而归,还欠了一屁股高利贷。渐渐地,董事长办公室已经很少看见金建春的影子了,一名前途无量的商业奇才,堕落成了一个成天想着翻本的赌鬼。

事实上,金建春如果在2002年前后收手,这位少年得志的商界奇才还有希望东山再起。因为2002年还是杭州房地产开发的黄金时期,在杭州市区拥有一家房地产企业的金建春没有把握住这次机会,看着自己十几年来辛苦赚来的钱被赌场吞噬,好胜心极强的金建春很不甘心。2002年,他将琴鸟公司在杭州一家房地产公司51%的股份转让给了另一家房地产公司,得到了2410万元转让款,大部分都扔进了澳门赌场。

余杭区检察院的一份材料显示,2002年9月,金建春谎称自己在临平茅山开发区有50亩土地,经人介绍与杭州某房地产公司联合开发该地块,并签订了一份合作开发协议。期间,房地产公司先后汇入800万元开发资金。金建春得到这笔资金后,将其中的425万元带到了澳门。事后,房地产公司才知道自己被骗,向公安机关报了案。2004年11月12日,余杭区检察院以涉嫌合同诈骗、抽逃资金两罪批准将金建春逮捕。

金建春在澳门赌场到底输了多少钱已很难查实。在金建春的老家流传着几千万到上亿等多种版本,一个接近事实的保守估计是3000多万,这个数据也得到了余杭区检察机关的认可。

(材料来源:《瞭望东方周刊》2005年第16期;作者:朱国栋)

三、寻找有特色的报道角度

苏轼诗云:"横看成岭侧成峰,远近高低各不同。"说的是观察角度的问题,角度不同,带来的景观各异。新闻报道也同样存在角度问题,角度不同,记者获得事实的面貌也相去甚远。记者采访或落笔成章时,首先要思考的问题就是从怎样的角度切入进去。

2006年10月24日,我国"嫦娥一号"探月卫星发射成功,国内的主流媒体在24日和25日都就这一事件做了大量报道。人物是这类重大事件报道中不可缺少的组件。由于探月的高科技属性,不少媒体的人物性采访报道都将焦点对准国内著名的航天专家,但是,也有媒体另辟蹊径,带来不同的报道风貌。例如,《新民晚报》在10月25日的焦点版的报道《皮水兵:摁下发射按钮送"嫦娥一号"探月》,记者选择了3个在"嫦娥一号"背后默默奉献的普通科技工作者作为采访和报道的对象,这些人物有西昌卫星发射指挥中心发射指挥员、发射塔内的空调保障员和发射控制台操作手。这些人物确实非常普通,但是他们身上也有许多生动而感人的故事,记者通过挖掘这些普通人的故事,既使自己的报道独具特色,又与《新民晚报》"飞入寻常百姓家"的报纸定位很贴合。而上海《青年报》则在10月24日选择本次探月标识"月亮之上"的设计者进行专访,颇具人情味和趣味性。

即使是对同一个人物进行专访,记者切入角度不同,报道面貌也会有很大差异。例如本次探月报道中,新华社和上海《东方早报》在同一天采访了"嫦娥"绕月探测工程总指挥栾恩杰,新华社切入角度是让航天专家解读我国探月工程的意义和价值,《东方早报》的切入角度则是分析中国在国际上的航天地位。结果,两者的报道主题就有很大差异,新华社的主题在于"尖端领域中国人要有作为",《东方早报》的报道主旨在于"中国航天与航天强国差距仍然很大"。

找到一个好的报道角度有时候依赖于机遇,存在一些偶然性因素。比如采访中发现新的情况,或者采访对象有所提示,或者有人愿意为记者提供特别的材料,等等。但是,记者能不能把握住这些微小的提醒和暗示,从而最终做出角度独特有新意的报道,归根结底与记者的思考能力紧密相关。例如,2005年媒体关于圆明园铺设防渗膜的报道,当时的大多数报道都着眼于事件本身,着力于报道铺设防渗膜的具体情况、原因和影响。《南方周末》作为一家周报,介入报道的时间较晚,但是报道却产生了较大影响,原因在于其报道角度独特而且更深入。《南方周末》不仅是报道一个防渗工程,而且从圆明园的整体定位、所涉及部门利益、管理体制等方面对防渗工程背后的社会经济因素进行了深入调查和分析。记者事后曾撰文提及,他之所以会想到这样一个报道角度,起源于采访北京大学城市景观学院院长时的一句话。这位院长告诉记者,他两年前曾提醒过圆明园管理方关于铺设防渗膜的危害,但是管理方没有听取院长的意见。[①] 这句话让记者意识到,圆明园管理方

---

① 刘鉴强.不仅仅是一个防渗工程[N].外滩画报,2005-4-21(5).

铺设防渗膜并不是一个偶然的错误,并由此出发深入采访。显然,这里的记者如果没有足够的敏感,不能进行由此及彼的联想,这个偶然的机遇也很容易被错过。

怎样才能寻找到好的报道角度?

首先是记者要注重平常积累,对事件、现象的来龙去脉多加琢磨,养成独立思考的习惯,而不是人云亦云。2004年9月,在苏州一家民办幼儿园内发生一起惨案,一个来苏州打工的民工用汽油和水果刀烧伤和砍伤了幼儿园的28个孩子。这个案子让国人十分震惊,案件凶手自然也成为人们眼里凶残的恶魔。上海电视台的记者去采访这个事件时,并没有像通常的案件报道那样将仅仅将画面停留在现场和受伤害者身上,而是致力于寻访凶手的作案动机。他们花了很多精力采访了许多凶手的熟人,了解凶手的一般性情,甚至赶往凶手的老家对凶手的生活背景进行调查。据记者的采访札记,促使记者选择这样一个比较特别的报道角度,原因在于两点:一是案件本身让记者产生的疑问,发生惨案的幼儿园其实是一个民工子弟学校,收费低廉,而凶手也是一个民工,作为一个民工,凶手本来应该对同为打工者的子女抱有更多的爱护,为何结果却是横刀相向;二是记者多年的刑事案件报道经验,使他相信很多案件背后的原因非常复杂,并不是简单的法律条文所能清楚解释的。①

其次是要在采访中注意提炼和挖掘。通常来说,记者在采访前基于对事实的理解,会有一个预定的看待事物的角度,但是,着手采访之后,这个预定的角度不一定能够得到事实的支持。如果采访中所获得的材料不支持这个预定的角度,则记者需要另找角度,在采访中提炼和挖掘出新的角度。

2005年3月10日《南方周末》刊发其驻京记者石岩的报道《中国教育的公平之痒》,关注我国城乡基础教育的二元结构问题。该报道曾被国内众多知名网站如新浪、雅虎、天涯、西祠等转载,并引发社会公众对于我国教育问题的广泛讨论。从记者的采访手记可以看出,该报道的角度是记者在采访过程中慢慢磨砺出来的。记者对于我国教育公平问题的关注最早来自一篇学者的研究报告,其中一些关于城乡教育投入数据的对比,以及农村中小学教育条件的描述让记者"触目惊心",觉得教育公平问题值得"琢磨"。随后,记者获知北京理工大学高等教育研究所杨东平教授主持的课题是有关中国高等教育的公平问题。记者将中小学教育的不平等问题和高等教育的公平问题联系起来,将专家访谈和正在亲身经历现行教育体制的人们(如重点中学和普通中学的老师、从农村来的大学生等)的故事结合起来,获得了一种从多维角度考察中国教育问题的眼光。在"记者手记"里,记者曾说自己在采访的过程中一度十分困惑,难以将个案采访中获得的故事和调查研究中的数字

---

① 陶安.谁制造了杨国柱[N].外滩画报,2004-9-23(4).

的内涵作对接,但也恰是在这样的困惑和思考中,记者找到了把握报道对象的一个更为有效的途径。石岩说:"自己当初的迷惑可能恰恰是对真实的一种尊重。"①

记者有敏锐的思想触角,在采访报道时就容易发现独到的切入角度。而这归根结底,要求记者平时多阅读多思考,多接触不同的观点,拓展自己的眼界,才能打开思考的空间。

四、质疑达成对真相的认知

质疑和追问被认为是新闻记者的一大特质。新闻的力量在于真实,质疑是新闻生命力的源泉。失去质疑的精神,就算媒介的报道量很大、报道内容很丰富,所能提供的也只是表面的事实,乃至被操纵的事实。在追问中,记者对于事实的了解走向深入,也使自己的报道胜人一筹。而从社会的角度,媒介的"监视环境"功能才能真正得以实现。

2006年5月下旬,太湖蓝藻爆发导致无锡自来水变质,进而引发全城饮水危机。5月30日《扬子晚报》根据居民的热线投诉采访和报道了该事件。在文章里,记者比较详尽地记述了一户居民缺水的生活状况,还采访了无锡自来水公司,自来水公司就污染原因提供了一个解释:连续高温导致蓝藻在短期内集聚爆发,使水质受污染。根据这一说法,蓝藻事件似乎是天灾所致。大约从5月31日,外地媒体开始介入蓝藻事件的报道。但是,在关于蓝藻爆发的原因问题上,很多媒体除了引用无锡自来水公司的解释外,并无更多调查报道,而是将精力都投入热热闹闹的应对水危机报道上,似乎蓝藻爆发的原因已然明了。

其实,在蓝藻事件中,当水质污染的基本事实和情况清楚之后,接下来的一个问题就是,为什么会有这么严重的污染?造成污染的根本原因是什么?在这些问题上,当地政府一方的说法可能存在偏见、误差或避重就轻,而媒体的责任在于,通过多方调查和走访,为公众还原一个真实的情况。应对水危机固然重要,但是对原因的深入调查,是公众更为关注,可能也是更有助于推动现实进程的地方。

如果说了解事实并不是难题的话,了解事实背后的事实才是体现媒体和记者功力的地方,而这对于记者来说,就意味着要保持质疑的精神,对于任何觉得不合理的地方,或者觉得问题事件有可疑之处,就要多问几个为什么,多方走访和调查,而不是简单地采纳某个机构或个人的说法。

在太湖蓝藻事件中,也有少数媒体机构和记者表现出追问真相的精神和勇气,新华社"新华视点"是其中之一。记者不是坐在办公室听地方官员解释水污染,而

---

① 石岩.刚好,小李老师有满肚子的话要说[N].外滩画报,2005-3-24(5).

是自己走到太湖边上去察看,访谈太湖边上的居民,了解到每年夏天太湖蓝藻都会不同程度爆发,又走访多位专家,收集到许多调查数据,以确凿的材料向人们揭示:无锡水危机的直接原因是蓝藻爆发,但生态灾难的背后是人祸。

不仅是负面报道中记者要有质疑精神,即使是一般事件中,有不合常情、不合常理的地方,也值得记者多花一点时间去调查。许多有影响力的报道往往就是记者从某一个让人疑问的小点着手,慢慢发掘出一个大题材的。《北京青年报》的记者曾经流传这样一个遗憾的故事:一个记者去采访中学生殴打路人致死事件,见到当事人之一的学生,学生曾表示后悔,担心因此案件而影响自己以后的升学就业。遗憾在于,当时记者专注于了解事件发生时的现场状况,没有对这个学生的心态追问下去。在发生这么恶性事件之后,作为当事人的学生后悔的只是自己的学业,对于受害者和受害者家庭没有丝毫的关注和歉疚,这是相当令人惊异的。如果能够在这一点上深入下去,或许记者可以发现事件背后更为复杂的社会心理因素,并能推动社会对于这起恶性事件的更为深刻的认知。

有时候,一件事众说纷纭,很难取得共识,也难以有所谓的真相。但这不是意味着记者在采访和报道时将各种观点和情况罗列出来即可。记者仍然需要深入调查,辨析各种说法,分析事实之间的联系,哪怕最后得不出所谓的真相,至少也要尽可能减少受众对于事实判断所可能产生的分歧和不确定性。

这类难以有"真相"的报道案例,比较有名的如 2004 年媒体对于"北大博士招生风波"的报道①、2004 年《新京报》和《瞭望东方周刊》对北京新兴医院的报道。前者的困局在于当事的双方(考生和招生机构及导师)都坚定地认为自己蒙冤了,而记者并无公安、检察机关那样的公权可以对事件的经过进行调查取证。后者的困局在于医学的专业性,在缺乏权威机构支持的情况下,记者的调查多有力不能及的地方。但是,面对事件中暴露出来的诸多疑点,记者还是尽力一一调查核实。尽管限于客观条件,记者不能就事实真相给出明确的回答,但是,读者从记者的报道中却能对事情的是非曲直形成自己的判断。

五、表面的事实和背后的事实

颜回是孔子的得意弟子,《孔子家语·在厄》中有一个关于他的很有名的故事。颜回随孔子周游列国时,一行人曾经在陈、蔡之地受困,绝粮七日。子贡费尽周折

---

① 事情大致情况为:2004 年,河海大学法律系讲师甘德怀报考北京大学法学院法社会学方向的博士研究生,以初试第一的成绩在复试中遭淘汰。同年 7 月 9 日,他以真实身份将一篇题为《我的北大考博经历》的文章贴到以"学术打假"著称的"新语丝"网站,叙述自己考博的全部过程,并对北大法学院招博的程序公正提出质疑,引发强烈的舆论关注。

得到一石米,颜回和子路在破屋里做饭,子贡远远看见了颜回从锅里抓出饭团在吃,认为他是背着别人在偷吃饭,很生气,就把这件事报告了孔子,觉得颜回的做法不符合仁人廉士的节操。孔子询问颜回后,原来事情的原委是:梁上有煤炱掉进饭甑里,留在锅里不干净,丢掉又太可惜,颜回就把它吃了。

　　这个故事可以给人很多启发。从一般常识的角度,它告诫人们不能对所看到的事物简单轻率地下判断,那样可能去事实真相甚远。从新闻采访的角度,那就是记者采访时要对所获得的情况、所收集的材料进行仔细分析,要特别注意事实背后的事实。曾经对圆明园铺设防渗膜事件作深度调查的记者刘鉴强说:"一个事件的调查深入与否,不仅在于搞清事实,更在于调查事实背后的事实。把事实放在一个更大的背景下理解,这样能勾画出一个更为完整,更为深入的图景。"①

　　注意到一件事也许并不困难,对一件事作判断也不是很难。但是很多事情的形成并不像表面看起来那样的单纯,可能牵涉复杂的社会、经济、商业、人事的考量,也可能是一些人、一些机构有意策划的结果。因此,记者在采访报道时要对事情的复杂性有充分的估计,多调查、多核实,才能不被表面的事实所蒙蔽,从而深入了解到事情的真正原委经过。

　　2004年8月12日,南京的一家报纸刊出一篇报道,内容大致是:几个大一的女生一起开通了一个名为"中华青春无瑕签名宣言活动"的网站,向全国女大学生发起一场"拒绝婚前性行为,净化校园风气"的网上签名宣誓活动。该报道引起国内多家媒体的关注,并被新浪、网易等门户网站转载,迅速成为一个热点新闻。这看起来是一个很单纯的大学生自发活动,因此,媒体早期报道的焦点大多是放在关于婚前性行为的道德争论上。

　　不过,很快有人发现这个事件的异常之处:几乎所有报道中都有签名网站的具体网址,而要在网站签名,则要经过一个烦琐的注册会员程序,注册会员要填写的个人信息资料,甚至详细到要包括身高、体重、血型等项目。于是再对这个签名网站的背景进行深入调查,发现该网站尽管声称是一个公益性网站,但网站域名所有人和管理人是一家信息公司,而那家信息公司其实又是一家房地产中介公司。由此,关于"青春无瑕"网站的报道由道德争论转向对事件本身的调查。后来,上海《外滩画报》记者在"3721"网站企业实名查询"青春无瑕"时,发现出现的公司是一家婚介连锁公司,致电公司联系人时,对方语焉不详,而这家婚介公司的网页也被迅速修改。也有网友调查,该签名网站使用的是独立服务器,据此推算,该网站活动刚刚开始,所投入资金已经不菲。签名事件的报道进而转向对于活动背后商业利益的质疑。② 报道至此,大多数受众都对"青春无瑕"网站有了更为深入的了解。

---

① 刘鉴强.不仅仅是一个防渗工程[N].外滩画报,2005-4-21(5).
② 麦田."青春无瑕"幕后的商人利益[N].外滩画报,2004-8-26(4).

这是一个大众传播年代，大众传播对社会的巨大影响力很多人深有感悟，因而，也会不断地有人试图制造一些事件来利用大众媒介的威力达成个人、群体、机构的利益。这些事件往往会以人情味、新鲜性、公益性等面目出现，显得具有感染力和号召性。记者在采访报道时应当保持一种质疑的精神，对事件（活动）多做一些调查和分析，才能保持相对独立的报道立场，避免不自觉地为商业利益所利用。

事实背后的事实一般不会自动来到记者的眼前，很多时候这个过程类似于抽丝剥茧。记者要有良好的敏感度，善于从纷繁芜杂的表面事实中找到突破口，就像从一堆杂乱的毛线里找到线头。拿"水门事件"的报道为例，从窃听电话到最终国家总统的下台，这个过程考验记者的耐心、毅力和智慧。

不轻易对事实的状态下判断，特别是不要作激情有余而理性不足的道德主义式的判断，这种简单的判断会慢慢损害记者的辨别能力和思考能力，也将记者推离真相更远。例如，有人行凶杀人，普通的读者可以据此判断杀人者是个凶残的恶徒，作为一个记者就应该花更多的时间调查杀人者的动机和生活背景。这样的调查可能没有结果（比如这纯粹是个偶然事件），但也可能有结果，则记者的报道就更加深入和有影响力。

不要用模式化的概念来套解不同的事件，因为模式本身就会塑造和局限我们的认知。例如，有官员被捕，就将其等同于腐败；或者有企业向公益事业大笔捐款，就将其理解为慈善。对于一个处于复杂的社会联系中的个体或机构来说，行为背后的影响因素错综纠缠，更值得记者深入考察。

思考的角度对于发掘事实背后的事实十分重要。

2005年有一条引起很多媒体关注的新闻。位于安徽偏僻乡村的一个叫作复新学校的校长因涉嫌猥亵男童而受到公安机关的调查。这是一个完全由志愿者构成的学校，受调查的校长是北大毕业生，带着年轻人的理想一手创办这所学校。这所学校的创办和志愿者的教学都属个人行为，没有人批准，也没有人为其负责。这所学校及其创办人曾经备受媒体关注，因此它所爆出的丑闻也受到舆论的高度关注。许多媒体都进行了追踪报道，包括一些以深度报道见长的周报。不过，不同的媒体开掘这个题材的角度有差异，所发掘出来的事实以及带给人们的思考也颇异。从丑闻本身出发，有些媒体致力于调查丑闻的真实境况，调查方方面面（如村民、学生、志愿者同事、警方等）对这个事件的看法等。也有媒体则致力于调查作为当事人的志愿者在乡村的生存状态，以及志愿者办学模式的发展空间。下面是《北京青年报》从事相关报道记者所写"记者手记"中的一段文字，从中可以看见记者对事件的理解和报道时的考量：

"我们的调查所着眼的，不是丑闻本身，而是志愿者群体的生存状态和志愿者办学模式的发展空间。志愿者、学生、村民……我采访的人越多，就越感觉到，抛开殷永纯的性格等个人因素,他所遭遇的很多困扰也正是其他志愿者的困扰。闭塞、清贫、经济压力,压抑殷永纯和其他志愿者个人情绪的种种问题,同样也压抑着复新学校的生存和发展。志愿者们都没有太多的指引,只凭着一腔热血,磕磕绊绊地向着自己理想的目标走去。一个老师说,这是在用自己的经历在照镜子,是按自己心目中理解的理想老师在塑造自己的形象。自然科学需要探索精神,教育也需要探索。但对象是人,探索会影响人的一生,需要更加慎重。"[1]

也许不同的报道角度并无多少高下可分。但从新闻业作为"船头瞭望者"的角色来看,记者的报道、记者所发掘的事实,能够让人们对社会现状有更深刻的认识,应当也是更有价值的。

六、反向思维出新意

3月5日是我国的"学雷锋纪念日",每年到这个日子,媒体都要推出一些跟雷锋或学雷锋相关的报道。这类报道一般都是些好人好事的故事,偶尔有一些比如雷锋的故事书畅销,或者产生一款以雷锋为主人公的游戏之类的题材,因为没有传统意义上的事迹和太多宣传价值可言,已经算是边缘化的题材。在人们的惯性思维里,"学雷锋纪念日"自然是要弘扬助人为乐的精神和事迹,倘非如此,便不可想象。

2004年的"学雷锋纪念日"前夕,中央电视台的《第一时间》栏目也做了相关报道,内容却一反常规,并引起社会普遍关注。该报道称,"学雷锋纪念日"临近,杭州的不少敬老院对这些"雷锋们"并不是那么欢迎,原因在于很多单位来学雷锋,只是走过场,帮不了什么忙,甚至添乱。其实这个现象并不算新鲜,也并非深藏不露。只是媒体和记者出于思维惯性,在采访和报道时选择性忽略,才使中央电视台的报道一时轰动。

所谓"习而不察",日常生活场景中蕴含许多有新闻价值的素材,往往因为记者对其过于熟悉而意识不到这其实也可以成为新闻。如果能跳出常规思维的窠臼,打开报道思路,便常常可以发现新鲜的报道题材和新颖的报道角度。例如,拥挤的公交车常常是城市里人际摩擦频繁的地方。但是,你是不是很长时间没有在公交车上遇到吵架的情况了呢?是不是公交车也没有印象中的那么拥挤了呢?反过来想想,这是不是我们社会生活变化的一个折射呢?吵架是新闻,有时候不吵架其实也是新闻。

我们在日常生活中太过于习惯事物的二元格局,好的就是好的,坏的就是坏

---

[1] 乐倩.理想主义的深度撞击[J].外滩画报,2005-7-14(6).

的,即使在我们惯常认为的好的事物中发现不好的因素,往往也很难正视和接受,总是要想方设法进行修正。其实,对于记者来说,不寻常、不符合人们惯常认知逻辑的事物往往是更具有新闻价值的事物。新华社1997年的优秀报道《夏收何必搞仪式 小麦未熟遭剃头》就是一个例子(见案例15-4)。通常的逻辑,这样的仪式活动都是正面报道,特别是主办方策划这个活动,初衷也在于展示农业机械化的成就。这也十分符合我国媒体在农业报道上一般价值取向。但是,现场发生了出人意料的变化:收割活动半途而止,原因在于麦子尚未成熟。也就是说,收割仪式事实上成了破坏性活动。在发现这样的真相之后,原先的报道角度自然不能采用,表面上看这个题材已经没有报道价值了。其实不然,只要反过来想想,形式化的活动其实是不正常且违背事物的自然逻辑的,一个新的报道角度浮现。而且因为突破人们的常规认识,这个新的报道角度无疑是增加了报道对象的新闻价值权重。就像新华社的这篇夏收仪式报道,如果一切正常,这个题材充其量只能成为一个可有可无的例行活动报道,但是出现了反常的情况,却成就了一篇颇有影响力的批评性报道。

▶ 案例15-4:
夏收何必搞仪式　小麦未熟遭剃头

新华社西安1997年5月30日电(记者张伯达　韩晓晖)几十亩尚未成熟的小麦,昨日在陕西省农机局主办的一个"小麦机械化'东进西征'收获活动开机仪式"上,被数台联合收割机"收获"。当地一些干部群众对这种形式主义造成的损失惋惜不已。

在关中东部大荔县朝邑农场一片上万亩的麦田里,12台大型联合收割机参加了这一颇具规模的仪式。上午10时40分,仪式开始,应邀而来的各级领导讲话、剪彩后,一台台收割机驶入麦田开始收割。

30分钟后,参加仪式的人们陆续离开。这时,记者意外地看到3台尚未进地的收割机掉头离去,4台在麦田中间的收割机向回转向,5台收割了有400米左右的收割机也边收边返。

在"龙口夺粮"的"三夏",为何不一鼓作气持续收割?农场一位负责人告诉我们:"这儿的小麦还要三四天才能完全成熟,现在收割有点可惜。省农机局5月26号就派人来打前站,为了应付这个会,我们场140多名干部职工整整准备了3天,兄弟农场支援了5台收割机,向外单位借了6位礼仪小姐。从早晨7点,我们等了3个多小时。"旁边一位戴着眼镜的干部也插话说:"今天割的五六十亩小麦,因未成熟和湿度太大导致脱粒不净,要影响产量。"据了解,朝邑农场今年庄稼长势喜人,亩产可比去年增产 30 多千克,但这样一折腾,增产就要受到影响。

隆隆的机声中,一台台返回的收割机向 3 台卡车"吐"出"一口口"泛青的麦粒。一台收割机因麦粒太湿发黏而发生"肠梗阻",3 个工人顶着烈日,为此忙乎了半天。一位在农场干了 30 多年的老师傅指着快装满的卡车对记者说:"唉!麦子熟了才能割嘛,何必为了搞个'仪式'。这样的麦子不光减产,还要费更大的功夫去晒晾。"

11 时 40 分左右,最后一台收割机也轰响着离开了这块未到收获期的麦田。

第十六章　移动传播环境下的新闻采访

根据中国互联网络信息中心(CNNIC)2020年4月发布的报告,截至当年3月,我国网民规模超过9亿,其中使用手机上网的比例高达99.3%,而在各类互联网应用中,"网络新闻"则以81%的网民使用率而排名第三,仅次于"即时通信"和"搜索引擎"。① 移动互联网的高速发展带来媒介行业的巨大变革,社会公众的媒介使用习惯和偏好也相应变迁。2019年全国居民媒介使用的调查数据显示,手机是全民日常生活的最重要媒介,在发生重大新闻事件时,电视虽然仍是传播渠道,但腾讯新闻、微信、微博新媒体已成主流选择。② 技术变革使更多社会角色成为直接面向公众的传播者。政治、经济、社会等各领域实体机构的信息发布,由非媒体机构和个人所提供的类媒体内容,以及一些"市民新闻"(Citizen Journalism)实践,是当今公共传播的重要组成部分。

自媒体可以追溯到互联网早期的BBS论坛、个人主页、博客等形式。2002年,美国学者吉尔摩(Gillmor)对自媒体(We Media)现象及其传播特点作出界定。③ 以推特、微博为代表的社交媒体平台发展,极大地扩展了基于个体经验和见闻的用户生产内容(UGC)的影响力,相关实践常被概括在"市民新闻"范畴下。2009年,波兰学者加库波维兹(Jakubowicz)在欧洲理事会部长会议上呼吁建立"媒体新观念",④认为有三种媒体概念:数字化的融合媒体、新角色创建的媒体和非传统媒体机构进行的类媒体活动,过去的"大众媒体"(Mass Media)已转变成"大众的媒体"(Media of the masses)。

目前,微信公众号是我国最具影响力的自媒体平台。2012年8月,微信推出"公众号"服务,向政府、媒体、企业和个人开放,迅速成为"移动互联网时代连接一切的资讯载体和交流平台"。⑤ 2017年的一项调查显示,⑥微信公众号数量超过

---

① 中国互联网络信息中心.第45次中国互联网络发展状况统计报告.2020.4:1.
② 喻国明,杨颖兮.接触、时段、场景:中国人媒介使用全景素描[J].新闻记者,2020(4):34.
③ 陈宪奎,刘玉书.2003—2014年中美自媒体研究和比较分析[J].新闻与传播研究,2015(3).
④ Karol Jakubowicz. "A new notion of media?" Council of Europe, 2009.
⑤ 李明德,高如.媒体微信公众号传播力评价研究[J].情报杂志,2015(7):141.
⑥ 中国产业信息网.2017年中国微信公众号发展现状及发展趋势分析.2018.7.6. http://www.chyxx.com/industry/201807/656197.html

2 000万个,而"新闻资讯"在用户高频关注或置顶的类别中占比38.7%,位居第二,仅次于"个人兴趣"。2018年,由自媒体微信公众号发起的"疫苗之王""自如租房平台房源甲醛超标""权健保健帝国"等深度报道不仅引发民众广泛关注,也得到主流媒体跟进报道,并在国家层面产生行动。2020年的新冠疫情事件和"外国人永居条例"讨论,则展现了在重大公共卫生事件和公共决策中主流媒体和自媒体相互联结而交错的传播网络关系。尽管如此,对国内重大公共危机事件的研究显示,微博、微信等自媒体虽在发现舆情和传播扩散上有很大影响力,但"事实求证、观点引导和信息综述"皆高度依赖主流媒体。[1]

在欧美,互联网用户在重大突发事件和危机事件中借助社交平台传播现场见闻,曾一度引发人们对新闻专业性消亡的担忧。对个案的深入研究则发现,主流媒体和公民记者相互依赖,互联网传播的互动参与给新社会运动和边缘群体提供参与公共讨论的机会,但主流媒体在大多数场景中仍是主要行动者。[2] 在大多数情况下,人们因对传统新闻品质的信心而优先选择专业新闻,但是,技术发展带来新闻报道基础范式变迁。社交媒体推动了主流媒体新闻实践的变革,传统上主要依赖精英消息来源的主流媒体在消息来源上变得更加多元和更加非精英化。专业新闻报道从过去的封闭控制模式转向更加开放、合作和公民参与。传统媒体的惯例规范、专业期许,以及社会愿景与自媒体技术文化互动交流,而共同塑造了互联网环境下的公共传播状况。[3] 一些由离职记者编辑创建和维持的新闻网站得到创业投资或慈善捐助而较长期地存在,甚至产生了显著的社会影响力,如两度获得普利策新闻奖的ProPublica。[4] 在北欧则出现"超本地媒体"(Hyperlocal Media),常由个人或几个同仁倡议发起,不少创始人是前记者,也有一些是新闻的业余爱好者,以满足本地化的新闻需求,一些符合条件的媒体会获得国家补贴。[5]

国内外学术界几乎一致认为自媒体发展不构成对传统新闻业的挑战,这是公民新闻的固有缺陷所致。但是,技术发展和加剧的新闻竞争环境给专业媒体的业务技能和报道质量提出新要求,传播环境变迁也给主流新闻业的新闻生产带来更多挑战。本章将主要从三个方面进行阐述。

---

[1] 陈春彦.舆情治理中"人人皆记者"的传播幻觉[J].青年记者,2019(7上):37—39.
[2] Valle, F. (2014). "Getting into the Mainstream: the Digital Media Strategies of a Feminist Coalition in Puerto Rico". In Thorsen, E. & Allan, S. (eds.). *Citizen Journalism: Global Perspectives*. New York, NY: Peter Lang Publishing, Inc. p.221.
[3] 陈红梅.社会与技术共构:美国新闻业的十年危机与转型[J].新闻记者,2018(4).
[4] Mitchell, A. & Holcomb, J. (2014). "Personal Wealth, Capital Investments, and Philanthropy", Pew研究中心,2014年度媒体报告, http://www.journalism.org/2014/03/26/personal-wealth-capital-investments-and-philanthropy/
[5] Nygren, Gunnar, Leckner, Sara & Tenor, Carina. "Hyperlocals and Legacy Media. Media Ecologies in Transition". *Nordicom Review*, vol.39, no.1, 2018, pp.33-49.

一、时效和深度要求并重

互联网技术发展带来实时传播已不是什么新鲜话题。在21世纪以来的众多突发事件中,互联网近乎同步的传播效果都令人惊叹不已。"实时传播意味着事实从发生到记录到接收几乎是同步进行的。这个过程使得记录者、传播者和接收者都只能作出即时的反应,而鲜有思考和整理。"①追求传播速度确实要一定程度上牺牲新闻的深度和思考,但是,在移动传播环境中,技术并不是单纯地提高了传播时效,而是制造了一个由门户网站、新闻客户端和社会化媒体等互联网信息服务终端和平台所共同造就的"互联网时间"。② 它既意味着信息传播的速度,新闻报道工作需要在比以往更短的时间内完成,也意味着一种新闻报道文化,各家媒体在争分夺秒抢发新闻的同时,还要关注各大媒体终端上的同行报道进展,根据同行进展来修改、补充、调整自己的报道,确保自己的报道能在同行已发报道的基础上提供增量信息,才有可能在激烈的新闻竞争中得到受众的青睐。

这种既要速度又要深度的互联网新闻文化在2020年的新冠疫情报道中有非常突出的体现。《三联生活周刊》《中国新闻周刊》《财新》《财经》《第一财经》等一批传统上以深度报道见长的周刊和月刊,在疫情报道上得到网民和同行的高度认可,很重要的一个原因就是这些媒体"开始以做日报的效率甚至是比日报还要快的节奏做深度报道"。③

《第一财经》杂志2019年12月31日上午10点多通过杂志网站发布简讯《武汉不明原因肺炎已做好隔离,检测结果将第一时间对外公布》(上午11点多通过微信公众号推送),这篇700多字的报道成为国内专业媒体关于新冠疫情的第一篇报道。当天下午4点多,该杂志微信公众号再次推送事发地现场报道,《第一财经》记者在下午1点已经抵达疫情核心地点武汉华南海鲜市场,看到商户在正常营业,也很少有人戴口罩。总编辑杨宇东事后在接受采访时表示,12月30日晚上杂志获知网上流传的武汉市卫生健康委员会的关于不明原因肺炎救治的红头文件,当即安排两名在武汉的记者第二天一早分头采访,一名记者负责打电话给政府求证网传信息,一名记者赶往华南海鲜市场和金银潭医院现场。尽管如此,首发疫情报道的责任重大,"万一不准确,'一财'十几年的口碑就砸了",杨宇东当时的心情也是"比较紧张的",最终能够首发,"源于采编团队对事实的把握能力,以及多年经验积累

---

① 陈红梅.互联网实时传播下的技术操控政治——从速度学理论视角的解读[J].新闻记者,2014(11):71.
② 周睿鸣.锚定常规:"转型"与新闻创新的时间性[J].新闻记者,2020(2):25.
③ 陈晓萍.找到那个"一针见血"的问题,为历史留下一份底稿.刊于微信公众号"腾讯媒体研究院",2020. 3.9. https://mp.weixin.qq.com/s/jUNVIbL7X-1nKPqmfR6BbQ

下的判断力"。① 可见,《第一财经》杂志在疫情报道上抢发新闻的意识和行动已经和普通日报没有什么差别。

(《第一财经》杂志和《中国新闻周刊》在 2019.12.31 的微信公众号推送截图)

《中国新闻周刊》虽然没有首发疫情报道,但在 2019 年 12 月 31 日也派出记者前往武汉,于当天下午 3 点到达事发地华南海鲜市场,当天晚上 6 点多在微信公众号推送了第一篇报道。② 随着疫情暴发,《中国新闻周刊》开始调配记者跟踪报道。据副总编辑陈晓萍叙述,报道团队最初并没有深度报道的思路,而是着眼于寻找和发现更多新闻线索,比同行报道提供更多的增量信息,这种状况大约持续了两周。在积累了足够多的具体报道后,报道团队开始梳理武汉疫情发生发展的脉络,发现当时还没有一个全景式的长篇报道,于是确定了第一个疫情封面报道方案,将主打报道定位于对武汉疫情从发生到发稿时间的全景记录,以白描手法还原疫情和疫区全貌。在采访过程中,编辑又提出可以围绕"黄金防控期是如何错过的"这一核心问题展开。最终,《中国新闻周刊》推出的深度报道《武汉之憾:黄金防控期是如何错过的?》在官方微信公众号阅读量达到 100 万。从这一过程可以看出,在移动传播环境下,深度报道媒体也必须追赶时效,重视信息性报道,同时,时效性报道的积累也为及时有效的深度报道提供了厚实的基础。所以,陈晓萍在疫情报道后总结:

"在突发事件最开始,不需要报道角度,需要的是具体的点,点越多越好,把一个个点了解清楚,把碎片化的点组成一个个拼图,尽可能地去扩大这张拼图,当你

---

① 黑羊.专访第一财经总编辑杨宇东:疫情报道,穿越在理性和情感之间.刊于微信公众号"记者站"(微信号:llpark001),2020.3.17. https://mp.weixin.qq.com/s/KMhWoKWE0BfGvcRKHTAQdA
② 李明子,彭丹妮.武汉发现 27 例不明原因肺炎,事发海鲜市场商家称"没有活禽".刊于微信公众号"中国新闻周刊"(微信号:chinanewsweekly),2019.12.31. https://mp.weixin.qq.com/s/vY3bkomvKBNXQIrBu9cR0w

的拼图足够大的时候,你才需要角度。"①

过去几年里,由自媒体发布的一些轰动一时的类新闻作品在新闻学研究上引起热烈争议和讨论。② 比较极端的观点认为,这些自媒体作品的成功说明记者的身份和角色在当今的传播环境中不再是相对稳定的,"面向社会的信息传播从专业化转为泛社会化"。较为温和且慎重考量的意见则认为,新闻学应转型为一种"用户新闻学",这不意味着专业新闻失去其价值,而是新闻的定义权应该回归用户,而非由新闻的专业共同体来协商价值和确立专业声誉。③ 实际上,这些篇幅很长的作品中有一部分是由曾经的新闻记者参与调查和写作,但其产生巨大影响力都是因具有某种思考和观照的深度。专业媒体也正是囿于旧例或对于互联网环境下的新闻报道的某种误解,没有及时提供这样的作品,才产生了如此轰动性的自媒体报道案例。

例如,参与推进公共政策革新的《疫苗之王》和引起巨大争议的《甘柴劣火》皆非真正意义上的原创新闻报道,而是整合分散的专业媒体报道信息和其他渠道的一些公开信息重新写作,使之前虽在不同场景下被披露但因信息分散和碎片化而没有引起足够关注的一些事实系统呈现出来,从而引发舆论的极大关注。《流感下的北京中年》则是个人经历记录,全文接近2.6万字,用日记形式记录了亲人患病求医和死亡的全部历程,以其对国内医疗系统的深入观察和生命感悟而获得千万以上的阅读量。这些自媒体作品的成功案例颠覆了人们对互联网阅读碎片化和娱乐化的假想,意味着在移动传播环境下,面对铺天盖地的讯息性报道,社会公众对深度报道有更多和更高的要求。

2019年以来可以看到更多专业媒体的深度报道案例。其中,值得一提的是引起争议的《南方周末》2019年12月12日报道《"不寒而栗"的爱情:北大自杀女生的聊天记录》。一些媒体将事件界定为高校学生之间的恋爱引发的"感情悲剧",认为男女双方的冲突是事件核心,并因此指责《南方周末》报道不平衡和对当事人"道德审判"。但是,《南方周末》显然更倾向于将自杀事件看作一个社会问题,报道发布后也引发了广泛的关于精神控制、精神虐待的社会讨论。正如《新闻记者》杂志评论,这篇报道尽管在技术上也存在无可辩驳的缺失和可商榷的地方,但是,"其以两性间的精神虐待、精神控制为主题,其后也在读者中就此话题引发广泛而深入的思

---

① 陈晓萍.找到那个"一针见血"的问题,为历史留下一份底稿.刊于微信公众号"腾讯媒体研究院",2020.3.9.https://mp.weixin.qq.com/s/jUNVIbL7X-1nKPqmfR6BbQ
② 如2018年2月微信公众号"可望 buffett"发布《流感下的北京中年》,https://mp.weixin.qq.com/s/fqJ0NYpumVKPQhkOMQd8Hg;7月微信公众号"兽楼处"发布《疫苗之王》;8月"呦呦鹿鸣"发布《阿里P7员工得白血病身故,生前租住自如甲醛房》;12月"丁香园"发布《百亿保健帝国权健,和它阴影下的中国家庭》;2019年1月"呦呦鹿鸣"发布《甘柴劣火》。
③ 刘鹏.用户新闻学:新传播格局下新闻学开启的另一扇门[J].新闻与传播研究,2019(2).

考和讨论,证明了报道的公共价值。"①

2020年的杭州女子来惠利失踪案的报道也是典型案例。该案因为情节离奇(女子半夜从家中失踪)和十多天里警方寻找受害人没有进展而引起舆论极大关注。其间,不少自媒体前往杭州探访,但是真正提供增量信息和深度报道的仍然是专业媒体。《中国新闻周刊》在7月23日警方正式通报案件侦办有重大突破的当晚前往事件现场,并对当时的一些社会传言进行了核实。7月25日,记者联系到来惠利前夫做独家专访,提供了与案件相关的很多重要信息。② 通常来说,极端恶性案件有很大的偶然性,但是,《三联生活周刊》通过一个多月的深入走访调查,在事件差不多已经被快速更新的热点所覆盖和遗忘的8月推出总字数接近4万字的封面报道《消失的爱人》,将事件放在郊区拆迁和乡村城市化的背景下进行解读,在个体经历上叠加社会转折的公共性分析。这样的深度报道已经很大程度上接近社会学民族志调查研究,能得到读者极大的认可,可见移动传播环境中社会公众对深度阅读的需求。该报道的微信公众号推送预告阅读量超过10万,不少读者在推送下留言评论:"《三联生活周刊》文体一向冷静客观,内容饱满有深度,非常好。一个惨烈的案件真的不应该被某些人拿来刷梗玩","由一个热点问题引发多重社会角度的不同层面的思考,我们在任何时候都需要这种学习模式"。③

二、增强采访新技能

(一) 数据新闻

2003年,一位计算机专家在搭乘飞机时发现买票比自己晚得多的乘客的票价却比自己便宜,便下决心开发一个票价预测系统,这个系统不需要了解航空公司制定票价的依据,也不需要知道航班座位的销售情况,仅仅凭借从旅游网站爬取的大量机票价格样本,就可以预测未来机票价格的走势。④ 这种使用全部数据的分析不需要严格的数据随机采样程序,对数据精确性的要求也没那么苛刻,仅仅是凭借数据的相关关系就能得出非常有实用价值的结论。这就是基于计算机处理能力的大数据价值。人们在互联网上各种活动所产生的大量痕迹记录成为数据,经过计算

---

① 刘鹏,方师师.2019年传媒伦理问题研究报告[J].新闻记者,2020(1):7.
② 隗延章.探访杭州失踪女子住所,化粪池距住处50米,家属围着井盖痛哭.微信公众号"中国新闻周刊"(微信号chinanewsweekly),2020.7.24. https://mp.weixin.qq.com/s/dVi6-CVE5o2Vb8aU9oDi_g;隗延章.杭州失踪女子前夫口述:我们结婚后许国利托人找她,两人又在一起了.微信公众号"中国新闻周刊"(微信号chinanewsweekly),2020.7.25. https://mp.weixin.qq.com/s/gGJRLkSmMD7OSs0RdCUyjw
③ 吴琪.消失的爱人:杭州失踪案幕后调查.微信公众号"三联生活周刊"(微信号:lifeweek),2020.8.26. https://mp.weixin.qq.com/s/-VR9mG-C9QzIANtHqwINpw
④ 维克托·迈尔-舍恩伯格,肯尼斯·库克耶.大数据时代:生活、工作与思维的大变革[M].盛杨燕,周涛,译.杭州:浙江人民出版社,2013:4—7.

机的处理分析,这些数据可以帮助人们获得新的认知。

技术发展和人们的互联网式生存也给新闻采访和报道带来新的可能性。其中最引人瞩目的就是数据新闻的发展,将新闻讲故事的能力和范围广泛的大数据信息结合起来。这里的数据不限于早期抽样调查所获得的以清晰的表格形式所呈现的统计数据,而是包括所有可以收集的信息,从维基解密所获得的数量巨大的政府文件到人们网上消费留下的浏览痕迹。在数据新闻中,数据可能是记者获得故事的来源,记者可以编写计算机程序自动收集和整理来自政府、警方和民间来源的信息,也可以使用软件来查找成千上万的文件其内容之间的关联性;数据也可以成为记者讲述一个复杂故事的工具,如通过直观精彩的信息图表来展现火山爆发污染这样的高度专业化问题,或者将读者带入故事情境中,帮助读者建立故事和个人之间的联系。①

数据新闻创新通常追溯到 2009 年英国《卫报》在其网站所创办的"数据博客"(Datablog)栏目,该栏目源于编辑在制作新闻之余,将新闻所用到的原始数据放到网上,没想到枯燥的原始数据竟然吸引很多受众的关注和补充信息,并对后续新闻产生积极影响。根据章戈浩的整理,②《卫报》在数据新闻及其可视化上经常采用的形式有三种:数据地图、时间线和交互图表。数据地图的代表作是《卫报》2010 年 10 月发布的伊拉克战争日志,数据总量高达 39 万条,将战争中所有伤亡人员的信息以点图的形式标注于地图上,鼠标点击红点则会显示伤亡情况的详细说明。时间线常用来描述复杂事件,使众多新闻事件的时间顺序乃至因果关系可以清晰呈现出来。交互图表则是在较为传统的树状图、折线图等图表形式上添加交互功能,读者可以从与图表的互动中获取更多数据和进行比较判断。

2020 年的新冠疫情报道中,数据新闻也有很出色的表现。大体有三种应用方式。

一是利用大数据制作的智能产品。如四川"封面新闻"推出的"疫情地图",在地图上标注成都市所有确诊病例的停留地点,APP 用户打开疫情地图即可以直观看到所有确诊病例的活动地点分布情况,并清晰感受自己和疫情之间的距离。"川报观察"则推出"疫情防控求助通道",市民可以提供疫情线索,如未被隔离收治的患者和疑似患者,也可以报告日常生活和复工复产所遇到的困难。正如一位媒体观察者所言:"这些新媒体产品已经超过了传统意义的新闻报道,成为国家在特殊时期社会治理的重要帮手,在收集民意、发布信息等方面发挥着重要的作用,丰富

---

① Jonathan Gray, Liliana Bounegru & Lucy Chambers (eds.). *The Data Journalism Handbook*: *How Journalists Can Use Data to Improve the News*. Sebastopol, CA: O'Reilly Media, 2012. p.2.
② 章戈浩.作为开放新闻的数据新闻[J].新闻记者,2013(6).

和拓展了媒体的功能。"①

二是根据大数据材料所制作的新闻报道。疫情早期由"第一财经"制作的《500多万人离开了武汉！他们都去了哪里？大数据告诉你》是代表性作品。② 2020年1月26日晚22:20,武汉市长宣布有约500万人离开武汉,当晚23:31"第一财经"在网上发布这篇报道,并于27日凌晨00:05在官方微信号推送。这篇文章在"第一财经"的官方微信号阅读量超过10万,也被"界面新闻"、《新华每日电讯》等主流媒体和众多自媒体转发,全网阅读量在千万以上。从报道内容来说,主要使用了百度地图"慧眼百度迁徙"和武汉天河机场出港航班数据,均非独家数据,报道胜在时效。"第一财经"总编辑事后介绍,这篇文章是将"第一财经"之前发布的三篇数据报道整合后重新做标题而成。而"第一财经"之所以会如此重视数据新闻,原因在于采编团队根据公开数据判断疫情已经在武汉蔓延,尽管当时并不清楚新冠病毒的传染能力,但是出于对疫情扩散后果的担心,希望通过图表和数据"尽量去把这个风险更直观、量化地告诉大家,要提前让更多的人意识到,面对可能的风险,是不是应该做好准备"。③ 另外,"第一财经"旗下设有"新一线城市研究所"和数据研究新媒体"DT财经",制度设置也为其数据新闻制作提供了良好的支撑。

三是在普通的文字报道中整合进数据可视化手段,用直观的形式来展现事件进程和相关因素,或者将记者用以报道新闻的原始数据以互动可核查的形式嵌入报道中,增强了报道内容的可信度和易读性。《财经》杂志在不少疫情报道中采用了这种手段。例如,2020年2月19日的报道《谁是第一个基因检测出的新冠肺炎患者》,④当时舆论对此次疫情的第一例感染者或确诊患者高度关注而众说纷纭。《财经》记者辗转获得两位早期患者的就医记录,并通过多方信息确认,他们应当是最早一批被检测出新冠病毒感染的病人。这个调查考证的过程严谨而烦琐,文章最后以"时间线"的形式将其中一位患者从2019年12月出现症状就诊到2020年去世的个人经历和武汉市相关文件通知的核心节点标示出来,脉络清晰。2月1日报道《统计数字之外的人：他们死于"普通肺炎"？》也是一篇深度调查的文章,⑤记者调查核实了武汉市的30家定点医院接收病人情况,有的床位已满,有的因隔离改造

---

① Crystal monkey bb.媒体观察:皇冠未碎、碎片成渣——从新冠肺炎报道看媒体融合.刊于微信公众号"深吼",2020.2.8.https://mp.weixin.qq.com/s/gJQRPVaHM-leqYplAvGBDg
② 陈珊珊.500多万人离开了武汉！他们都去了哪里？大数据告诉你.刊于微信公众号"第一财经",2020.1.27. https://mp.weixin.qq.com/s/PVkqOlwElpos-VXUDUx79g
③ 黑羊.专访第一财经总编辑杨宇东:疫情报道,穿越在理性和感情之间.刊于微信公众号"记者站"(微信号:llpark001),2020.3.17.https://mp.weixin.qq.com/s/KMhWoKWE0BfGvcRKHTAQdA
④ 信娜,王小,孙爱民.谁是第一个基因检测出的新冠肺炎患者.刊于微信公众号"财经杂志",2020.2.19.https://mp.weixin.qq.com/s/9otTgUanCsOGgeKCVETPhQ
⑤ 房宫一柳,等.统计数字之外的人:他们死于"普通肺炎"?.刊于微信公众号"财经杂志",2020.2.1.目前此文在微信端已被删除,根据笔者之前保存的资料,其地址为: https://mp.weixin.qq.com/s/OQGVZlrJWID9Gn4A_T5u_g

而床位大减,有的电话打不通等各种情况,记者将各家医院的总床位、剩余床位、电话号码、核实情况等做成一张详细的表单放进文章中,读者可以看文字报道,也可以点击放大这张表单来核查详情。

数据获取在数据新闻生产中居于关键位置。许多时候,数据可以从各类官方机构获取,也有不少来自商业机构,有时候,也可以从受众和用户那里获取数据。例如,《数据新闻手册》一书中所介绍的"众包水价"的数据调查报道案例。[①] 法国水务市场由于被少数寡头公司垄断而价格扭曲,公众啧有烦言,而政府调查进展缓慢,媒体通过和NGO组织合作,设计一个网络界面,用户可以扫描水费账单上传和输入他们为自来水所支付的价格,4个月里获得超过5000份有效账单,从而可以对市场进行评估。值得注意的是,获取数据的过程通常十分耗时费力,需要记者和程序员等专业技术人员通力合作,有时花费大量时间收集来的数据,可能结果会发现没有用处。即便"众包水价"这个案例中,项目方也曾面临用户参与动力不足,数据处理困难等诸多问题。

在了解数据新闻制作的一般情况上,由欧洲新闻学中心和开放知识基金会发起和组织编著的《数据用户手册》一书,汇聚了十多个著名的数据新闻项目的策划实施案例,以及英国BBC、《卫报》,美国ABC等新闻机构的数据新闻制作幕后情况,并从获取数据、理解数据和传达数据三个方面介绍了一些具体的操作技巧,可以提供很好的参考。另外,由全球编辑协会(Global Editor Network)、欧洲新闻学中心(European Journalism Center)、Google等机构组织的全球数据新闻奖获奖作品也值得参考。

(二)互联网环境对采访技能的新要求

由于政府部门和很多单位机构的公告通知都在网上发布,还有个人在社交平台上也会发布不少信息性内容,因此,互联网上分散了大量潜在的有可能成为新闻的内容。传统环境中的新闻采访,人们常说记者要"无事常登三宝殿",和各单位机构搞好关系,及时掌握其动态信息。互联网时代,记者还需要监控互联网信息和提取有价值的线索的能力。社交平台上常常有话题排行榜等系统提示,单位机构的通知公告等动态信息则需要记者亲力亲为重点监控。

2020年的新冠疫情报道中有很多消息源来自机构单位在互联网上公开发布的信息。最显著的是《Nature》等著名学术期刊所发表的有关学术论文,几乎每一篇论文都得到媒体和舆论的高度关注。不少论文中提供的研究背景信息还成为媒体梳理疫情进展的重要依据。由于网民关注,一些没有正式发表而只是在论文预印

[①] Jonathan Gray, Liliana Bounegru, Lucy Chambers (eds.). *The Data Journalism Handbook*: *How Journalists Can Use Data to Improve the News*. Sebastopol, CA: O'Reilly Media, 2012, pp.106-107.

本平台发布的学术论文动态也得到报道。《中国新闻周刊》2020年2月2日报道《新冠病毒与武汉实验室没有关系，引发阴谋论的印度论文已经撤稿》就是一个例子。①

"澎湃新闻"政治新闻主编陈良飞在总结其报道经验时也特别强调建立"立体式监控体系"的重要性。他认为中央和省级党报、重要报纸和重点新闻网站经常披露一些时政要闻和人事变动而没有受到充分关注，并专门组织团队对时政信息监控和提炼，而更值得挖掘的则是一些重要的机构单位所发布的还没有变成新闻的信息。"澎湃新闻"还积极探索关键词定向检索信息的方式，这样可以发现一些在监控视野之外但很重要的信息。下面这段陈述既是一种经验，也可以看出其工作方式：

"在关键词的选取上，除了特定人名和职务，动词往往是最有效的。在党政官员人事变动上，当选、不再担任、另有任用、干部任前公示、兼任、拟任（提拔）、表决通过等往往是最有效的关键词，但外交人事变动的关键词又不遵循这一规律。在'澎湃新闻'的探索中，依靠国家主席习近平根据全国人大常委会决定签署的大使任免通知有严重滞后的问题。在实践中，'澎湃新闻'探索出这样一个规律：抵达、递交国书、履新、饯行4个关键词基本上能够涵盖驻外大使的调整情况。"②

互联网环境还带来一个重要变化，那就是媒体用户突破地理空间的限制，只要一键关注或下载一个APP，人们可以轻易阅读来自全国各地的媒体信息。近年涌现的重要专业媒体品牌，如"红星新闻""封面新闻""界面新闻""澎湃新闻"等，虽然地域出身各不相同，依托地方性传统媒体或从地方性媒体转型而来，但在新闻报道上都已经远远超出地方媒体的概念，直接参与全国性新闻报道竞争。这对记者采访能力也提出新要求，其中至少包括两点，一是对全国性的报道选题的判断能力，二是记者远程采访能力。

2019年7月上海《新民晚报》首发"新城控股董事长涉嫌猥亵9岁女童"新闻是一个典型案例。这是发生在上海的案件，《新民晚报》首发占有地利，但也与媒体对新闻价值的判断和公共责任担当的勇气分不开。此类案件通常是警方披露信息，媒体跟进报道，《新民晚报》率先报道是承担一定风险的。《新民晚报》此举也为其在全国赢得极大的专业声誉，一位媒体观察人士评论，"要激赏这份勇气，在传统媒体日渐式微的背景下，进一寸有进一寸的不易，良心、真相、守夜人、看门狗，这些关

---

① 李明子，彭丹妮.新冠病毒与武汉实验室没有关系，引发阴谋论的印度论文已经撤稿.刊于微信公众号"中国新闻周刊"（微信号：chinanewsweekly），2020.2.2. https://mp.weixin.qq.com/s/YdAmD4x9pe4yTZgr-4QUNw
② 陈良飞.澎湃新闻如何做时政报道[J].中国报业，2015(10上)：33—34.

键词按在他们身上,好像又合适了。"①7月3日下午,《新民晚报》的报道发布以后,上海和全国的主流媒体迅速跟进报道。《中国新闻周刊》和《财经》杂志都在当天推出较为深入的报道,②前者主要采访了法律界人士和接近公安系统人士,后者则采访到新城控股前员工,这些均依赖记者日常积累的采访资源,才有可能及时完成远程采访。

远程采访的难度比较大。一个稍微复杂的报道都牵涉大量细节和场景,记者还要对这些信息进行核实。在面对面的采访中可以观察和体验到的信息,记者在远程采访中都需要一点一点地问出来,这常常招致采访对象的不耐烦,记者需要有非常好的沟通技巧。有时采访对象没有很好的能力来讲一个完整的故事,则需要记者能根据片段的信息整理出大概的顺序和逻辑,并就其中的细节和关键点进行提问和核实。2020年新冠疫情报道中,由于时间点在春节期间,且早期疫情风险不明朗,媒体能派往武汉前线的记者力量有限,一些有影响力的报道实际上是远程采访的结果,其中技巧值得学习。例如,《中国新闻周刊》2月17日的报道《亲历者讲述:武汉市中心医院医护人员被感染始末》,③将感染过程、人数、科室,乃至前往医院就诊的病人的病情细节都准确交代。《每日经济新闻》的记者在武汉实行集中收治隔离政策的初期曾报道社区基层工作人员和患者所面临的诸多困难,其中《战"疫"实录武汉收治之难:"四类人员"的渴求,社区主任的无力》一文也是远程采访完成。④ 这篇报道消息源丰富,有明确交代的社区主任、普通的患病市民、志愿者和社区工作人员有6人以上,很多受访者的表达生动,这与记者早在1月份赴武汉采访时能深入社区积累下来的采访资源是分不开的。

三、重思新闻报道的公共价值

多年来的受众调查显示,社交媒体与专业媒体之间不构成竞争关系,人们主要使用社交媒体娱乐和社会交往,在大多数情况下,人们因为对专业新闻品质的信心而优先选择专业媒体来了解新闻。但是,互联网传播环境的复杂性还在于,随着社

---

① 三表龙门阵.围猎王振华背后是媒体的小阳春.刊于微信公众号"三表龙门阵"(微信号:sanbiao1984),2019.7.4. https://mp.weixin.qq.com/s/f5-G-MiDcGeLSULhGZ05gA
② 王飞,罗晓兰.新城控股董事长涉嫌猥亵9岁女童.刊于微信公众号"中国新闻周刊",2019.7.3. https://mp.weixin.qq.com/s/I8ZPU8dohUQJVLNLT3gD7Q;陈亮,等.新城控股董事长涉嫌猥亵女童,2900亿商业帝国何往.微信公众号"财经杂志",2019.7.3. https://mp.weixin.qq.com/s/uhL8KN8o6bYmbGP1Y0ztdA
③ 杜玮.亲历者讲述:武汉市中心医院医护人员被感染始末.刊于微信公众号"中国新闻周刊",2020-2-17. https://mp.weixin.qq.com/s/1zNY2YXy75snzwX3Tg09Cg
④ 郑洁.战"疫"实录武汉收治之难:"四类人员"的渴求,社区主任的无力[N/OL].每日经济新闻,2020-2-7. https://m.nbd.com.cn/articles/2020-02-07/1406320.html?from=timeline&isappinstalled=0

（一）集体情绪的感染

勒庞在《乌合之众——大众心理研究》一书中说，人们只要聚集成群，他们自觉的个性就会消失，易于接受传染和暗示而形成一种暂时的集体心理，"在这种情况下，一个偶然事件就足以使他们闻风而动聚集在一起，从而立刻获得群体行为的特有属性"，这是因为无意识在人类的精神生活中发挥着压倒性的作用，相比之下，有意识因素作用甚小。① 这个观点虽然受到很多批评，被认为是法国大革命那段特殊历史境况的反映，但对缺乏组织的一群人在关注同样的社会热点时所表现出来的心理特征，勒庞的把握仍然非常有洞见力。互联网为这种群体情绪的形成提供了膏腴的土壤。

群体的愤怒有时可以推动现状改变。例如2020年9月8日《人物》杂志微信推送的深度报道《外卖骑手，困在系统里》，②这篇两万多字的长篇报道在社交平台被广泛转发，激起人们极大的情感共鸣，以至有网民质疑"有多少人一边压榨外卖骑手，一边在朋友圈心疼他们"，③其积极作用则在于外卖平台不得不做出反应来改善外卖骑手的工作环境。但是，更多时候，群体情绪里隐藏着负面的力量，媒体需要有足够的定力和独立思考判断的能力，才能引导和消解这些情绪中的负面因素。因此，在新的媒体生态环境中，专业媒体必须要承担起更为庞大的责任，不仅要生产新闻，还要承担起公共领域的导航和调节稳定的责任，要通过更高品质和更为独家的内容来赢得潜在受众的信任。④

在2020年新冠疫情讯息的互联网传播中，不少场合也体现出群体性情绪特征。有些是非理性的，如对病毒来源和第一例感染者的持续不断的猜测和指责，阴谋论盛产不绝；有些观点和论述虽有一定依据但也混杂了很多传闻而显得高度情绪化，主流媒体不能视而不见、不加理会，如早期的医护感染传闻。对于前者，媒体严格遵循科学依据，只有本领域的专家意见和权威期刊的论文发表才值得引用报

---

① 古斯塔夫·勒庞.乌合之众——大众心理研究[M].冯克利，译.北京：中央编译出版社，2000：16—21.
② 赖祐萱.外卖骑手，困在系统里.刊于微信公众号"人物"（微信号：renwumag1980），2020.9.8. https://mp.weixin.qq.com/s/Mes1RqIOdp48CMw4pXTwXw
③ Qingjia 清嘉.有多少人一边压榨外卖骑手，一边在朋友圈心疼他们.刊于微信公众号"清醒派"，2020.9.9. https://mp.weixin.qq.com/s/hx-cikr-Rdx-5s47WJes6w
④ Neuberger, C. (2014). "User Participation and Professional Journalism on the Internet: Theoretical Background and Empirical Evidence". In Schreiber, M. & Zimmermann, C. (eds.) *Journalism and Technological Change: Historical Perspectives, Contemporary Trends*. Frankfurt: Campus Verlag, pp. 248-260.

道。对于后者,不少媒体通过艰苦的调查报道尽可能还原事情的真实过程,澄清不实传言,也凝聚了社会公众真正的聚焦点。如"澎湃新闻"《1716例医护感染,到底是怎么发生的》,①1716例的数据来自国家卫健委2月14日的新闻发布会,就在新闻发布会的当天,武汉武昌医院一位护士因感染去世激起舆论的极大愤怒,社交媒体一时悲愤情绪蔓延。"澎湃新闻"的报道深入调查认为:"早期的未设防,疫情暴发后猛增的病人和相对不足的防护和人力,互为因果,又共同酿成了悲剧",既回应了社会舆论的关注,也有助于更为理性的思考和问题的解决。

(二) 时效竞争的幻象

移动传播环境中的信息无远弗届,可能因为一些偶然的原因,一条突发报道迅速在各媒体移动端刷屏而直观展示时效竞争,一个传闻消息也有可能迅速登上社交媒体热搜榜而引发极大关注。对于这样的热点,要不要跟风报道,或者怎样才是真正负责任的报道?媒体既要有面对竞争的定力,也要有调查核实的实力。2020年3月欧美新冠疫情期间,一条关于巴西总统新冠病毒检测呈阳性的新闻曾迅速被国内外重要媒体报道,但很快巴西总统出面辟谣。包括新华社在内的世界各大通讯社均没有跟风误报,除了其严格的发稿流程外,也与媒体临场处理的定力有关。据媒体观察人士介绍,②新华社也面临不能漏发新闻的压力,其时总部和前方记者一直保持联系,通过多种渠道核查信息,最终及时发出辟谣的稿子,维护了主流媒体的公信力。

在重大突发事件中,媒体对同行报道进展密切关注,也使时效竞争异常激烈。后来者的报道通常会引用先发媒体的部分报道内容,并在此基础上有所增益。而媒体若能抢在同行之前发出消息,其信息被其他媒体引用,无疑也增强了先发媒体的专业声誉和公众影响力。例如,2020年8月台风"黑格比"在浙江乐清市沿海登陆,给部分小区带来严重损害。8月4日早上网传一名小区业主被台风从家中吹落坠亡,"澎湃新闻"当天获得网友爆料的现场照片,并采访到小区物业公司和当地市委宣传部,确认了业主遇难的一些关键细节。③ 这篇文章在"澎湃新闻"官方微信端阅读量"10万+"。第二天,《扬子晚报》微信推送的综合报道中对"澎湃新闻"的信息有地位显著的引用,④相当于在《扬子晚报》的读者群中也宣传了"澎湃新闻"的采

---

① 黄霁洁,等.1716例医护感染,到底是怎么发生的.刊于微信公众号"澎湃新闻",2020.2.18. https://mp.weixin.qq.com/s/GR1q6QlEEa0_ZVIqxwl0Rg
② 向长河."乌龙新闻"来袭,为何世界性通讯社没中招[N].北京青年报,2020-3-15(2).
③ 岳怀让,等.台风天凌晨,浙江玉环一业主关窗时不慎坠亡.刊于微信公众号"澎湃新闻",2020-8-4. https://mp.weixin.qq.com/s/Xa5Vll2dfbQt8zTk4ojTVw
④ 扬子晚报.女子凌晨关窗,连窗一起从11楼被吹落?!台风"黑格比"今晨在盐城大丰.微信公众号"扬子晚报",2020-8-5. https://mp.weixin.qq.com/s/qnYupzbBz2kjR4v9eJsUJw

访报道能力。

突发事件报道的时效竞争中还要具有人文关怀意识。特别对于有伤亡事件的报道，要让读者能感受到人命关天的重要性，而不仅仅是现场细节。但是，有时记者在激烈的竞争中可能疏忽于此，即以下面这篇"澎湃新闻"关于2020年"黑格比"台风坠亡事件报道为例（见案例16-1）。8月5日，全国一些重要媒体皆已抵达现场，"澎湃新闻"记者能在当地媒体和其他全国性媒体的竞争中抢先采访到坠亡老人的丈夫，从而了解到悲剧发生时的现场情况，这是很不容易的。从报道的写作来说，简练的短句和以客观数据为主体的细节传递的信息量丰富，也颇多可圈可点之处。这篇报道最大的失误在于，在讲述人命关天的坠亡事件时，记者完全剥离了亲属应有的悲伤叙事，报道的标题和导语对事件的处理也看不出对于生命消逝的情感态度，将本应是悲剧的生命消逝叙述为冰冷的客观过程，这已经很大程度上违背了报道的初衷，社会公众之所以对坠亡事件高度关注，就是因为生命的非正常消逝中所凝结了沉重的情感分量和所折射的某种社会责任。作为一篇现场报道，将现场的悲伤情感抽离是不合适的。

▶ 案例16-1：
"我听见响动出来一看，她连人带窗都没了"

"'黑格比'登陆那天夜里，家里只有我们两个。当时，我去关客厅的窗，她去关阳台的窗。我听见响声，跑出来一看，阳台上连人带窗都没了……"8月5日下午，浙江玉环市台风夜坠亡女士的丈夫施先生告诉"澎湃新闻"。

4日3时30分前后，今年第四号台风"黑格比"在温州乐清市沿海登陆。凌晨，在乐清市东面、与其隔海相望的台州玉环市坎门街道渝汇蓝湾国际小区，多位住户的阳台落地窗被狂风整体吹落，3时许，20幢11楼住户、64岁的林女士在关窗时连人带窗被吹落，不幸坠亡。

该小区是海景房，南面穿过环岛南路就是海堤。5日下午，小区里依然能看到阳台落地窗被吹落的痕迹，地面有不少玻璃碴，以及本来放在住户阳台上的洗衣机、风扇等家具碎片。

据施先生介绍，事发当晚，因为知道有台风，他们凌晨1点左右睡觉前关了窗户，3时许被风声惊醒，发现多处窗户被狂风吹开。于是，施先生去关客厅的窗户，林女士去关阳台洗衣房的窗，由于风太大，施先生的手指被窗户划伤。过程中，他听见异常响声，出来一看，阳台上连人带窗都没了……施先生立即打电话通知子女，自己下楼去找，林女士后来在20幢北侧10多米的草丛中被找到，已不幸身亡。

据"玉环发布"，3日8时到4日10时，玉环全市暴雨到大暴雨，面雨量121.6

毫米;全市大部出现13级至15级大风,部分16级至17级,其中坎门的风速为55.0 m/s(16级)。

施先生家是11层东户,面积170多平方米,洗衣房位于房屋东南,是L型阳台。事发后,这个房间已没有遮挡,完全裸露。

澎湃新闻看到,小区靠海最近的20幢、21幢在台风中受损最严重,20幢有5户的东侧阳台落地窗被吹掉,21幢有11户的阳台落地窗被吹落。另几幢楼也有多户的窗户不同程度受损。

"小区遭受了台风正面袭击,这是天灾。"据玉环大众物业管理有限公司渝汇·蓝湾国际物业服务中心经理苏为芳介绍,这里是玉环最大的住宅小区,分4期建设,有39幢住宅楼,共2600多住户、近万人。对业主在这次台风中的损失,苏经理表示不便透露。

(作者:杨亚东,澎湃新闻 2020.8.6, https://mp.weixin.qq.com/s/dEi_0FKMLBN8TX9grACaDA)

后 记

《新闻采访》的第一版出版于2009年，一晃15年过去了。还记得第一版加印时，编辑宋坚之老师曾问我要否做些修订，当时觉得要修的地方很多，小修小补没什么用，等着以后一起大修吧，没想到一等就是这么久。

过去十多年里，我国的新闻业内外环境都发生了许多变化，数字传播技术和应用的发展带来了诸如数据新闻等新的业务形态，传播主体增加和传播时效要求也加剧了新闻业的竞争。尤其值得关注的是，在利益多元分化的时代，公众权利意识和法制意识的增强也对新闻实践提出了新要求和新挑战。

党的二十大报告提出了中国式现代化的理论体系，指出要"加强全媒体传播体系建设，塑造主流舆论新格局。健全网络综合治理体系，推动形成良好网络生态。"本次教材修订延续了第一版框架体系，更新了新闻采访业务的理论基础。根据十多年来我国社会发展和新闻业发展提出的新问题和新要求，重写了"新闻来源""采访准备""核实""隐性采访""移动传播环境下的新闻采访"等内容，调整和更新了"新闻价值""观察""访谈""现象新闻采访""体验式采访"等部分的论述体系和案例分析。在第一章"变化中的新闻业"中，特别强调了新闻作为沟通对话平台和作为日常知识来源的重要性。在第二章"新闻价值"中，特别强调了新闻报道"进步和灾难"的意义。在第三章"新闻来源"中，特别论述了记者理解社会环境的重要性。

本次修订因为种种原因限制，还有一些内容和不少案例没有来得及更新，甚为遗憾，也希望以后还有机会能够弥补。

陈红梅

2024年1月19日